广州美术学院学术著作出版基金资助

古道遗城

茶马古道巍山古城考察

邓启耀 著

人民东方出版传媒

东方出版社

目　录

引　言

滇西一带，有民歌这样唱：

砍柴莫砍葡萄藤，

养囡莫嫁赶马人，

三十晚上讨媳妇，

初一早上要出门。

事实是，数不清的"小囡"嫁了赶马人，数不清的赶马人没有带回全家盼的东西，更有数不清的赶马人没再回来。

每当从飞机上看横断山脉那些网一样织在山谷间露出红色泥土的路，我就忍不住想，要多少年，人和马才能在青色山脊和幽暗峡谷中踏出这样的路？是哪些马大哥，在这样荒凉的大山里走出这样的路？今夜他们睡在何处？

还有很多路你在飞机上是看不到的。它们已经被荒草掩盖，或是让青苔染成了绿色，消失在一片苍茫之中了。

但它们曾经熙熙攘攘、风风火火，一路上播撒英雄和强盗斗狠、边国霸主和朝廷天子抗衡、赶马哥和异族姑娘恋爱、朝圣者看到奇迹、商人驮回金子的故事。

这些路的存在至少有两千年了。

今天，高速公路早已覆盖了马帮古道。那些带着帐篷、罗锅和枪支，响着铜铃，唱着赶马调，浪迹天涯的马帮，早已不复存在。只剩下一些褪色的记忆，留存在日益稀少的老赶马人脑海里。

也许，我们记录的赶马人或与马帮有关的故事，可以帮助复现一些几乎被遗忘的回忆。他们仅仅是那些把古道石板磨凹的赶马人、把古城老房子住歪的马店马具经营者中的几位，在特定的时间和特定的地方，留下几缕也许永远不会被人注意的生命痕迹。但他们的生命史，呈现了有温度的历史细节。

寻访古道和马帮的时候，我有时会满怀遗憾地想：那些用双脚在高原上踩出路来，以生命讲述人间沧桑经历的赶马人或马店马具经营者数以万计，我们听得完记得了那么多故事吗？在我们和类似我们一样的倾听者没有到过的地方，他（她）们的故事由于太普通而不会有人再听，他（她）们创造的那段历史也由于与权力无关而不会记录在任何史册上。由于平凡，遗忘和岁月将磨平一切，如同古道上的石头。

那么，我们寻访和倾听的意义又何在？

第一章　踏访古驿道

中国大西南的艰险，以路为最。古人有"难于上青天"之叹（李白），把西南描述为游魂视为畏途的凶险之地（屈原）。连实力雄厚到处攻城略地的汉武帝，几次想派人走走这些路都未能如愿。

当然，不可望更不可及的西南之路，对遥远的中原人而言的确如此。对于世世代代走在这条路上的西南人来说，这些路就是他们生活的一部分，日日眼望，天天足及。从最艰险的"蜀道"，到最接近"青天"的横断山脉与喜马拉雅山脉挤压之处，我们的祖先，完全用人和骡马，踩踏出了一条条路。

尽管西南高原山陡水急，道路危险，但自秦汉以来，已有数条驿道开通了古蜀、身毒（印度）及东南亚的商道。仅连接洱海地区的，就有"五尺道""灵关道""博南道""永昌道"等几条古老的商道，从四川、云南通往缅甸和印度，连接着中国西南与东南亚、南亚的经济和文化。其中，最著名的古道有两条。一条由东向西，经蜀、滇到东南亚、南亚的古道，大约始于秦汉时，有"五尺道""南夷道""灵关道"和"博南道"等。汉代把东西走向，经成都、云南到东南亚、南亚的古道，统称"蜀—身毒道"，今人将其称为南方陆上丝绸之路或西南丝绸之路。① 另一条从南到北，这条路古代无正式称呼。唐宋时，南诏大理国在横断山一带称雄，北与来自青藏高原的吐蕃联合，南辖至西双版纳。为政治、军事、经济和文化交流之便，除原有各条通道，还开辟了以国都羊苴咩为枢纽的几条通道，其中，南经开南、银生、镇南（今西双版纳景洪一带）至东南亚，北经剑川、铁桥（德钦）至西藏，西双版纳和喜马拉雅由此南北贯通。今人将其称为"茶马贾道"或"茶马古道"。② 它们是西南地区商贾行客互通货物的贸易通道，也是西南与东南亚各族文化交流、宗教传播和族群迁徙的走廊。（地图一）

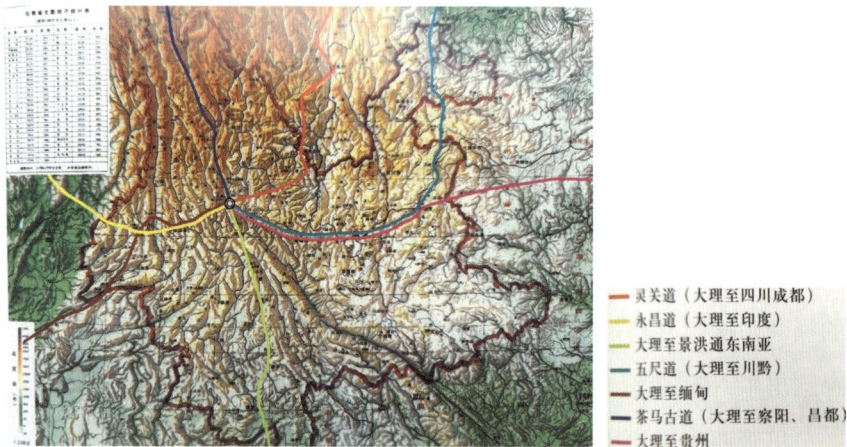

灵关道（大理至四川成都）
永昌道（大理至印度）
大理至景洪通东南亚
五尺道（大理至川黔）
大理至缅甸
茶马古道（大理至察阳、昌都）
大理至贵州

地图一：南诏大理国时期主要古道干线示意图。古道交汇处是大理地区，包括今大理、巍山、南涧、漾濞等县市在内的几个坝子。（取自《山茶·人文地理杂志》1999 年第一期笔者在相关文章里使用的地图，大理南面附近是巍山）

---

① 参见徐冶、王清华、段鼎周：《南方陆上丝绸路》。云南民族出版社 1987 年版。

② "茶马贾道"孙明经在 20 世纪 30 年代提及（参见孙明经摄、孙建三著：《中国百年影像档案》系列，浙江摄影出版社 2017 年版）。"茶马古道"由木霁弘、陈保亚、李旭、徐涌涛、王晓松、李林 20 世纪 90 年代在《滇藏川"大三角"文化探秘》中提出（云南大学出版社 1992 年版）。

一、两千年马帮道

说来也算有缘，从1992年至今，我生命的一部分，会和巍山这座小城联系在一起。

1992年，因为参加提交世界妇女大会的电视系列片《高原女人》的拍摄，第一次见到巍山古城。① 一进城就有些诧异：古老的城门洞显然不是可以让汽车过的，只好绕。狭窄的石板路，七高八低，我们的面包车立刻没了脾气，也像走在我前面的马车一样吱吱呀呀起来。马大哥大大咧咧赶着马，快不起来，也让不开。我不禁心中暗自感慨：经过多少革命、政治运动和经济浪潮，世上居然还有这么一个古老而安详的地方！自那时起，我开始了对巍山古城的考察和研究。

因古城起之于古道，我的考察就从滇西寻觅古驿道、采访马帮开始。巍山，既是两条古道的交叉点——东西向的南方陆上丝绸之路和南北向的茶马古道交汇的一个传统马帮驿站，又是南诏古国的发祥地。从这里下脚，十分便当。（地图二）

---

① 巍山彝族回族自治县属大理白族自治州的一个县，位于云南省西部，大理市南部。地处哀牢山和无量山上段，红河和澜沧江两大水系分水岭地带，东经99°55'—100°25'，北纬24°56'—25°33'之间。东距云南省会昆明市约470公里，北距大理州府大理市61公里。县境南北长约65公里，东西宽约47公里，总面积2200平方公里，其中包括山区半山区2052平方公里，占总面积93.27%，其余均为坝区。气候为亚热带季风气候，年平均气温15.6℃，年平均降雨量800毫米左右。总人口中彝、回、白、苗、傈僳等22个少数民族人口占42.7%。全县农业人口占94%，是以种植业和养殖业为主的典型的农业县。主要农作物有水稻、玉米、小麦、蚕豆、烤烟和油菜，除粮食自给有余外，烤烟和畜牧业是巍山的主要支柱产业。工业基础比较薄弱，主要有中药制药、有色冶金、纺织扎染、食品加工等。见巍山彝族回族自治县县志编纂委员会：《巍山彝族回族自治县志》，云南人民出版社1993年版，第42—43页。

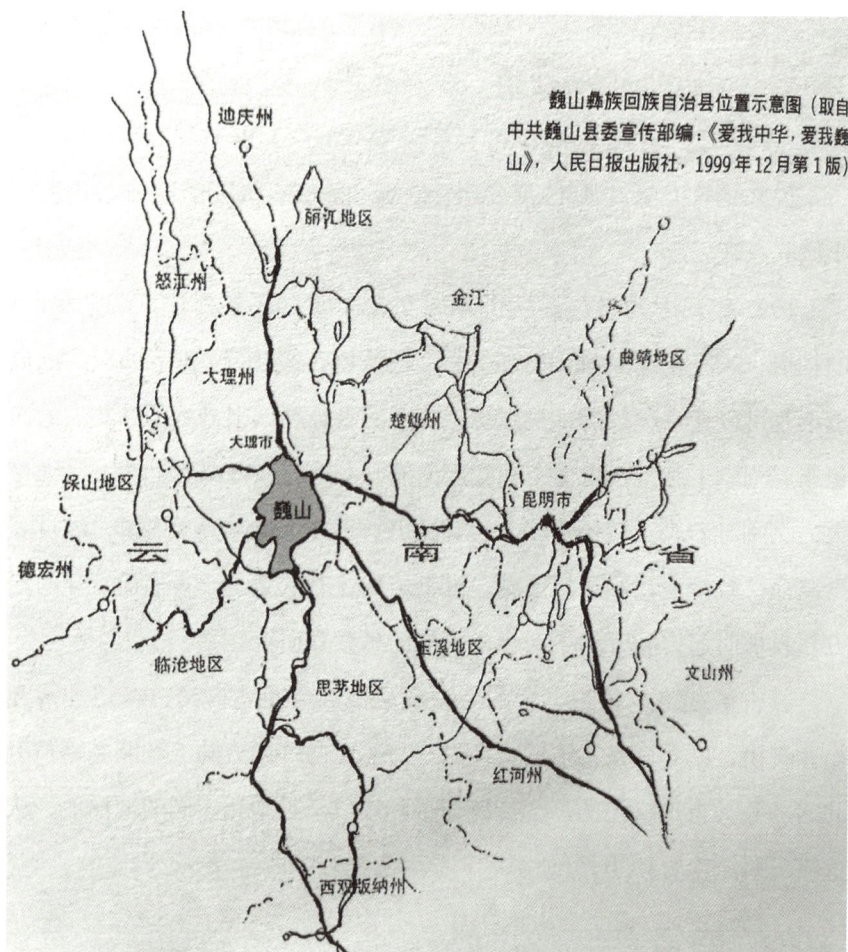

巍山彝族回族自治县位置示意图（取自中共巍山县委宣传部编：《爱我中华，爱我巍山》，人民日报出版社，1999年12月第1版）

地图二：巍山彝族回族自治县位置示意图。（取自中共巍山县委宣传部编：《爱我中华，爱我巍山》，人民日报出版社，1999 年 12 月第 1 版）

　　直观地看，巍山彝族回族自治县是一个被山包裹着的狭长坝子。它北靠大理，南下普洱，东达昆明，西出缅甸，是横断山南延部分众多山褶中的一个天然通道。红河由此发源，给巍山坝子滋润之利。横断山三江并流区域山高峡深的紧迫态势，到此豁然舒缓。大理巍山一带如同横断山山峰怒涛中的一个回水湾，南北和东西走向的古道纷纷在此交汇。

从巍山往南，沿着红河河谷下行，是著名的云南普洱茶产地。滇茶
在雾露迷蒙的山林中，享清然之气，而亚热带的湿热，又让它发酵，使
其有了一种意外的醇美。

从巍山向北，便一直通往嗜茶的涉藏地区。巍山附近的下关生产
的坨茶，最为藏民所爱。1996年我到西藏阿里地区考察，当地藏民说，
最好的茶是云南的坨茶，一般舍不得吃，要有贵客到才拿出来煮茶。

图 1-1　坝子是山水间的平地，人们在此聚居，小可成村，大则成城。图为巍山坝子
一角。

据巍山文史专家薛琳先生考述，巍山有南北两条、东西两条古道从
中穿越：

东西向横穿巍山的两条古道，一条从弥渡蒙化箐经隆庆关进入巍山
（图1-1），进入巍山后，有两条驿道可达缅甸，或从境内的开南驿向西
行，过永春桥，经西鼠街、牛街，再过漾濞江的犀牛渡口而达凤庆，经

保山出缅甸；或从境内的开南驿向南行，过封川桥，经庙山、乐秋、公郎，再过澜沧江的神舟渡口而达云县，经临沧出缅甸。另一条从定西岭经凤仪进入巍山的北部地区大仓，由大仓经古渡庄、巡检，过阳瓜江，经金沙坪、上鼠街，过备溪江渡口而达漾濞的瓦厂，经永平，过澜沧江的兰津桥而达保山出缅甸。此道为古代五尺道和永昌道或博南道交汇之地，均为今人所称之南方陆上丝绸之路或西南丝绸之路的一段。

南北向纵贯巍山的古道也有两条，东南古驿道出县城向东南行，经瓦窑梯坡寺、金顶庄、南涧、阿克新街、石洞寺、下鼠街去景东、思茅（今普洱）、车里（西双版纳）而达缅甸、泰国、越南等国家；北古驿道出县城向北行，经庙街、大仓、巡检、碗城村、瓦房哨，翻过分水岭垭口而到下关，向北可去丽江、中甸和西藏。此道即为今人所称之茶马古道。①

巍山古城原为古道上马帮过往、货物集散的重要枢纽，汉代即为博南古道必经之地，是从滇池地区至东南亚及南亚地区的重要过往通道。如今，在这些古驿道上，还保存着多段石板路面。

唐宋时期，在巍山大理一带建都的南诏大理国，为适应军事和政治、经济、文化的需要，开通了以巍山大理为中心，通往内地和吐蕃、东南亚、南亚的古驿道网络，交通以此为中心八方辐射，巍山成为西南地区的一个政治经济文化中心。西藏地区对茶叶需求量大，推动了云南茶叶的外销。从云南普洱茶的原产地（今西双版纳、普洱等地）出发，经过大理、丽江、中甸、德钦，到西藏邦达、察隅或昌都、洛隆、林芝、拉萨，再经由江孜、亚东分别到缅甸、尼泊尔、印度。其中，巍山

---

① 参阅薛琳编纂：《巍山彝族回族自治县民族宗教志》。云南人民出版社1992年版，第209—210页。

就是茶马古道大理段的重要中转站。巍山自古又是"云南马""大理马"的产地之一，专设马市，其购销成为朝廷"治边"的控制手段。由于茶马贸易，这条道路同时也被赋予了新的历史任务与意义：在政治上，它是南诏南下普洱、北联吐蕃的纽带；在经济上，它是与博南古道互补的另一大动脉。此后的历朝历代在原驿道基础上有所发展，曾多次进行拓宽和改善，形成了以云南普洱为出发地，沿横断山峡谷前往西藏的茶马古道滇藏线。唐代樊绰在其《蛮书》中，清楚提到了由滇入吐蕃的道路。此后由于道路的拓展提升，茶马古道更加繁荣。[①] 南诏大理国与南亚、东南亚诸国及吐蕃各方"使传往来不绝"，甚至"年内二三至者"。在异牟寻时期，南诏派到成都留学的王室贵族子弟多达数千人，历时半个世纪，足见当时的经济文化交流活动极为频繁。特别是北上的马帮，从普洱等地沿着红河源平缓的河谷行进，没有太大的山川阻隔，河谷基本就是一条现成的通道（图1-2）。马帮进入狭长的巍山坝子后，即进入古南诏国的核心区域。大大小小的路来到巍山就要打个结，汇集在巍山古城。

清末，茶叶贸易曾兴盛一时。地方志记载，清道光年间，巍山回族有名的大马帮马锅头有马朝珍、马天有、马万有等。他们从赶马开始积累资本，进而拥有自己的马帮专门从事运输，把本地山货土特产贩运到外地，又把外地的百货和工业品运回当地销售，促进了本地商业的发展。以后回族马帮主要从事茶叶经营。[②]

民国初期，滇缅公路尚未修筑之前，巍山是中国内地至缅甸的必经

---

①　杨权：《巍山古驿道》，载政协巍山彝族回族自治县学习文史委员会：《巍山文史资料》（内部资料）1991年第5辑，第166页。

②　《巍山彝族回族自治县交通志》编写组：《巍山彝族回族自治县交通志》，云南人民出版社1989年版，第118页。

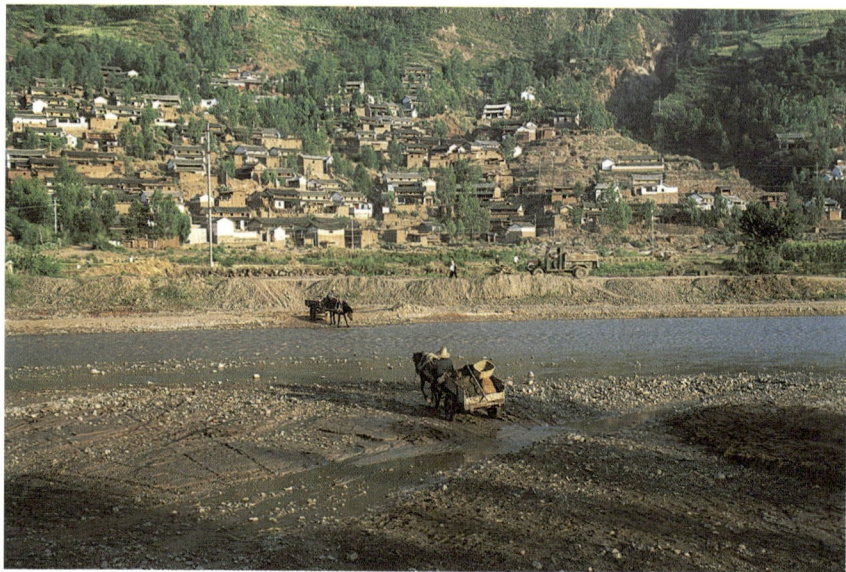

图 1-2　红河源平缓的河谷，基本就是一条现成的通道，连马车都可以走。

古道重镇之一，每天过往巍山的商旅和马帮不断。现今境内还保存着古驿道上的隆庆关、沙滩哨、开南驿、古渡庄、马房厂、牛街哨、抄松哨、庙山哨、瓦房哨等驿站的古地名。①随着官办驿运体制衰落，民营马帮渐渐壮大。由于大牲畜价值高，当时多数农户都有饲养，把家畜当作"半个家业"。马帮发展到鼎盛时期，和商号结合在一起。专门从事大宗货物长途运输的商团化马帮，骡马多达数百甚至上千匹；各地小马帮更是多如牛毛，频繁往来于小范围区域之间。尤其在春茶会期、山货上市这样的时节，简直成了马帮大聚会。大商号规模很大，在各地都设有分号。据统计，1922 年，全县共有用于长短途运输的骡马 7800 匹。1945 年的《滇西驿运报告书》记载："马匹及马户经下关之帮以蒙化（巍

① 参阅薛琳编纂：《巍山彝族回族自治县民族宗教志》，云南人民出版社 1992 年版，第 209—210 页。

山旧称）者为最多，凤仪、弥渡、大理等次之。……蒙化不仅为驮马之生产地，亦且为其集中地，倘有需要，即万匹亦可招致之，盖附近各属之马帮，可向蒙化集中也。"1949 年，全县有长途马帮 204 帮，计有骡马 7784 匹，其中回民经营的有 95 帮，骡马 3550 匹。①

巍山地区一直有"走夷方"之说。我的老朋友李旭毕生研究马帮，他认为马帮商团化是商业资本介入的结果，具有明显的资本主义运输生产的特征和浓厚的传统行会的特色。②马帮的规模，大到上百匹，小不过一二十匹。过去，马帮分官帮和民帮两种，官帮又叫"旗帮"或"镖帮"，主要押运官商的重要物资，一帮多达上百匹骡马，还要专职镖师武装押运。这类马帮拥有许多好马快枪，驮子上竖镖旗，浩浩荡荡，甚是威风。民帮又分固定帮和临时拼帮两种，有的地方叫常年帮和斗凑帮、驮帮、拼伙等，一般三五匹马为一首（把），三五首（把）为一群。马帮无论大小，都有领头的，叫"马锅头"或"大锅头"，下设"二锅头""三锅头""管事"及帮员等。

据古城徐克鑫老人回忆，民国时期从巍山出发的中长途马帮，都是装满当地的特产出发。其中，烟丝是名牌产品，每年要运出去几千驮。其他特产有药材、挂面、土布、香菌、蜜饯、黑酱豆等。当时马帮走的路线主要有两条，往西是去凤庆、永平、昌宁方向；往南是去南涧、景东、云县方向。马帮从盐井驮回盐巴，从云县驮回土烟，从凤庆、昌宁、景东、景洪等地驮回茶叶、百货，到当地或其他地方贩卖。驮出、驮回货物在两地做买卖，赚的是两头的钱。巍山本地和附近还有大量短

---

① 巍山彝族回族自治县县志编纂委员会：《巍山彝族回族自治县志》，云南人民出版社 1993 年版，第 353 页。

② 李旭：《藏客——茶马古道马帮生涯》，云南大学出版社 2000 年版，第 56 页。

途马帮，以驴子、骡马驮运为主，小商贩们走村串寨，销售商品，收购当地的土特产（菌子、核桃等）去县城卖，然后把日用品驮回山区销售，主要活跃在山区与坝区、山区与山区之间，促进了农村商品经济的发展。

1942 年日军占领缅甸，中国当时唯一的一条国际交通公路——滇缅公路被截断。从丽江经西藏再转道至印度的茶马古道，顿时成为抗日战争后期大西南后方主要的陆上国际商用通道。一时间沿途商号林立，马帮云集，一片繁忙的景象。[1] 俄国作家顾彼得在他《被遗忘的王国》中称之为"一场艰辛而伟大的运输运动"，是"独一无二非常壮观的景象"。马帮一时成为"分散的人民和国家间形成的新的纽带"。[2] 为挽救国家民族危难，巍山以回族为主的马帮积极参加抗日军用物资的运输，为滇西抗战作出重要贡献。

抗日战争胜利后，道路的恢复和新公路的不断建成，逐渐取代了马帮这种昂贵而缓慢的运输方式，茶马古道上的马帮运输贸易一下子衰落下来，许多马帮尤其是有组织的长途马帮基本歇业。

1949 年后，国家把私营大马帮收归国有或公私合营，政府和交通部门拨出专款对境内古驿道进行维修，开始对民间马帮实行管理。1954年，巍山县人民政府决定：凡有驮运能力的马匹以主人自愿为原则，村组织小组，乡组织大队，区设马帮运输业公会，接受国家运输任务，并成立县群众运输服务站，对马帮运输进行调度和管理。1954 年底，组织起来的骡马已经达到 8692 匹，未组织的有 901 匹。其中民间运输服务站（群运站改名而来）自己有 5000 多匹骡马的马帮。1956 年在农业

---

① 李旭：《藏客——茶马古道马帮生涯》，云南大学出版社 2000 年版，第 5 页。

② ［俄］顾彼得：《被遗忘的王国》，云南人民出版社 1992 年版。

合作化运动中，私养大牲畜折价入社，采取公有私养、定额包工、放牧评工计分的方法。据运政管理所的运管员董于晋的回忆，当时民运站把马帮包给运输户，只管驮运，少管饲养。1958 年以后大牲畜收归集体饲养，搞大圈群关，大槽喂养，大群放牧了；1959 年以公社为单位组织起 11 个马帮运输大队。①1961 年调整国民经济后，国家允许农户每户饲养 1—2 匹骡马；1983 年农村经济体制改革，大牲畜搭配到组，以后又折价卖给社员。允许私有私养以后，大牲畜饲养迅速发展起来，大量短途马帮又重新出现。② 而这时候的马帮已经完全不同于传统意义上的马帮了，主要是为个体的生产、生活服务。正因为有了这一需求，20世纪 80 年代巍山出现了一批马店。

随着交通事业尤其是公路建设的快速发展，机动车、小马车、手推车等都加入运输队伍中，骡马运输逐渐减少，失去了"霸主"的地位。通过查阅县交通志我了解到，1950 年以前，巍山还没有公路交通。直到 1951 年建成（下）关蒙（巍山）公路（亦称关巍公路），县内才开始有少量汽车运输。马车被大量投入使用是在 1959 年"大跃进"以后，据统计当时全县有近 500 辆马车。1967 年又修筑了巍（山）南（涧）公路，从此关巍公路连接巍南公路纵贯县境南北。③ 公路的建成直接导致运输方式的变革，运输方式由原来的身背、畜驮、人力推车、畜力拉车逐渐向汽车、拖拉机运输过渡。改革开放后，人们在生产实践中对马

---

① 参见《巍山彝族回族自治县交通志》编写组：《巍山彝族回族自治县交通志》，云南人民出版社 1989 年版，第 120—122 页。

② 参见《巍山彝族回族自治县交通志》编写组：《巍山彝族回族自治县交通志》，云南人民出版社 1989 年版，第 120—122 页。

③ 参见杨权《巍山县公路建设概况》，载政协巍山彝族回族自治县学习文史委员会编：《巍山文史资料》（内部资料）1995 年第 7 辑，第 146 页。

车进行改良，造出了载重更大、更轻便灵活的小马车，将大马车逐渐淘汰。1988 年小马车发展到高峰，全县共有两千多辆。① 在相当长的一段时期，马车是短途运输的主要工具，补充了工农业生产中的运力不足。

现在古城近郊的农村，大部分人家会养上一二匹骡马，因为这些村民仍然以农业为主，每到秋收，骡马是驮运苞谷的主力。平时这些骡马放养，一旦有需要几户人家就把各自的骡马拼凑起来帮人驮点化肥、粮食之类的东西，可以赚点钱；或者只是作为一种互助形式，互相帮忙。第二种情况多一些，也有人会专门组织闲散的骡马，做运输生意。这样的驮队规模一般较小，三五成队，多时可达到十几匹。联系纽带也十分脆弱，往往是临时、拼凑和不稳定的，不能和过去的马帮同日而语，只是从形式上看比较接近于马帮，所以称"驮队"更为确切。除了驮队，古城周边的乡间公路上还有不少马车队，赶马人基本上是以前"马车公社"的成员，公社解散后骡马下放，他们就自己赶起了马，载人拉货。马车活动范围有限，一般只在古城近郊，或镇与镇之间有车行路的路段运输。由于体轻灵便，适应性强，特别是在山区便道，小马车仍在广泛使用着，要全部被现代交通工具取代并最终退出历史舞台，仍需相当长的时期。

在山区，由于很多地方连车行便道都没有，所以，骡马仍然是最重要的运输方式。马在这里已经不是简单的运输工具，更是人们生活不可或缺的伙伴。秋收时驮运粮食，赶街送山货上市，起房盖屋驮运木料砖瓦，迎亲送葬，都离不开马（图 1-3），同时，山羊也是山寨的主要畜牧品种（图 1-4）。在牛街乡一带，还有驮矿的马队，附近的村民已经

---

① 参见《巍山彝族回族自治县交通志》编写组：《巍山彝族回族自治县交通志》，云南人民出版社 1989 年版，第 125—127 页。

图 1-3　山区便道，驮运货物还只有靠马。2012

图 1-4　山羊是山寨的主要畜牧品种。2012

把驮矿作为主要的经济来源。事实上在云南许多矿产资源丰富的山区，还有不少这样的驮马队存在，因为在不通公路的地方，驮马几乎是唯一的运输工具。

改革开放后的二十年中，巍山先后建成了马鞍山公路、五印公路、河底公路、青华公路和巍弥公路，20 世纪 90 年代初，全县实现乡乡通公路。之后政府加大乡村公路的投资和建设力度，于 1999 年实现村村通公路。由此，形成了省、县、乡、村道路相互配套，纵横交错的公路交通网络。① 汽车运输就这样逐渐替代了马帮运输，传统的运输方式与现代的运输方式在时光流转中悄悄完成了交接。②

两千多年来，无论民间还是官方，都频繁地在这些通道上来来去去，从未间断，它们事实上已成为中国西南与东南亚、南亚诸国经济文化往来最重要的通道。云南的主要历史文化遗迹和民族文化传习的代表类型，大都在这一带。历史上对西南几大文化带的形成发挥重大作用的古道，是我们考察的切入点。追寻古道，采访马帮，目的在于寻找在民族文化传习与保护上有意义的支撑点，了解多元民族文化传习的历史源流和地理分布等时空关系，摸清几大文化区域或文化带主要文化类型的影响范围和传习、保护现状，进行评估并协助当地制定保护和适度开发的措施。③

---

① 参见杨权：《巍山县公路建设概况》，政协巍山彝族回族自治县学习文史委员会编：《巍山文史资料》（内部资料）1995 年第 7 辑，第 148—153 页。

② 关于巍山马帮的历史文献，主要由 2001 年参与考察的学生倪黎祥查询整理，项目由笔者负责和指导，对此做了增删和补注。

③ 周文中、邓启耀：《民族文化的自我传习和保护》，"民族文化文库文化史论丛书"总序，云南大学出版社 1999—2002 年版。

二、"鸟道雄关"，鸟的路还是马的路

巍山虽然通了纵贯南北的公路，却没有对巍山经济带来想象中的巨大推动。因为滇西主要的两条公路干线都与它擦身而过：自东往西的原滇缅公路经过下关后便沿西洱河西去，巍山离它还有 70 来公里山路；从南往北的国道则从巍山的邻居弥渡、南涧一带穿越，其间隔了一列大山，乘车绕大圈子不如赶马翻山来得利索（图 1-5）。

图 1-5　公路虽然好走，但太绕，要盘山转好久。马帮走的路线就直一些，当然，坡度也大得多。1998

无论你想进入巍山还是离开巍山，你都得翻山。现在，南北向的古道已经被公路取代，东西向的古道依然还在走马。

我首先选择的马帮驿道，属西南丝绸之路的一段。海拔 2700 米的

隆庆关（或"龙箐关"）垭口，被称为"入郡咽喉"（《蒙化府志》），是博南古驿道上史书必录的著名关隘，几乎每个赶马人都会提到它。此地山陡林密，只有一条用不规则石块铺成的马道，穿过黑乎乎凉飕飕的林子和峡口，消失在东边的山箐里（图1-6、7）。马大哥说，现在的林子是再生林，比起以前的老林子差远了。

图1-6　山路一头消失在晨雾笼罩的坝子里、一头连向西边山岭迷茫青黛处，传说中的古道，就这样弯弯曲曲地延伸到山外，延伸到天边。1997

往东的路，通往昆明和成都。往西，穿过巍山坝子，继续西行，走博南古道（即南方陆上丝绸之路），可到缅甸、印度；转向北，沿茶马古道，则可到西藏。

隆庆关另有一名叫"鸟道雄关"，县里的人一再鼓吹，要我们去看看。这是县里作为巍山形象定位的品牌之一，是巍山县一再声称要"做好'鸟'文章，发好'鸟'财"的关键之地。

为了看看"鸟道雄关"的样子，我们决定到古驿道上走走。

隆庆关距巍山县城东北方20多公里，与弥渡县蒙化箐交界，是博南古道进入巍山必经的两条驿道中最重要的咽喉之地。隆庆关周围都是高山，在海拔2700米的垭口收缩，连鸟都只有这个出口。康熙《蒙化府志》载："隆庆关在府城东，高出云表。西有沙滩哨，望城郭如聚；东有石佛哨，两山如峡，入郡咽喉。"①这个咽喉要地

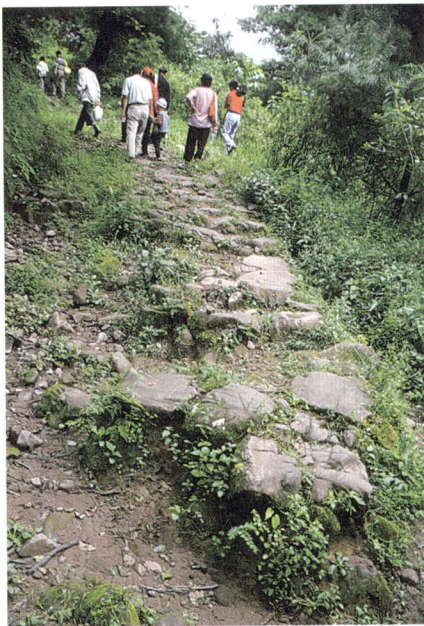

图1-7　所谓古道，其实就是这样的小道连起来的。1997

近年改称"鸟道雄关"，原因是此地不仅是人马过往的关隘，也是候鸟迁徙必经的山口，每年秋季有大量候鸟飞越此地。隆庆关关口有个小庙，庙里供奉着几位小神。庙前有块石碑，碑上刻着"鸟道雄关"几个字。这块碑本来一直立在那儿没人注意的，1985年忽然被发现有重要意义，立刻就闻名遐迩了。要是没有这些说法，这个在云南到处都有的垭口，或许不会引起我们的注意。

由于近年国内外鸟类科学家频繁上山考察，县里修了一条可以走汽车的公路。车行约1小时后到沙滩哨寺，是古驿道上的一个住宿点，现

---

① （清）蒋旭：《康熙蒙化府志》，德宏民族出版社1998年版，第81页。

在成为隆庆关保护区管理人员和科学考察人员的寄宿之地。寺里的两棵老树，枝叶长得像古画里的流云模样，苍然横过化石一般灰褐的残干上。这树叫云头柏，大约因为其造型而名。这两棵树，据说很有些年代了。步行出寺，登上大路左边山坡一条长满青苔的小路，竟然被告知"你们已经踏在古道上了"。低头细看，这不过是一条极不起眼的山间小径，一米来宽，零零落落铺了些石头。石头磨得很光滑，背阴处的青苔和石头整个发乌，历尽沧桑的样子。这是被公路拦腰切断的一段古驿道。鸟类专家告诉我们，前几年还没有公路，要雇马帮沿这条古驿道驮运器材上山考察。

也许是来得太顺，那一次到隆庆关还是没找到感觉。

三、拿马驮的"雾露雀"

1998年秋，我和田野考察群成员以及《山茶·人文地理》杂志的编委徐冶、于坚等再次来到巍山。为了有些实感，我们从巍山古城东北方向的一条便道乘车到达文华山一带，即弃车步行，沿一条只能走马帮的山道，往东北方向回溯。经过几个山村后，转到弥渡县蒙化箐，然后像"走夷方"的古人一样，穿过隆庆关进入巍山。

巍山的自然地理情况，就像云南的一个缩影。在坝区，谷子早就收了，晒了。到山脚台地，一家一户正往田里放竹编的大谷箩，边收边打（图1-8）；再往上，谷子才刚黄；随着海拔的升高，气温变凉，见不到谷子了，只有满山的玉米（当地人叫"苞麦"或"苞谷"）开始收获。一路上总会有一些马驮着刚收的玉米在山路上来来往往（图1-9、图1-10）。它们当然不是传统意义的马帮，赶马的老汉或姑娘都带着收割

图 1-8 山田里找一块平地不容易，而且爬坡上坎地搬动谷穗，难免造成抛撒。所以用这样的大竹笭来打谷子，是山里人因地制宜的办法。1998

图 1-9 巍山平坝面积少，山地面积占 93.27%，能开垦的山坡都开垦了。

图 1-10　跟着秋收驮苞谷的马帮，一脚就踏在古道上。1998

的农具，马驮子上驮的是还散发着清香的玉米。

让我们感到诧异的是，在山路上，女人总是背一大箩玉米，爬坡上坎满头大汗（图 1-11）；男人却多半甩着手赶马，看着挺不对等的。

偶遇不驮玉米的，也不是走远路的马帮，像是赶街回来的。男人甩着手走，女人背个箩，背箩的宽带子用头顶着，里面放着一个娃娃（图 1-12）。马驮子空着，她却要把娃娃背在身上，爬山爬得满头大汗。我跟上去，问："大嫂，为哪样有马空着不驮娃娃要自己背？"大嫂笑笑，不说话。

"大哥，为哪样你不帮大嫂背背娃娃？你看她满头大汗！"

大哥笑笑，"那是女人的事。"

"为哪样只是女人的事？"

"女人的肋巴多一根嘛，所以女人比男人能背。"

图 1-11 在这些很难走的山路上，女人总背着沉重的箩筐，男人大多空手吆着牲口。
1998

图 1-12 走山路的一家人。1998

"?!"一下被这民间解剖学噎着了，张了张嘴说不出话来。只好把矛头指向不吭声的马，"那马闲着呢！"

"你们硬是'岔巴'（云南土话：多管闲事），给是（是不是）记者？"。

"算是吧！"我是杂志社的人，有记者证，而且有《光明日报》的记者徐冶同行，"我们来了解这些路和马帮的事。"

"这些八辈子都没得人问的事，你们问了做什么？"赶马的大哥有些疑惑。

我竟一时答不上来。是啊，一帮人好路不走走小路，满身臭汗要做什么？要知道做什么首先得回答要找什么——找没有文字记载的东西？找古道马帮失落的历史？那么，八辈子前赶马人留下的传说是历史，还是眼前这位赶马人的生活是历史？我们定了那么复杂的目标了吗？对了，我们是为研究项目考察，为《山茶》杂志写稿。但是，写稿为了什么？是为了把没有文字的历史变成有文字的历史？……我的头大起来，赶忙请教晃悠悠走在比他多一根肋巴骨的婆娘后面的赶马大哥："这条路通哪点？"

"看你们朝哪边走。朝日出处走有石佛哨，再走是弥渡，赶马 12 天可以到昆明。朝日落处走，天黑前可以到多雨村，再往日头不去的那边（他指指西北方向）走半天是隆庆关，所有赶马的都要过那个垭口。哦，你们是到'鸟道'看雾露雀吧？"

"什么道？什么雀？"我一下没反应过来。

"鸟雀走的道呀！"

"不是马走的古驿道，你们赶马走的路吗？"

"以前走马，现在说是'鸟道'，鸟雀走的道，还有古时候的碑做证明，引了一拨一拨的外地人来看雀。有的老人，走不得山路了，要人抬上去，到隆庆关看雀。这个时候鸟雀不怕人，满山坡的人嚷麻麻的，照样扑过来。不止隆庆关，这一片山坡都有雾露雀，有的地方，汽车晚上过山箐，雾露雀都会来扑车灯。"

"什么？雾露雀？"

"雾露雀就是雾露起就飞来的雀。雾露大，雀才多，有雾露才打得成，所以叫打雾露雀。雾露雀白天不飞，夜里才来，雾露不下它不来，听得见叫，不下来。雾露雀多半都是外地来的，叫什么都不晓得。本地鸟已经猾了，认得人要打它，不上打雀山。这几天雾露雀来得多，听说隆庆关来了些老外，张了网在垭口抓雀。"

"为哪样抓雀？"

"老外和城里人抓雀还不是尾着我们学。打雀我们这点历史长了！老祖辈就听说了！"说起老外都"尾着学"的老祖辈的悠久历史，马大哥有点牛，"农历六月二十五日火把节以后几天就打，从六月一直打到八九月，一次连着可以打小半个月，打到月亮亮的时候就打不成了，不下雾露也打不成。只要白天天气好，下午落几点雨，就是打雀的时候了。天黑下来以后，只要西风起，不消约，这一带村子的人个个都会拿了打雀杆进山。打雀杆用老实心香笋竹做，4米长。再拿明子（松明），一箩半背起，找处朝东的山箐半坡小平台，挖几眼火塘，点着火，漫天的雾露雀就会来扑火。地点一个人有一段，哪个占位是哪个的，一槽槽都是人，随便打。拿打雀杆乱涮一阵，噼里啪啦就会涮下好多雀。小的只有指头大，大的有公鸡大。有的就落在面前，你只消拿手去按了。那时候，能干的一个人一夜能打一两麻袋，拿马才驮得动。雾露雀最好吃，不管什么雀，一锅煮，黄焖。吃不完，油炸了放起，吃雾露雀干。再吃不完，就背下山卖给城里人，一背箩雀鸟卖得几十块钱。抓到活的，要是长得好看，叫声好听，也卖给城里人。城里人拿个笼子关起来，说是可以修身养性。野味餐厅的老板也会偷偷来收购，一驮一驮拿马驮走，说明城里人也是喜欢吃雀肉的……"

拿马驮的"雾露雀"!

"现在还抓?"

"最近几年，政府贴出布告，科学家和老外多次来宣传让人不要打鸟，打雾露雀的人少一些了。今年政府不说，老外也来支网点火抓雀，大家又有点手痒痒了。我已经好几年不得摸雾露雀了。年轻时候打雀最好玩，十六七岁开始打，主要图好玩，吃是其次。满山坡的人，人也叫，鸟也叫，打雀杆呜呜呜响。"

"男男女女都去?"

"女人不兴去，一是冷不赢，二是不准去，我们的规矩是女人天黑就不准出门了。天黑麻麻的，男男女女一起在山上打雀，老人会骂。"

马大哥边说边走，悠悠然然，脚不停步。我们却已是零零散散拉开一坡。不一会儿，马大哥和他的家人转入另一条小路，我们继续上山。沿路放牛赶马的山里人络绎不绝，和我们擦肩而过。他们走得真快，有的还哼着小调，不像爬山，倒像是在赶街。

四、鸟祭灵泉

傍晚时分，我们到达巍宝乡的多雨村。

这是一个相当漂亮的彝族小山村，海拔 2400 米。红土墙凸现在树林的浓荫里（图 1-13），干打垒的屋顶黄灿灿地晒着玉米（图 1-14），衣装华丽的彝女赶着黑山羊，让它们钻进狭小的门洞（图 1-15）。同行的彝族诗人字开春介绍，多雨村原叫躲役村，传说是为了躲避劳役的古蒙化人（巍山彝族旧称）在此聚落为群的；由于这里山林茂密，雨水充

图 1-13　彝族民居。1998

图 1-14　晒在房顶上的苞谷（玉米）。1998

足，所以又叫多雨村；由于这里水好，常有浣衣女在此捣衣，所以又叫捣衣村……

图 1-15　畜牧业仍然是巍山的支柱产业之一。在山区，山羊、猪、牛和骡马是农户压轴的财富。1998

"有没有美女？"有人马上联想起浣衣的西施。

"彝族美女多多，只是黑一点。"

"你们真会躲，一躲躲到桃花源！"

"桃花源也是真有的，多雨村旁边有河叫锦溪，本地叫东河，附近就有桃园和梨园。再往东南方向不远，有个山箐，古树很多，古山茶高十七八米，华山松两三抱粗。隆庆关下面的沙滩哨寺里有两棵云头柏，宝贝似的，在这里一点不稀奇。有两棵树的树脚喷出相当大的一股水，积成龙潭，整个巍山城就吃这儿的水。老百姓说这里是巍山的求雨之地，求雨时将鸟血滴在山上，鸟毛粘在石碑上，叫'鸟祭灵泉'，香火最旺。"

招呼我们的村公所主任李家顺也是彝族，50岁，穿一件淘汰的军装，引我们到他家，在堂屋火塘边煮茶、烤新鲜苞谷。他家是典型的彝式四合院，土坯木构瓦房，两层，屋檐下挂满苞谷，一层瓦顶也晾晒着一些苞谷。他介绍，全村有一百多户人家，全是彝族。

李家顺的妻子叫宋玉英，也是50岁，一身彝族服饰，在厨房忙忙碌碌，不一会儿就端出满桌酒菜。走乏了，酒到嘴里是香的，不辣。不知不觉，开始晕乎。聊了一会儿，主人见客人个个涩迷倒眼，笑着引导大家上了主屋左边耳房楼上的储粮房。八个人只有五床被，昏昏然席地而睡。夜气清凉，夹着一缕苞谷的清香。

一觉睡到天明，睁开眼，满屋子金光。原来我们是睡在苞谷堆里，周围是刚收获的苞谷，大梁上也挂吊着成串的苞谷棒子。在初阳照射下，金灿灿的。

大嫂已经备好了早饭。主任陪着我们吃，大嫂和家人却忙着在院场上晒玉米、敲松仁，（图1-16）招呼他们来吃，只笑，不语。主任说，他们起得早，吃过了，莫管。说起苞谷，

图 1-16　敲松仁以备街天去卖。1998

主任却不像我们看得那么"金灿灿"。他说，农民种地，一月敲土块，平地做秧田；二月排秧点苞麦；三月服侍苞麦苗，浇水；四月收小春（豌豆、蚕豆、小麦）；五月栽秧，锄苞麦的草；六月薅秧；七月收荞；八月收苞麦；九月收谷子；十月种麦子；十一月种豌豆、蚕豆和小麦，还要砍柴备冬；十二月做帮工，也做客。全村人均有土地一亩多，其余的是"社会面积"。先种荞，后种麦，然后抛荒，让地轮歇。苞谷刚收，亩产500斤，2.5斤苞谷换1斤米。给你们算个账：每亩投种子4斤、20元，尿素90多斤、86元，普钙100斤、28元，农药25元，用工10多个，每个工12元，薄膜贵，整不起。合计差不多300元。苞谷亩产200来斤，每斤卖5毛，得100来块钱。种地明显是亏的。不过农民嘛，只有守着地，还能干什么呢？只有在别的上面补一点。比如，荞子不要化肥，工是自己出，就可以多种些荞。以前男人赶马跑跑运输，女人做点针线活，多少可以填补点家用。打鸟卖不了什么钱，又违法，稳妥的做法是养些羊。羊吃草，比猪省钱，但不省事，要有人跟着满山跑。年轻人待不住，出去打工，要不在家养蜂。拿山里的桦山松老树干掏空做箱，放在房前屋后，让蜂儿去采满山的野花、玉米花。二三月蜂旺了，要给它们分家，新做一个窝。七八月再分一次。蜜一年割两季，二月和十月。割一些，给蜂留一些，一窝最高可以收得50斤。李家顺和他儿子养有90多窝本地蜂，一年能产1000多斤蜂蜜，除了自家吃少部分外，大部分卖给了供销社。

大嫂来添菜，主任指着大嫂说，咱俩20岁结的婚，没有照过相，只是杀了两头猪，办了80桌酒席，全村人来吃了两天，在院子里欢欢乐乐打歌一夜。现在，有两个儿子和三个姑娘。我们听在心里，匆匆吃完，嚷道："补拍补拍！"主任叫停忙碌的大嫂和家人，一家人乐呵呵地到堂屋门前"补拍"结婚照、全家福(图1-17)。主任的侄女服饰漂亮(图

1-18），主任的儿子穿一身军装，他回屋摸出一支步枪，要我们给他拍一张帅气的照片（图1-19）。

图1-17　拍完全家福，我们也加入合影。1998

图1-18　只有女人还保留彝族服饰。

图1-19　小伙子崇拜军人。1998

拍了照，李家顺带着我们去看村里人求雨的灵泉。

灵泉在村寨对面一座叫黑龙的山上，清代地方志里记为"捣衣山"，离村就两公里。从村子下山，虽是山路，但一路上都是密林(图1-20)，晒不到太阳，倒也轻松。过锦溪河大箐沟，爬到对面山上，来到一处古树石屋前。李家顺指着杂树枝下的水池说，这就是黑龙潭灵泉了。黑龙据说来自弥渡县云街乡，龙头在弥渡，龙尾在这里。祭献时，云街乡的也要来。后来查康熙《蒙化府志》，对此地已有记载："捣衣山，在文华之左。山坳二窟，源泉喷涌，甘冽清洁，神物据焉。为锦溪之源，其利甚薄，岁旱祷雨辄应。"①

图1-20　水源地生态不错。1998

---

① （清）蒋旭纂：《康熙蒙化府志》，德宏民族出版社1998年版，第36页。

两股水从水冬瓜树根下流出，依地势形成一方池潭。池潭下方草地上有几块烧黑了的架锅石。李家顺告诉我们，这是二月八日祭龙时用的。山里人种地，过去靠天吃饭，没雨就没办法。所以，这一带每逢春播，或是五月天干，男女老少清早天蒙蒙亮就出发，来这里，敲锣打鼓，耍龙，烧香磕头，求老天下雨，求泉水不要干枯。天干时来的人多，一两百人。平时只有几十人，住在这里念经。念经只能用彝话，因为这架（座）黑龙山听不懂汉话，说彝话它听到了，才显得了灵。现在祭事退化了，城里的汉人先生也来念，全不管黑龙听不听得懂。祭祀灵泉用小鸟，拿血把鸟的羽毛粘在碑上，还要看鸟头卦。这个事被人叫作"鸟祭灵泉"。现在不让打鸟了，改用鸡来祭。其实龙王最爱吃的是苦荞粑粑。传说皇帝从保山来到蒙化县，饿不赢了，（我心想：咋有皇帝会被饿的？怕是流亡的废帝吧？）遇到个放羊老倌，皇帝说，你渴水，我饿，给你水，你给我荞粑粑。放羊老倌给了荞粑粑，皇帝给老倌一条黄鳝。黄鳝太滑，老倌抓不住，从这里钻进去，它钻的洞冒出水来。根源就从这里出来了。

怕我们不信，李家顺又说，民国时期，有一年，蒙化县的县长到弥渡任职，天太热，来这里喝凉水。有人给他说了这个故事，他不信，说："你真是黑龙的话，就现形给我看看。"话音刚落，晴天一个暴雷，把大树劈下一半。县长赶紧磕头，说："我给你盖龙亭。"盖好龙亭，他每年都来祭拜。后来还在弥渡盖了一个龙亭，同时祭献。黑龙潭这个龙亭，就是雷劈后县长盖的。我们看看天，赶紧点头称是。

于是随他朝拜池塘旁边的龙亭。这是很小的一间石屋，一面有墙，设坛立碑。其余三面皆空，故称亭（图1-21）。龙亭横额上书"灵泉"二字，两边有联：龙德常昭蒙泉出地，神恩广被化雨因时。石屋内立一块光绪乙酉年蒙化厅领导卞庶凝立的黄砂石碑，碑面书"蒙化东山龙神之位"，上有石雕龙头，前置一石香鼎。碑上粘有鸡毛，当为春祭所遗。

图 1-21　龙亭。1998

左有碑《蒙化灵泉记》，所述与民间传说有所不同：

　　蒙郡之镇山为文华，其左为捣衣，嘉木葱茏，蔚然苍秀。山之阿出二泉，鸣如雷，喷如雪，汹汹涌涌而奔注于锦溪，附廓诸约之民人、田地皆资焉。乙酉夏四月，大旱，水源尽涸，井不可汲，而沟浍起尘矣。予适泳乏其间，偕同寅设坛祈祷数四，辄囧应。郡人士乃请祷于东山之龙泉。予赍瓣香，跪荒烟蔓草中，见神碑仅尺许，将仆地。乃慨然曰："此郡人养命之源也，而供奉若此。"爰与马弁同游戎李星垣、守戎张廷辅经政，相度地势，创建亭凿池之议。值祷后数日，雨大至，由是有秋。遂筹经费，鸠工拓地，开月池，建石亭，嘱武生王承恩董其役，阅三月而告成。予因蒙志备载山川，而泉名阙如也，特名之曰灵泉，而并记其事。

　　　　　　　光绪十一年十二月朔知蒙化厅事高邮卞庶凝记并书

多雨村主任说："有龙亭有灵泉，近水得水，所以这里多雨。"

回到家里，一进门就闻到鸡肉的香味。大嫂黄焖了两只走山鸡，满院飘香。还有腊肉和嘎嘣脆的大黄瓜。喝酒前，李家顺把一只公鸡头挑出来，给我们示范鸡头卦。鸡头头骨纯白，上带红点，说明客人会给村里带来相当幸运的事。李家顺高兴地让我们多吃多喝，我们也就自以为是地吃喝起来。黄焖鸡是典型的彝家做法，用腊肉炼油，和干辣椒、草果等一起炒香，再用山泉焖煮。鸡肉外黄内白，清香鲜嫩，吃得我们差不多连骨头都想嚼碎了咽下肚。

眼睛只盯着黄焖鸡不好意思，筷子便平衡式地兼顾其他。夹一块腊肉，瘦的紫红，肥的透明，试探性地放进嘴里，一咬，油从嘴角冒了出来，酥而不腻。再嚼那瘦肉，竟是满口溢香，回味不已。还有蛋煎白生、油炸鸡枞，以及那些叫不出名的山茅野菜，一个菜一个味，让我们在舌尖上，体味生物多样性的山林。

主任看我们毫无掩饰的馋样，说："这次来不及了，下次请你们吃羊肉汤锅、粉蒸羊肉，那才叫过瘾。最好是羯羊，就是阉过的公羊，加花椒、辣椒、草果、姜、香橼叶和盐，炖一夜，过瘾过瘾！还有五香米粉蒸的羊肉，过瘾过瘾！这些都是要过节、祭祖、祭神才吃得到的。"说得我们口水越发止不住，吃着碗里，又想着遥远的锅里。

为了遮掩一下实在不雅的馋相，有记者想找些吃之外的事来转移话题，比如爱看什么电视节目之类。

主任说："村里有电视机六七十台，只收得着山东台，爱看新闻和中国的战斗片，瞧几遍都不嫌烦。外国片看不惯，搂抱，亲嘴，我们这地方最排斥。"

我们问："咋谈恋爱呢？"

主任说："对歌呀，'天上的雀飞呢，飞着飞着，在我面前落；别处的姑娘呀，走着走着，来我面前坐！'"

话音刚落，门响，主任回头见大嫂进来，停下不唱了。

有人怂恿大嫂唱一支，大嫂说："在家里，在小的面前，不唱打歌调。厨房里有侄女在，害羞呢！"

主任解释："我们彝族的风俗相当规矩，说媳妇，第一二回不能同坐一条凳。"

有人傻傻地问："那歌里咋要唱'别处的姑娘来我面前坐'呢?"

主任笑道："说呢唱呢都好听，哪里能当真！"

主任果然见过世面，一句话到骨。

话题只好由"来我面前坐"的姑娘，转到"在我面前落"的雀上。

主任说："这倒是事实。打鸟，我们这里历史长了。每年农历过了火把节，中秋前后，起雾露的日子，离村子一公里半的白草地山垭口，一槽槽都是火堆。这些鸟都是外地来的，叫什么都不晓得。雾露不下它不来，在高处飞，听得见叫，不下来。雾露起，外地鸟分不清高低，山高箐深，就撞山了。见有亮光，以为是山口，直冲飞来，经常就落到人面前。打鸟人拿竹竿扫，打落的鸟，麻袋装、油炸、黄焖，野味最好吃的就是雾露雀了！有雾露才打得成，所以叫打雾露雀。"

李家顺又补充道："我们只打外地鸟。本地鸟一般不在夜晚过垭口，老人也不让打，不许打喜鹊，不许打盖谷（布谷），它们不害庄稼，到季节提醒人。还有燕子打不得，打燕子要被雷劈。"

五、鸟吊山的传说

9月的一天，巍山雨雾濛濛。这是雾露雀又将重复那个悲剧的时刻。晚上 10 点半，我们杂志的几位编委在县有关部门工作人员的引领下，从巍山县城北行两公里，右转沿便道上山，来到隆庆关林业站。16公里山路，汽车足足走了 1 小时。

我们到时，全国鸟类环志中心组织的各地专家，已在山上好几天了。有做鸟类环志的，也有鸟类分类、鸟类摄影、生态旅游等方面的专家。他们捕鸟很专业，报告说这些天共捕到鸟 795 只，64 种，做了环志后放飞。全国鸟类环志中心主任楚国忠说，要加强对鸟道雄关鸟类形态及其迁徙规律的研究。如果只知道是一个候鸟通道，这水平和古人差不多。

我们请教云南大学鸟类专家王紫江教授，他一直在隆庆关做科学考察。王教授告诉我们，山民说的雾露雀，就是"鸟吊山"现象的一种反映，在滇西一带十分普遍。去东南亚过冬的候鸟，飞越哀牢山脉的时候，会从这里几个山口过。每年候鸟迁徙时，会出现百鸟投火"集体自焚"的惊人奇观。原来，隆庆关一带山势呈西南走向，中间低，两边高。由于这里是横断山南部哀牢山北部一系列大山的最低处垭口，所以形成一个大网口，漏斗一样将人路鸟路都网集于此。不仅地上走的马帮必过此道，连天上飞的鸟儿也非得通过此口。每年秋天候鸟南下，隆庆关是一处百鸟穿越的隘口（地图三、图 1-22）。而秋冬季节，从印度洋北部湾刮来的西南风在高山受阻，形成雾气，鸟儿只有降低高度，趋光而来。遇到天降大雾、雨云密布或晨昏光线晦暗的时候，飞行高度在4000 米以下的鸟儿如果还按习惯的高度穿越垭口，就会撞到山上。于是，当地便形成了"打雾露雀"的风俗：趁日昏夜暗、雾起云遮之时，山民们带一匹马、一个驮、一条长杆子或粘网，选处山坡点一堆火，便可坐收"鸟"利了。此时飞临隘口的鸟儿正徘徊悲鸣找不到出处，忽见亮光，以为即是光明的前景，便一齐朝这闪烁的"天光"飞来，不料一

地图三　隆庆关垭口，就像一个大网口。百度卫星地图

图1-22　从隆庆关往下看，候鸟就是沿着山谷飞的。我们站的地方，就是过去点火打鸟的"档口"。1998

头撞入火坑。有侥幸偏离"光明"圈套的，亦大多被漫山挥舞的长杆子或粘网打落在地。

据鸟类学家估计，像这样的"打鸟山"，全省有几十处，每年被捕杀的鸟类就达上百万只。从环志专家捕获的鸟看，不仅仅是候鸟，也有留鸟。这和村民说的只有外来鸟撞山的情况不一样。有一些稀有留鸟，也撞山了，如紫背宽嘴鸦、红尾水鸲等。环志专家说，它们为何出现、是否与生态改变有关尚待研究。

关于鸟吊山，南北朝时期北魏郦道元在《水经注》中有记载：

> 郡有叶榆县（大理旧称），县西北八十里，有吊鸟山，众鸟千百为群，其会鸣呼啁哳，每岁七八月至，十六七日则止。一岁六至，雄雀来吊，夜燃火伺取之。其无嗉不食，似特悲者，以为义鸟，则不取也。俗言凤凰死于此山，故众鸟来吊，因名吊鸟。①

明代，有地方文人和旅行家记录了关于"鸟道"上的民间传说和打鸟风俗：

> 南中有鸟道。鸟道有三：一凤羽罗坪山，亦曰鸟吊山；二青龙山大风垭口，亦曰豹子林；三曰隆箐（庆）关，位于凤凰山北垭口。为滇西三鸟道。传曰，凤凰仙子为乌鸦仙子陷害，贬人间饿死。为牧救，妻之。牧妻罚守河汉牧羊，恋牧人，盗天河十二稻种下凡。有虬龙觉，攻之。一爪抓去左羽，落隆箐（庆）关；二爪右羽落大风垭；

---

① （北魏）郦道元：《水经注》卷三十七，叶榆河、陈桥驿注释，中华书局 2009 年版。

三爪而凤凰坠地，化罗坪山。其山似彩凤。入秋，八九两月无月之夜，月初有蒙雾，百鸟集王地吊之，故有鸟吊山、落凤山之名。①

另一"鸟道"则成南诏大理国的打围猎场，射鸟捕兽兼谈情说爱，当是那时候的风流时尚。曾游历至大理地区的明代旅行家徐霞客，也记述了以火诱鸟的风俗：

> 凤羽，一名鸟吊山，每岁九月，鸟千万为群，来集坪间，皆此地无有者。土人举火，鸟辄投之。②

虽然北魏时已有"夜燃火伺取之"的捕鸟之俗，但"无嗛不食，似特悲"的"义鸟"，尚不猎取。但到后来，不管大鸟小雀，都一竿子打了。

也许是这样的鸟肉吃得太历史悠久，太惊心动魄，"打鸟山"竟还流传着一些另类的叙事，不知是吃鸟者的忏悔还是护鸟者的警告。

"鸟道雄关"附近山坡上，一位老人在放马。聊起来，老人说他家住鸟道下的村子，放马放到这面坡（图1-23）。听说我们来考察"雾露雀"的事，就给我们摆了些"老俗古话"。老人说，鸟道雄关这一带都是彝族，西北五公里是他的村子伏龙村，东五公里有石佛哨，东南十公里是多雨村。很多人不会说汉话，开口就会唱彝歌。你到林子里随便吼几声，就有歌声对过来。老人年轻时也打过鸟，几个村子有七八个打鸟场。打的鸟太多，拿马驮。他村里有个比他老的，临死前，瞪着眼睛大

---

① （明）玉笛山人：《淮城夜语》，见大理州文联编：《大理古佚书钞》，云南人民出版社2002年版，第436页。

② （明）徐弘祖：《徐霞客游记·滇游日记二十五》，丁文江编，商务印书馆1986年版。

叫："吆雀！吆雀！雀来啄我！"众人忙乱归一（妥当），老人又说："雀说了，赶快种树！"这里的林子好，古树多，华山松两三抱粗，古山茶有十几米，还有云头柏，漂亮得很。山里出一大股水，整个巍山城，都吃这里的水。这一带民间流传最广的是关于"鸟吊山"的传说，大意如下：凤凰原是一对殉情而死的男女变的。有一年秋冬，老天突然降温，天寒地冻，百鸟过不了山冈。凤凰为救百鸟，拔下身上的羽毛让它们飞过垭口。凤凰为此活活疼死。以后百鸟每年就要齐聚这里，不吃不喝，凭吊凤凰。偶见火光，

图 1-23　坡口的牧马人，随手修整做扫帚的竹梢。要在过去，竹竿用来打鸟，打的鸟拿马驮。1998

则以为是美丽的凤凰涅槃。于是就有了百鸟奋不顾身扑向火堆，凭吊凤凰的异常行为。这一带还流传着其他一些有关鸟的传说，其中有讲到凤凰对这里的人感到失望，飞离此地的故事。

　　听到这些叙述的时候，作为人类，我每每羞愧难当。既然打鸟，就不要编出如此凄美的传说；如果人们真的相信恋牧人的凤凰仙子为盗天河十二稻种下凡而死，扑火的鸟儿是殉情就义，就不应该这样诱杀或谋杀它们，更不会成为一种代代相传的习俗！可见人并不相信自己编造的神话（图 1-24）。

人不及禽兽之处，于此可见一斑。待略知敬畏时，常常为时已晚。

"本来凤凰要来彝山的，却去了北京。冤孽啊！"讲述这个传说的老人最终叹道。"小鸟小鸟莫往山梁子上飞，烽烟火会来打伤你……"牧羊老人嘶吼的彝歌，惊起了山梁子上的几只雀。

图 1-24　挂在路灯上的兽皮，似在提示一个曾经的时尚。2015

六、"你狠就到隆庆关站起嘛！"

也许是出于相似的信仰，隆庆关垭口上不知哪个朝代建了一座小庙，里面供奉几位小神，门口立了一块碑，上书"鸟道雄关"几个大字。有人考证，庙和碑都是明代万历年间的文物，世界上第一块关于候鸟迁徙的古碑，是中国传统生态意识的又一重大物证（比如"鸟道雄关"的"鸟"字上面多了一点，下面少了一点，似有生态保护方面的深意）……于是古碑立刻被有关部门移进城里保护起来，另外仿制一块放在原位。

但我宁愿不要相信我们那些设下光明陷阱，然后用马驮子驮回"雾露雀"的祖先像今人阐释得那么伟大，我也不太相信"鸟道雄关"之"鸟道"，只是科学家所谓"鸟之迁徙通道"的意思，虽然明代地方文人也有关于"鸟道"是鸟的通道的说法，但它和"雄关"一样，也可能只是古代文人常常袭用的两个并列形容词而已。例如，李白《蜀道难》："西当太白有鸟道，可以横绝峨眉巅。"古人亦多有"猿道""鼠道"之说，俱是形容山路之险峻狭窄，仅可猿窜鼠行，甚至飞鸟难渡。而这些其实都是西南深山峡谷里行人道、马帮道的真实写照。

古道掩藏在茂密的树林之间，弯弯曲曲，上上下下只有些零碎的阳光洒在落叶上。山陡林密，只有一条用不规则石块铺成的马道，穿过黑乎乎阴森森的林子和峡口，消失在东边的山箐里。据说这还只是人工林，过去全是不见天日的老林子，野兽、土匪出没，死过不少人，是赶马人视为畏途的地方。直到现在，只身走这样的路，还会有点心虚。

所以，冷静地说，遭遇凶险命运的，不单是鸟儿。

赶马人在这条路上也是前程莫测的。

赶马人像那些鸟儿一样，受到驮金驮银衣锦还乡的光明前景的诱惑，一代又一代地抛家离乡，赶着马走遍天涯。然而，在我们寻访的那些赶马人那里，你看不到几个"发"了的，甚至听不到你期待的浪漫故事奇异传说。看他们那些饱经风霜的脸，你只读得到寻常的辛酸——一代又一代人几乎完全重复地走同样的路，做同样的事，吃同样的苦，受同样的穷。这在许多有关赶马人的访谈中，你可以看到这种消磨生命、艰难困苦的日常生活。

而他们却都心满意足，因为他们毕竟是幸存者。和他们一起赶马的同伴，有多少走上了不归路！

跟马帮走路也绝不是那么诗意化的事，更多的时间是枯燥的行走，所有人悄无声息，只有沉重的风声、碎乱的马蹄声和自己在高海拔山路上憋得扑通乱响的心跳声。如果在过去，还得注意垭口上野林里巨石后的风吹草动，如果你开枪的速度不够快的话，那只好留下你的马驮或者生命了。

走在通往隆庆关的山路上（图1-25），我立刻体会到什么叫"关"了——将到垭口的很长一段路，如同水槽一样狭窄而弯曲。可以想象，走在这样的槽子里是绝无安全感的：几步就是一弯，前面要是突然冒出一伙强人，很难来得及作出反应；更悬的是头上，要是两边山上扔下石头，多半会像漏斗一样汇集到你走的槽中和砸到没地方藏的脑袋上。

图1-25　过去，密林中隐藏着不可知的危险。1999

当我们爬得满身冒汗时，山坡终于到了尽头。坡头果然有一个小庙，再走就下坡了（图1-26）。

图1-26　隆庆关小庙。1999

小庙很低矮，仅约一人高，一人宽。里面黑而且阴，我们弯腰进去，过一会儿才看得清里面的摆设。庙壁用石板竖垒，正壁上有浅浮雕的五尊偶像，苔迹斑驳，不知刻于何年（图1-27）。下面的石案上，放有几只空碗。据当地彝老所言，中间一位武将名叫雷特旺（音），两边是他的侍从。传说皇帝（当地人多称南诏王为皇帝）召集开会，黑龙递给雷特旺一杯茶，雷特旺欺其面黑，侧目而接。事后皇帝告诉他：你知道你刚才得罪了谁？那是黑龙呀！雷特旺问如何化解，皇帝给他一件衣服，叫他穿上，不要解扣。雷特旺穿着此衣走到隆庆关，爬山爬得大汗淌，心想，已到我地盘上，不怕了，便解开了衣扣。谁知大太阳下一个暴雷，把他给劈死了。所以立庙祭祀，请他保佑过往行人的安全。

045

图 1-27　隆庆关小庙里的石雕神像。1999

"其实，这条路过去是最不安全的。"彝族朋友只廉清告诉我们，他的爷爷，就在这儿遭遇土匪抢劫，不但货物血本无归，还搭上了一条命——土匪把他捆绑起来，用大石头压住。等到家人发现，人早已断了气。所以，隆庆关，在当地成为一个让人捉摸不定又凶险异常的代名词。连出了家的赶马哥能胜大师也告诉我，在巍山，谁跟谁吵架吵得不可开交，或做事发横寸步不让，就会有人说："你狠就到隆庆关站起嘛！"

我在隆庆关垭口站了一会儿，被汗水弄湿的衣服，已经冷飕飕地贴在腰上了。

彝族朋友带我们爬上隆庆关侧面的山头，山顶上有一些石头筑垒的地基，不像房屋，也不像碉堡，朋友说这就是当年土匪盘踞之地。在这里可以远眺到垭口两侧的情况，同时看到从弥渡西行的马帮和从巍山东去的马帮。从弥渡西行的马帮多半是到缅甸"走夷方"的，货物充足。从巍山、南涧县西行的马帮多半驮运生铁、毛铁、石磺、火炮、土白布、土纸、扎花印染布、烟丝、中药材等；从巍山东去的马帮要看情况，有赴省城办事的官员、应考的学生和其他本地人，有从缅甸运烟土或发了财回来的，大多不是本地人（因为本地人到巍山坝子里就到家了），这些马帮驮的是从境外返途运回的洋纱、布匹、肥皂、食糖、火柴、煤油、食盐、百货等。每天过往巍山的商旅和马帮不断，隆庆关又绕不开，所以土匪便在这里埋伏。如果过客势单力薄，便从山上冲下掳掠；如果马帮人多势众，则隐伏不出或及早撤离。

隆庆关垭口的两边是山冈，怪石嶙峋。垭口处极其狭窄，只够一匹骡马通过，而且骡马必须擦着一块突兀的巨石，马蹄踏在同一块石头上才走得过去（图1-28）。不知踏了多少年，过了多少马，那块石头竟被

图1-28　巍山隆庆关垭口狭窄的马道。1998

图1-29　隘口上硬生生被马蹄踏出一个深坑的顽石，见证了古道的沧桑。1998

踏出一个约 20 厘米深的圆坑（图 1-29）。在被马蹄磨得十分光滑、长满青苔的石板路上，抚摩着那个圆坑，我们体会到岁月的苍凉。这是赶马人用马蹄留下的一段历史，后人可用手触摸。这样一条重要的道路，民间口述史的陈述可能多于正史的记载。

尽管每个赶马人都说得出一些遇险的事，但这些石头铺垫的古道一直有人在走，延续了许多世纪。直到近几十年，公路覆盖或绕开了古道，荒草才悄悄遮掩了它们。

第二章　马走出来的古城

巍山古城的生成，当在古道走出来之后。藏匿于横断山腹地的巍山，由于成为博南古道和茶马古道滇藏段中重要的枢纽之地，曾拥有发达的商业和运输业，崛起过大名鼎鼎的南诏国，成为在滇西屈指可数的著名城邦。

我们多次把古道、马帮和古城列入自己的田野考察计划，而且让来自广东、江苏大城市走惯平地坐惯汽车、对古道和马帮一无所知的学生参与调查，从另外一种陌生的视角来看古道、马帮和古城。

一、马大哥的城

巍山是个城，但却是一个与众不同的城：它的街道很窄，走马可以，走车就难，而且和街道两边明清式老店铺低矮的瓦檐很容易发生冲突，司机要看脚下，也要看头上，以免碰到人家的瓦檐；城市中心的穿心鼓楼几乎就是为马帮设计建造的，一些穿着黑羊皮褂子的黑脸汉子，领着成群结队的马，驮着山货，大摇大摆从市中心的鼓楼穿过。马铃叮叮当当，响成一片（图2-1、图2-2）。这些马帮钻进各自熟悉的马店

图 2-1　从市中心的鼓楼穿过的马帮。
1998

图 2-2　扛着马驮子进城的山民。1998

图 2-3　卖完山货牵马回家的彝族大妈。
1998

或寄牲口处，然后赶马人用宽带背箩背出他们的山货。门洞边蹲着卖柴火的少数民族，身上的服装和所有现代样式截然不同。柴火和驮子一起架着，柴皮上还挂着奇异的地衣和干了的苔藓，他们的马则站在旁边嚼着混了蚕豆的马料。卖完山货，兜里有了钱，再买点城里的东西，心满意足牵马回家（图 2-3）。最繁华地段的店铺是马具店、纸扎店、棺材铺、面条作坊和老式剃头铺。老资格的赶马人怀里揣着赶马的执照……

我突然明白，这个城市是马走出来的，是给马走的；它为马帮而设，不为汽车而设。

巍山古城是当年马帮走得最多的地方，除了集散货物，那顺街排的各种小店，好像就是专为赶马人开的。换换马掌，配个行头，基本在街边就可以做了。把货物卸下，马歇在店里，放放心心逛街。先去剃头铺，把积满灰尘和虱子的一头乱发给剃了，然后一身轻松下馆子。要一壶酒，就一海碗扒肉饵丝，一碟肥肥的卤肉（卤猪脚或猪尾巴），一碟辣辣的腌萝卜条，要不再来一碟香香的炸蚂蚱，各路英雄顿时豪气冲天（图2-4）。

图2-4　这个大门里，可以接待各路英雄好汉聚会，红白喜事办席，也在这里。1998

吃饱喝足，谈成生意的，免不了再去茶馆坐坐，一边喝茶，一边呼噜噜地吸着水烟筒（图 2-5），听听曲子，看看花灯。① 云南的水烟筒，俗称"大闷筒"，用大竹制作，长七八十厘米。吸烟时，水烟筒内装一些水，将烟丝撮一点放在烟嘴上，用火线点燃，半个脸贴紧烟筒口，呼噜噜用力吸气。烟经水过滤，进入烟筒，直入肺腔。据说抽这种水烟筒容易得痨病，所以又叫"痨病筒"。又传说抗战时滇军士兵都喜欢背个水烟筒，被敌军误以为是小钢炮，因此又有个别名"小钢炮"。实际上，出门背"小钢炮"太占地方，赶马人最实用的还是便携式烟斗。讲究的烟斗，玉雕的嘴，紫檀木的杆。比较实用的，是陶做的嘴，配木杆。古城地摊上，这类上釉的陶嘴很好卖（图 2-6）。最不济的，砍一截苞谷棒子，拿刀削得只剩芯，挖个装烟丝的孔，斜插一段细竹，

图 2-5　吸水烟筒的彝族大哥。1998

① 花灯是云南传统歌舞剧，吸收了民间歌舞和戏剧的特点，亦舞亦唱亦表演剧情，乡俗味很浓，深受群众欢迎。

图 2-6　在地摊选购陶烟嘴的老人，衣服的肩膀已有明显磨损，但依然洗得干干净净，还烫（叠）出笔挺的线条，一看就知家有贤妻。2015

就是过滤嘴烟斗。最近几年，我看这种烟斗竟然在一线城市的艺术圈子里流行。那架势，还有些碾压斯大林烟斗的感觉。烟丝是本地产的烟叶切丝，色泽金黄是叫黄烟，俗称"猴子毛"，是有钱人抽的上品；发褐的叫红烟，普通老百姓抽。巍山的马帮，每年光烟丝都要运出去几千驮。

　　想老婆娃娃的，就进小百货店，买些逗人的玩意带回马店（图2-7）；没老婆娃娃可想的，或许会三五成群去找乐的地方，或找家缝衣店，把路上磨破的衣裳补一补（图2-8）。在巍山古城，这样的老缝衣店和它的顾客一样朴实。它之所以还开得下去，是因为出门人没有女人帮缝缝补补，赶马进城的山里人难免要配个纽扣打个补丁什么的，也是因为巍山人习惯的俭朴生活，大人穿不了的衣服拆了，挑磨损小的部位

图 2-7　巍山扎染厂生产的小玩意。2012

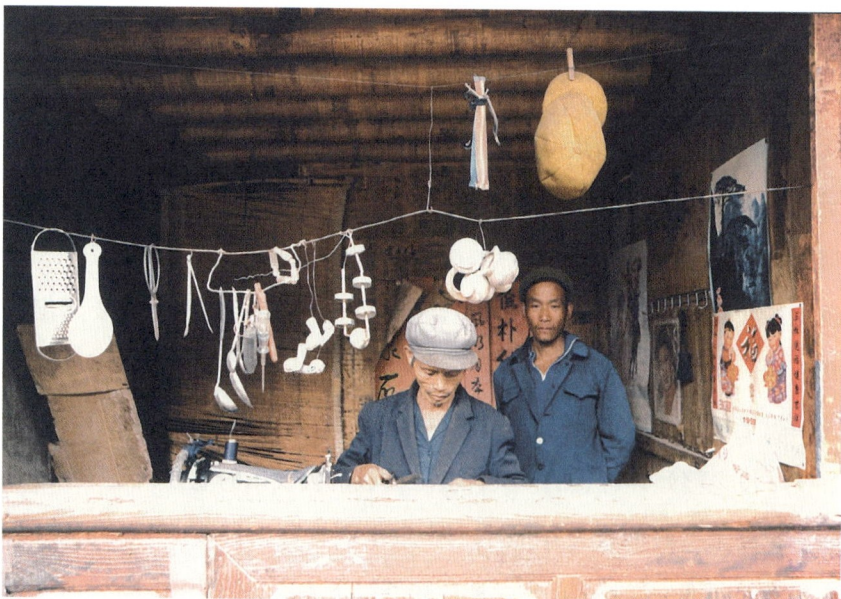

图 2-8　老街上的小店，挂在铁丝上的是些居家出门常用之物，桌面上的缝纫机才是看家的新式装备。1998

重新拼一件娃娃穿的。

第二天还要上路的，则少不了去香烛店买点香烛、纸钱、纸马之类，出发时烧一烧，逢山遇庙时拜一拜，求个平安；如有病痛，城里也是求医寻药的好地方，许多老字号的药店，可以配放心的药——古城的居民，有病有痛，还是习惯到老药店里，抓几服中草药用火熬来喝。这样的药店通常人畜都医，小小一个铺面，包罗万象，就像江湖医生那个可装乾坤的葫芦。来抓药看病的人倒不在乎人吃的药和马吃的药都是一些草根树皮，他们说，不单是便宜，这些成年、成百年长出的东西，毕竟比那些速成的化学物品让人放心……（图2-9）

图2-9 "熊记药店"旁边的招牌写着："本店逢街一打鸡针……"老药店为人服务，也为家禽和牲畜服务。1998

在巍山古城里，直到几年前，城市的布局，居民的习惯，临街店铺的买卖，来来往往的过客，大致都是照这样过日子的。而且，这样的日子，已经过了千年。巍山古城里老街上的青石板路面，硬是被人脚和马蹄磨得光光滑滑的。后来，青石板路改为水泥路，街道却没法扩，只能走人走马，最多可走小马车（图2-10）。

图2-10　在古城，马车可走，汽车不能走。2001

由于古城基本是马帮走出来的，所以城市主体建筑和街道也保持了"穿心而过，四通八达"的格局。

二、古城楼下的马具店

我是1998年才注意到这家马具店的。

到巍山，我们多半是在古城楼旁边的县委招待所住。午饭后出门，自然就向感觉阴凉的右边马路转，走几步便可以置身在小天安门一样的拱辰楼阴影下了。

汽车不能开进古城，却有三轮的"摩的"（当地人叫它"三脚鸡"）吐着黑烟满大街跑，轰轰烈烈地显示现代化的样子。和它们相配的，是些穿高跟鞋，走几百米就要打"三脚鸡"的小城青年。我们很烦那些喧哗，于是发现静悄悄躲在街角的这家马具店十分可爱。

这家巍山现存的马具店位于拱辰楼下，五六平方米的一间店铺，是整个古色古香的老街古建筑的一部分。从外看去，马店的整个房身已经明显倾斜，说明这小店很有些年头了。它像许多古街小店一样，连店名也没有，只有一块半个巴掌大的门牌，标明是文华镇北街100号。门前整整齐齐地摆着竹笠、草鞋、红糖、棉垫、灯管、罐头、啤酒、烤烟、香烛、元宝等等，真是个"杂"，连门头上都挂满了绳索，黄灿灿地垂成一个城里"酷吧"模样的帘子。我们弯腰从"帘子"下钻进小店，立刻把老板娘挤了出来。当然，最吸引我们的是店里店外满满挂着的马具，马一身的行头，这里基本全了——木丘与丘子（丘珠）、牛皮丘索、牛皮花盘胸、盖提（也叫盖垫，用头发、草根、毡绒、杂毛做原料）、纸提、铁丝编的铁套口、牛皮驾索（缰绳）、肚带、胯皮、木鞍、撅嘴、铁掌钉、皮或胶制的花笼头（辔头）、铜马铃、皮或布做的套包……（图2-11）

老板娘是一位中年发福的白族大妈，50多岁，姓盛，我们叫她盛大妈。盛大妈坐在门外的小木凳上，笑眯眯地看这些城里人在她店里东张西望，翻翻拣拣。

"马具好卖吗？"我们问。

"不行了！生意原来就是随着公路的修通变差的，每修一条就差一点。现在不让马进城，生意更不行了。"盛大妈说，"缰绳与掌钉消耗大，还卖得动，不过，现在靠卖这个赚什么钱哟！掌钉要从凤仪县进

图 2-11　进城出城的山民，不管赶马不赶马，来来往往路过这样的店，都会习惯性地瞅上一眼，里面有他们最实用的东西。1998

货。只有这些土特产，像烤烟啊啤酒香烛啊，好歹能卖一些，靠它们撑着门面。"

当喜欢收集旧货的同伴问有没有马镫的时候，她有些吃惊，她原来以为我们不过看看稀奇罢了："你们城里人买这个做什么？"

"好看。"想买马镫做烟灰缸的同伴怕说出实话伤大妈的心，临时改了口。

"马镫是没有卖的。"盛大妈摆摆手，解释说，"骡马是自家喂养的，主要用来驮东西，舍不得骑，所以只有驮子没有马镫。过去也只有马帮的商号老板和有钱人的坐骑才需要配备马镫。集体化吃大锅饭期间，牲口变成集体的，马就没有人惜了，是人不是人都想去骑它。那些骑着马招招摇摇的人，多半是些大家看不上眼的二杆子，说他们那样子是'抖草'（炫耀）。"

在山里，我们常见一些山民，怕马累着，每每会把马驮子里的东西匀一点自己背着，哪里舍得骑马（图2-12）！另外，云南马个头不大，善走山路，它们的体质适宜驮载货物而非用作坐骑。史书上记载云南马"质小而蹄健，上高山，履危径，虽数十里不知喘汗"，[①]适应高原运输，宋、元、明、清时每年上贡朝廷达千匹。茶马古道一是茶，二是马，贩马成为一宗大买卖，以致后来成为一种朝廷需要控制的专利，设立有关机构进行监控。传统的马帮用来进行货物运输的骡马正是这样的品种。

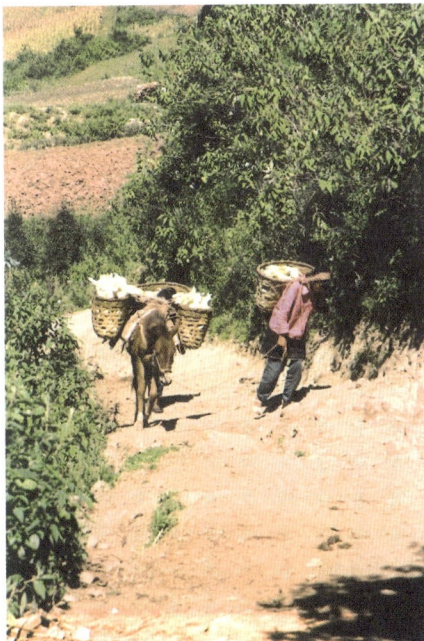

图2-12 山里人走山路，很少见骑在马上的。更多的时候，是他们和骡马一起负重而行。1998

"什么时候开始卖马具呢？"我们问。

"怕有30年了。每逢街天，四乡八方的人都到巍山城赶街，生意就比较好。赶马人从拱辰楼的城门洞下过，就要过着我这点，差不多都要停下牲口来买点钉掌、套索和小百货。那年头公路不好，汽车也少，还是赶马的多，生意就忙不过来。"

问盛大妈21世纪到了，汽车到处乱窜，何以还开马具店？有生意

---

① 《巍山彝族回族自治县交通志》编写组：《巍山彝族回族自治县交通志》，云南人民出版社1989年版，第116页。

吗？老板娘答，你们没走过山道么？那些道从老辈就走起了，山里人现在还离不得那些道。

"城里呢？"

"说不准喽！政府要改造老街，不晓得我这个店还开得下去不。"

听到这话，有些失落，但不觉意外，因为在当前这个社会大转型中，大量的传统文化就是这样由于"没用"或"没有市场"而消失的。

三年后，我带着学生来巍山考察，把盛大妈的马具店介绍给同学，让他们做些访谈。三年过去，盛大妈和马具店似乎没有多大变化，盛大妈还是那么健谈，马具店还是那样悬乎乎地倾斜着。

哄着光头的小孙子，盛大妈一脸的心满意足。她还记得几年前的采访："不过，今天我要赶早关门，赶着去帮亲戚家办喜事呢！连着就是五六天，你们过几天再来吧，到时候我们慢慢聊，好吧？"

我们再次登门拜访时，盛大妈已经像招呼熟人一样招呼我们了。

盛大妈一边编着三手成一股的尼龙绳，一边和我们聊。几年不见，盛大妈的马具店似乎有些转型。再几年去，马具、草鞋之类还挂着，门口的草墩已经围上了色彩鲜艳的布条（图 2-13）。

盛大妈说："马具越来越难卖了，只有烤烟、竹篮、草墩、香烛、元宝之类土特产，还有灯管、罐头、啤酒这些日常物品还卖得动。路修好了，马不能进城，我这个马具店怕是开不下去了！现在店子主要还要给没有工作的孙媳留着，但过两年也不能做了。"盛大妈语气平和，像是说别人的事。

店外的主街，已经用外省运回来的长方形青砂石条，铺得平平展展。仿水泥板的平整青砂石路使三轮"摩的"有了用武之地，创造了古城并且和古城很协调的马儿们，反而不能进城了。县上发过禁止大牲畜和机动车进城的公告，说是为了开发旅游资源，保护古城街道与卫生。

图2-13 盛大妈和她的马具店。2009

但似乎只对马帮有效，而三轮"摩的"依然满大街开着跑。

在这些"现代感"很强的路面和机器的反衬下，盛大妈的马具店显得有些滑稽，一副腐朽没落的样子，和那些新生事物很不协调，甚至和翻修过的老街也很不协调，如同一个真实的古董夹在鲜亮的旅游商品中一样，弄得双方都找不着感觉。

"你这房子……"我们指指盛大妈的小店。门是斜的，窗是歪的，连店里承重的柱子也歪到差不多五六十度，一副危房模样。

盛大妈倒爽快，笑道："门斜窗歪，歪了三十年啦，都歪习惯了！早就想修修，不过店子小，哪里找修房子的钱？将就过过了！"

有人解围说："不是大妈的房子歪，而是这些仿水泥的路平得太没感觉。"

盛大妈显然也觉出了这种尴尬，自言自语说："我，恐怕也应该转转产，卖点别的东西了。"

为了不让大妈尴尬，学生们拿出笔记本，一副乖学生的样，请大妈说说她卖的这些马具。一说马具，大妈就话多了：

"这里一共有十几样马具，大部分是自己做的！我是县城最早自己做这个盖提的人！"如数家珍，盛大妈向这些一辈子都不会和马和马具打交道的广州师生介绍：[①]

盖提（盖垫）。垫在马背上、马鞍下起保护、稳定作用。大妈有空就把平时收集来的头发、草根、毡绒、杂毛用竿子打松，弄均匀了，塞到白布做的布袋里，一针针地用工程线把布袋再缝结实。一天缝几个，每个几块钱，以前好卖。

纸提。垫在盖提下面。

铁套口。大妈用铁丝编的。她特意举起双手给我们看，上面布满了划痕与老茧，意思就是都是编这个给弄的。

驾索（缰绳）。过去的驾索是牛皮做的，现在用蛇皮口袋划成条绞编成塑料缰绳。

丘索。皮做，放在马尾巴的下方，固定鞍子。

花盘胸。皮做，套在马胸上，也用来固定鞍子。

肚带。皮做，配一金属扣，圈在马肚子上，不让皮鞍左右滑动。

胯皮：兜在马屁股底，不让皮鞍前后移动。

花笼头（辔头）。皮编，也有胶的，不太牢靠，但便宜。套在马头上，装饰和固定缰绳用。

这些皮做的马具，除了用生皮做的是大妈自己弄的以外，其他都是她的皮匠阿叔做的。皮具牢实，就是费工。平时或赶街，定期（一般半

---

① 以下关于马具的访谈由考察组成员、中山大学人类学系本科生叶茵茵 2001 年 2 月记录，笔者整理。

年）不定期，会有附近的皮革匠带着货品上门兜售，遇到满意的便可留下讲价钱。买回生皮，先泡醒，露天泡在水里泡一天。皮儿多长，索儿就做多长，通常有二米到三米。然后在实心的杆子上沥干水分。湿了水的皮厚重，空心杆儿不经压。阿叔用一个大砂轮石把皮上的毛磨掉，再用铲子把皮铲薄了，主要是铲去枯皮、腐肉跟骨头。最后是"硝皮"，用带碱性的皮硝或芽硝把皮制了，变软。一边铲，一边硝。要想硝得好，还一定不能用石灰。硝完皮再晾晒撑平，最后把制好的皮用刀子割成条儿，按料取材。皮匠们对生牛皮的处理有着这样的规矩：一张皮子分成几等，最好的皮子割下来加工成皮条、驾索；二等皮子制成盘胸；三等皮子做丘索；末等皮子用来编马笼头。专门的马具只能是传统手工匠人制作的。

木鞍。小马车用小鞍，大木鞍用来驮东西。皮鞍现在已经不卖了，本来是用在供人骑的马上的（图2-14）。

撅嘴。铁制。

丘和丘子（丘珠）。木制，一个弯月形的丘，两串丘珠，套在丘索上，保护马的皮和尾巴不被丘索磨坏了。丘的大小跟马屁股的大小有关，就像马掌铁与马掌的关系一样。

图2-14　皮鞍及各种老物件，现在不在马具店卖了，在古玩店卖。2015

铜马铃。有串在一个皮带上共60个的小铃串，也有单个的大铜铃。这些铜铃在马儿行进时发出叮叮零零的铃响。因为不是自己做的东西，所以有点儿贵，一个单大铜铃差不多要八九块，一串儿的要三四十。

套包。它的外形像一个坐式抽水马桶的坐板圈。椭圆形在窄处呈 U 字开口，有皮、布、胶做的外套，里面塞上棉花等软物。套在牲口脖子上，拉车的辕不会因直接与牲口脖子接触而引致肩脖受损，起保护作用。

马掌和掌钉。马蹄走硬路，磨损大，要钉马掌铁（图 2-15）。

"缰绳与掌钉消耗大，比较好卖！马掌铁大小不一得厉害，卖不快，不敢进。"

这里出售的马钉，据说一直来自下关凤仪县。而其他不是自己做的马具，基本上来自巍山山区里的少数民族手工匠。这些工匠说彝话，"半年才来一次。像这些竹笠草鞋、丘跟丘子，都是他们带来的。拿来我要就买了，现在一年也卖不出几副，等小儿子成家了，我这店也不守下去了。"

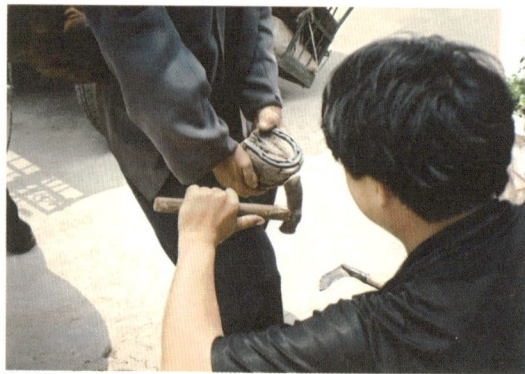

图 2-15　为马钉马掌。2021，倪黎祥摄

我们想到制皮工场看看，她不同意，理由是工场的环境恶劣，不看为妙。"做一次皮总共要用十几天，泡皮跟硝皮发出的臭味啊，不是人能受的！"另外的理由就是怕家族手艺外传，阿叔不肯轻易示人。我们保证不拍照，只看看现场环境，而且我们肯定不会做这行当，盛大妈仍然不同意。

"你们写这些干什么？"盛大妈看到学生们手不停地记，突然有些警惕地问。我们赶快解释是学生做采访实习的"作业"。

说"作业"，盛大妈马上松弛下来。"我生意最好时是'文革'，最惨也是'文革'。那时，车在道路上不通，东西运不进这里来。像火柴电池这些也没有！我们跟马帮约好，就靠牲口把电池之类的东西运回来。成本高，就高价卖呗。结果，被扣上投机倒把的帽子！"店里的电池等货物被收去以后，就没有了下文，原来生意不错的店立即损失惨重。"他们说运不过来的东西你们怎么可能有得卖啊！也不听你解释，其实就是高价请牲口运过来的嘛。他们看中你的东西，要抢就抢啰，你也没有办法！"

进入 21 世纪的某一天，美中艺术交流中心的中外专家考察古城，路过拱辰楼旁边盛大妈的马具店。盛大妈依旧背着孙子，在开她已经名不符实的马具店。来自地球另一面的专家们好奇地看着这些古老的店铺，不知道古城的人们怎么在现代化浪潮中发展。盛大妈好奇地看着这些外面来的人，不知道古城又将发生什么样的变化。

2012 年我再去巍山，城头盛大妈的马具店依然是歪的，但已经不卖马具。

三、马店女老板

从拱辰楼往北，是文华镇下水坝街。我和朋友正漫无目的地在古城的街巷里闲逛，忽见一家院门外的墙上有一行手写的字："李记世生客店"，在招牌的左边，另有一行字，竖排，黄中带黑："附设寄牲畜处"，门牌是"下水坝街 48 号"。这应该是一家马店。我们伸头看看，似乎有人，便鱼贯而入，穿过一溜葡萄架，进到院子。

院子大致属于古城常见的"三坊一照壁"格局。庭院一角栽着一棵石榴树，鸡在院里走，鸽子在瓦上飞。左边是个马厩，里边传出骡马的鼻息声，旁边堆了一些驮子和用包装袋装着的货物。一位面色黝黑的汉子坐在正房前的小凳上，神色疲惫，茫然地看着我们这伙不速之客。堂屋内外也有几个人，抽烟喝茶，水烟筒吸得呼噜噜响（图2-16、图2-17）。

图2-16　李记世生客店住店的赶马人。1998

"你们找哪个?"一个头发灰白、梳着整齐短发的老太太从正堂走出（图2-18），问道。

"您好老人家!"看样子，老太太应该是房主人了，"我们路过，想看看您的客店，可以吗?"

"你们不会歇这样的店的。"老太太一针见血，"我这是'马旅店'，叫'旅马店'也可以，是给赶马人和马歇的。你们来旅游的城里人，不会看上我家的店。"

老太太直来直去，我们只好从实招来。

老太太听说我们对马店感兴趣，立刻来了劲，拉着我们进正堂，去

图 2-17 马店是为马帮开的，不仅要熟知马的习性，更要懂得赶马人的脾气，了解他们的来头、喜好和忌讳。

看她家挂在墙上的照片。正堂迎面的墙上挂满相框，里面有不少老照片，在昏暗的光线里微微泛黄。照片上都是这个屋子曾经的主人。最大的两张，分别是老太太丈夫的爷爷（第三代）跟第二代主人，还有就是她丈夫自己的、父亲的、叔父的、母亲的。"我这店晚清时候已经开了，光绪年间我丈夫的爷爷开的。"老太太丈夫家族上三代赶马，到第四代改经营马店，可称"马"世家。

米老太说，赶马非常辛苦。迤西一带的马帮，常常要赶四五百里路才能到达一个小村子。很多时候他们只能在露天过夜，用行话来说，这叫作"开亮"。要开亮的马帮一般规模比较大，而且随身带着炊具。差不多在日落的时候，他们就得在森林中寻找一块平坦的草地，卸下驮鞍，拴好骡马，打成一围，然后开始安锅、煮饭、烧水。天色黑了，山里常常有野兽，所以他们必须捡拾许多枯枝，围成一圈，烧起火来，使

图 2-18　李记世生客店的女当家米奶奶，她 17 岁开始管理这个马店，如今已经半个多世纪了。1998

野兽不敢近前。中午歇脚叫"开梢"，吃晌午饭的意思。"开梢"的时间比"开亮"短得多，用四五十分钟人吃饱、马喂足，就要赶着上路。米老太家里的男人都是帮人赶马，因为抽大烟，没本钱买马组帮，只好帮人放马赶马，每次并不固定雇主。赶马都是累人的活儿，出门在外百病难防，回来老得快。赶马大概到 40 多岁就干不动了，第一代就只从 25 岁干到 40 岁。第一二代当家人只活了 43 岁，第三代稍长二年，45 岁，都是病死的。

老太太本姓米，取了个男性化的名字叫米德润，76 岁。祖上不是本地人，她的爷爷来巍山当县长，讨了巍山的媳妇就舍不得走了。她丈夫叫李含轩，祖上三代都赶过马。李家祖上开了马店后染上抽大烟的习惯，马店收入不够开销，只好又加入赶马的行列做些小买卖。老太太为李家生了 11 个娃，活下 8 个，4 男 4 女。这个店先开了，然后家里人才去赶马，因此女人管店，男人赶马。

"我跟丈夫是青梅竹马，我就是对门的姑娘，跟丈夫上同一个学校的。他自己不喜欢管马店啊，喜欢教书，也喜欢宰猪，只是教书收入少。"家务和马店只好交给 17 岁的小媳妇管。说到这儿，米老太眼睛放光，"我 15 岁过这里的门，丈夫那年 16。两年后，我 17 岁，就开始管这个家，一边在'猪马公司'工作，一边帮婆婆打理马店。马店都是不教姑娘教媳妇的，我也愿意管，所以两年就学会了。我很厉害的！从来不会搞错牲口跟主人，也绝对不会让外面的混混进来偷走马。我眼睛尖着呢，记性也好，一眼就看穿他是不是真的要来寄马的！马也不会认错，颜色跟旋儿都不一样，我认着呢！虽然牲口多，记在心头，找得到，跑了也找得到。没有这个技术我咋敢开马店！"有一次，一个不识好歹的家伙牵着两匹马进来想浑水摸鱼，用偷龙转凤的方法换别人的牲口，没进到里院就给请了出去。"我跟他说：你不是来寄马的，走吧，小心我报官去。别人还没下手，也要给个台阶啊。可是真的捉住了，大家也不搞私刑，都是报官的，图个省事。"

米老太指着这个院子说："我家这院子，整个就为赶马人设计的。这边是马厩，可以关几十匹马。1952—1953 年时候，生意好啊，一块三一个马，连人一块五，一个马帮三人就四块五——当时一块能买十斤好米！那边住人，以前没有床，赶马人睡地板惯了，拿个小毛毡铺在牲口边上就睡。有时候马帮来得太多，院里天井的地上也睡人。我这里一百多匹马都放得下，密密麻麻，脚都插不进去。现在没马来了，地方闲着也是闲着，就把进门口左边挨墙挪出地方建了几个小房间，架几张床。人马一块钱，不管饭和饲料，改修后也能容得下三四十匹马。别的客人来，也可以歇，两块钱一天。"

几年后我们再去时，果然有不是赶马的人来歇。这是一位雪白胡须半尺长的老大爷，有点道骨仙风的样子。他从大理过来，爱下象棋，就来李家客店住上十天半月，与棋友相会，下棋度假。想想，两块钱一天，也真是很划算的。看来懂享受的人哪儿都找得到办法，不一定非得腰缠万贯。

马店分为两层，楼下是李家自己的住房，还有炉灶、马厩、仓库，楼上的客房是赶马人的宿处。我转上楼看了一下，非常低矮，没有窗户和家具，只是一个阁楼罢了。狭小的空间挤了9张简单的木床，被子随随便便地放在床上，有的叠了，有的没叠。房间里弥漫着一股特别的气味，是一种来路复杂、很有年头的汗味。

米老太介绍，在李家马店歇脚的马帮大部分是来自丽江那方的纳西、古宗人（藏族），也有青华、五印、马鞍山等附近山区的各族赶马人。这些马帮都是小规模的、短途的，被称为"凑逗帮"和"结帮"。所谓凑逗帮，是同村或附近村的村民，每家出几匹骡马凑在一起组成马帮，从事一些短途的、季节性的运输。结帮，也叫散帮，是指因走同一条路，或接受了同一宗的业务，或担心匪患和猛兽的袭击而共同搭伙临时组成的马帮，生意结束就散伙。大家话也讲不通，互相都防着些，在店里住还要派个放哨的，铺上毡子毛毯睡在院里值班，其他人轮流到二楼的客房休息。这样的马帮数量一般在几十匹左右，按照"管（赶）马不离三"的原则组织起来。所谓"管（赶）马不离三"，米老太解释说，堆驮子最起码要三个人：一个抬、两个扶（图2-19）。"三"还有一个含义是一个人通常赶三匹马，所以一般组成"马帮"最少要有三个人，九匹马。过去常常会有人为等待其他赶马人"结帮"上路而住店的。

图2-19　一人拉马，两人抬驮，给马上驮。1998

来到李家马店的马帮，都用店里提供的一个个小灶了分灶煮食。炉灶、铁锅、开水等由马店无偿提供，赶马人都随身带着一个装着苞谷粉的布袋和小锅子。歇了店，侍候好了马匹，他们便自己拿一副碗筷，斟一点开水，把那些苞谷粉吃了。如果想吃得好一些，就搭小灶。在马帮多的季节里，一排十几个小灶一起煮着五湖四海九州十味的菜肴，藏族打酥油茶，纳西族煮猪膘肉，彝族煮肉喜欢大坨大坨的，只有回族不沾店里的锅碗，自己找地方煮吃。当年，为了路上安全一些，特别是要过一些土匪多的垭口前，同住一个店相识的各个小马帮就会临时凑成一个大马队，这样马帮声势大，一般的土匪不敢抢。

米老太说："我这个人脾气爽直，跟赶马人处得拢。他们尽是山里来的，我从来不嫌弃。我还懂得他们的规矩，晓得尊重他们。出门人住店，有很多忌讳。比如不能人一走就马上扫地收床，因为他们认为扫地出门是不吉利的。出门在外，路途凶险，就图个平安无事。如果客人刚走马上扫地收床，马帮会认为店主不守规矩，不再来光顾。甚至在路上遇到不吉利的事情，也会来找店主算账。现在赶马人走的路短了。"她指着坐在门厅前喝茶的两位赶马人，"青华乡这位，走了60公里，算是最远的；鼠街乡这位在30公里外，来交烤烟，歇一晚，明天走。"

米老太读过几年书，善于和各种人打交道，谈吐很有气质。她亲自为我们写下李家马帮赶马的路线：巍山—南涧—凤庆—镇沅—双江—耿马—保山—剑川—楚雄—昆明—贵州—四川—甘肃（第三代人没到过甘肃）。走一个来回要四个月左右，春天阴历一月出发，五月初回来弄点山货又上路。直到十月回来，休息一阵，卖带回来的东西，然后又周而复始。马帮一旦出来，必须赚到钱才能回家。驮运的货物有布匹、糖、茶、丝绵、绸缎等，本地绝好的花椒与凤庆的茶叶分别带到四川与甘肃就能卖个好价钱，巍山土特产蜜饯、酱豆、红雪梨、香菇、鸡枞菌、大脚菇、扎染布等也是外运的俏货。一月春茶上市，驮的是茶叶，返程带丝绸回来。如果走得远，到了"夷方"，就会捎上外国新奇的玩意，像水壶、搪瓷碗、罐头、茶具、烤箱等等。我们惊讶地发现，她 70 多岁的人了，写字不戴老花眼镜，手不抖。

米老太回忆说，民国时候生意最好，当时还没有公路，民间运输主要靠马帮。每年的春茶会期、山货上市，经过巍山的大小马帮多达千匹，简直成了马帮大聚会。生意好了，马厩不够用，马就只能挤在庭院里。虽然我们可以想象当时的情景，但活生生的画面，却只能存在于老人的回忆中了。

米老太说："以前我这里生意都不错，1950 年后大家都变成了一样的人。原来的马锅头进了'伙食堂'，马帮入社，不赶马了，结果牲口饿死，人也饿死。改革开放后要搞活经济，马帮又多起来。只是前年，木炭、木材、茶叶、糖这些东西可以用车运，不用驮了，生意就不行了。丽江的人不怎么来，只有山区还跑来几个。像赶个小马车什么的更用不着来这里。"米老太感叹道，即使是赶街天，也只有不多的几个卖山货的山里人来住一晚，卖完就走。生意不多，日子过得也清闲。我们注意到马厩比起米老太描述的先前的样子小了许多，里面养了两头猪。因为事不多，米老太每个晚上吃过饭都出去串门，店里就由她的哑巴女儿帮忙打理。

"等这里完全不让进牲口，我就关了店，把房子给儿子跟儿媳住。屋后也要改修住人了。他们不喜欢城里的楼子，不习惯。其实也是，哪有我们这里舒服！"

后来聊熟了，米老太说："你们早来几天就好了，可以赶上一个喜宴。"她的小孙女从四川航校毕业，分配在昆明巫家坝飞行大队，全县第一人，要当空姐了。老太太乐不可支，昨天刚请了十几位洞经先生来家里设坛，念经的有 8 位，谈经的也有好几个，唱洞经还愿，这天又有一帮远方"贵人"登门，自是大吉。所以，老太太心里爽，我们也偷着乐。

四、女人当家的"寄牲口处"

离开三轮摩的（机动三轮车）轰轰烈烈窜来窜去的主街，我们下意识地往偏僻的街巷走。

几匹马在前面迎面走来，刚要举相机，却见它们一转身进了一户人家，熟门熟路的样子。我们急忙尾随而去，

我们跟着马，鱼贯而入，却差点走进马厩里面。原来这家马店是人马分道的。这个露天马厩围在院子里，对街开了道门，骡马进来右转就进到厩里了（图 2-20）。骡马走进一个用石头围的露天马厩，赶马人手

图 2-20 这些骡马对这家很熟，一进门，便自然右转，熟门熟道的样子。2001

脚利索地把驮子卸了下来。直行的路，才是人走的。住家和马厩只隔了一条过道。马厩后面是一个两层木结构的楼房，却作了谷仓，楼下乱七八糟堆满了货物、马驮子等，楼上放的是饲料。如果不是有心，很难发现这个不起眼的小院也是"店"。看看门牌，文华镇南街70号。

男主人不在家，只有几个30来岁的女人在。见一帮"记者"（她们最初这样认为）对马厩感兴趣，她们也来了情绪，嘻嘻哈哈跟我们开玩笑。

女主人姓字，这是巍山彝族特有的姓氏。在巍山，要是姓"字"或"茶"，他们多半会自称和南诏王有亲缘关系。

女主人快人快语，她告诉我们，这不算马店，没有客房，不过是个临时寄存牲口的地方罢了，而且寄存的骡马当天取回，极少有过夜的情况。这里不仅提供喂饲、供马休息，还出售木制马鞍和饲料。像这样的"寄牲口处"还有一家，都在南街。山里来的老乡大老远进城办事，少不了带点山货下来换成钱，然后买些盐啊煤油啊之类的日用土杂带回去。城里人，背个小包就值许多钱。山里除了雨季出菌子，打雀卖野味，以及自产的核桃、烟叶之类，就没有什么东西卖得出价。一般是驮柴来卖的多，来这里寄牲口的多半是卖柴的山民。路远，山里人没办法不赶马进城。但是一马驮子柴换不了几个钱。由于拱辰楼（原来的北门）装修一新，古城中心已经从原来的穿心鼓楼北移到拱辰楼，古城的北界也相应移到了更北的群力门。在穿心鼓楼没有装修好之前，南街相对要比北街冷清得多，所以，在政府还没有开始进行南街改造工程的时候，这里暂时不属于"骡马禁止入城"的主城区，进城的山民总算还有个寄牲口的地方。

这家小店是离主街最近的地方，这样他们可以在此卸货，寄了牲口，然后用背篓或背板把山货背进城里，在穿心鼓楼下面的墙角摆开，等待人们来买。傍晚时分卖掉山货，买回需要的生活用品，然后回来取马。寄一匹骡马只要五角钱。每天寄十来匹牲口，街天可以有二三十匹牲口的寄存量（图2-21）。

图2-21 "寄牲口处"全景。2001

"自家的院子，空着也是空着，寄寄牲口起码可以方便老乡，挣点老米钱。"说话间，又有一队骡马走进她家的小店。我们发现，赶马的都是女人，问，怎么是女的赶马？女主人哈哈笑道："自古以来就是女的赶马比男的猴（当地方言，意为"厉害""能干"）。"问为什么，只笑，不答。

再问男主人做什么事，到什么地方去了，女主人也不忌讳，说，她男人在外面做点小买卖，倒倒烤烟、粮食、药材等土产。

后来，我的学生倪黎祥和叶茵茵再访这个小店，终于见到男主人张大叔。张大叔告诉他们，他12岁起就跟着大人赶了五年多的马，主要来往于巍山和弥渡之间。1985 年开始赶小马车，一直赶了 14 年。马车被大量投入使用是在 1959 年"大跃进"以后，据统计当时全县有近 500 辆马车。改革开放后本地人民在生产实践中对马车进行改良，造出了载重更大，更轻便灵活的"小马车"，从此大马车逐渐淘汰，1988 年小马车发展到高峰，全县共有两千多辆。在相当长的一段时期，马车是短途运输的主要工具，补充了工农业生产中的运力不足。近些年来随着公路建设的发展和更多机动车的投入使用，小马车已显出衰微之势。但是，由于体轻灵便，适应性强，小马车至今仍被广泛使用着，每天可以看到它和汽车一起在乡村公路和便道上，载人运货，川流不息。

1999 年以前政府还没禁止贩卖私柴，下山来卖柴的人多，寄存牲口的需求也大，张大叔觉得有利可图，就开了这家寄牲口的"马店"。1998 年"天然林保护工程"实施以来，政府"封山"，禁止贩卖私柴，来寄牲口的就少很多（图 2-22）。

图 2-22 "寄牲口处"的院子，孤零零只有一个马驮子。2001

问到政府即将进行的南街改造工程并禁止骡马进城以后，马店将作何打算，张大叔说考虑把现在临街的马店改成店铺做小买卖。后面的谷仓改成马厩，这样骡马就可以绕到后面进出而不必经过南街。只是政府严禁骡马进入古城的可能不仅是南街，张大叔变通的设想很可能要落空。不过至少小买卖的生意可以固定下来，日子也会安稳许多。

五、古城老"马锅头"的赶马执照

分配去调查马帮的倪黎祥和叶茵茵同学提到一位叫饶森的老"马锅头"，是当地赶马的一把好手。他住在穿心鼓楼附近，文华镇北街194号。当过国营马帮时期的马队队长，主要负责接受国家运输任务。他们记述道：

饶大爹在做马锅头之前还是一般的赶马人，跟随马帮常走往临沧、双江、耿马等地。民国时期，牛、马、骡、驴等大牲畜价值高，既是生产资料又是生活资料，多数农户都有饲养并把家畜当作"半个家业"来扶持。20世纪50年代后期出现的国营马帮，在云南的很多地方都存在过，除了接受国家运输任务（比如修路、架桥、驻守边防等），还有许多是为了救助少数民族兄弟，保障他们的基本生活而组织用来运输生产、生活物资的，例如一直不通公路的独龙江。为了在21世纪到来之前结束云南最后一个不通公路的民族乡的历史，1999年9月，贡山通向独龙江的公路全线开通。当年年底，组建了40年、一直由贡山县交通局管理的国营马帮正式解散，所剩的最后150多匹骡马全部被拍卖。大型纪录片《最后的马帮》对这支国家马帮做了历时两年多的跟踪拍摄，对这一悲壮的消逝过程做了记录。这支被称为"最后的马帮"的消失，标志着国家马帮从此画上句号，成为历史。①

但直到 2021 年，我打电话给这部片子的摄制者郝跃骏，他告诉我，独龙江的公路，还经常塌方，时断时续。看来，到 21 世纪，独龙江的马帮还不能画上句号，还得走。

作为国营马帮时期被选出来的马锅头，饶大爹的职责是负责国家运输任务，确保途中货物不能出现"损差"并安全抵达目的地。另外，马锅头还要监督马帮成员的日常生活，在途中按时组织政治学习。他甚至有一本当年做马锅头赶马时候的驾驶许可证，就像现在的汽车驾驶执照！听说这事，我立刻打电话给巍山的朋友和学生，请他们把赶马执照的复印件寄给我看看（图 2-23）。

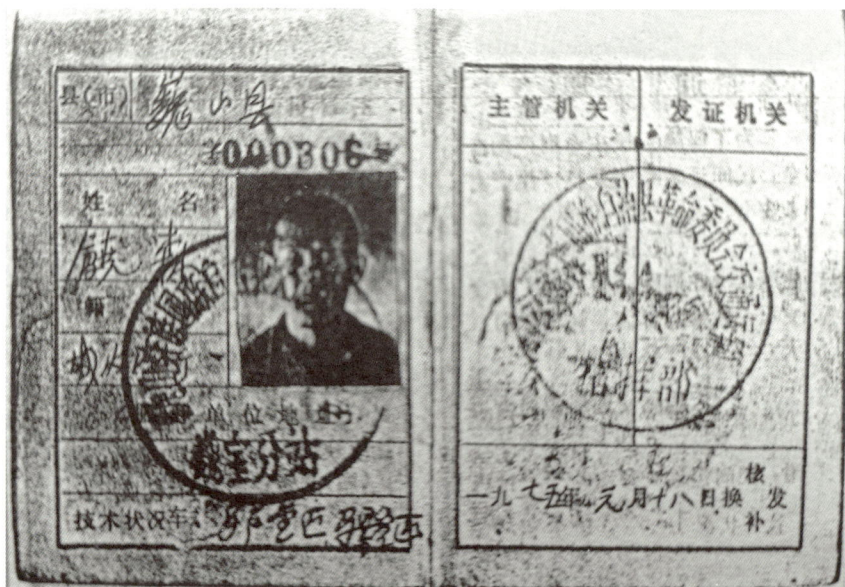

图 2-23　老马锅头饶森的赶马执照（复印件）。

---

① 据《巍山彝族回族自治县交通志》和参与调查的学生倪黎祥的本科毕业论文：《巍山马帮的当代变迁》。

许可证第一页是大理州交通局革委会的通知：

> 为了保障人民生命财产的安全，民间运输必须坚持"生产必须安全，安全为了生产"的原则。特制定"民间运输人员安全生产试行守则"，望各县（市）交通运输部门，认真学习，大力宣传，严格执行。
>
> 大理州交通局革委会
>
> 一九七三年十月

附：民间运输人员安全生产试行守则

第二至第四页即民间运输人员安全生产试行守则，对民间运输做出了比较严格、详细的规定，内容主要是围绕爱护马帮、安全运输方面。归纳出"三爱护""四要""五让""三检查""三禁止""八不准"等内容。如"严格禁止没有刹车（刹车不灵）的车和破烂车辆参加运输""严格禁止非驾驶人员赶车""不准打马狂奔""不准站立赶车"等等。

我是看了这个本本才知道站立赶马是一种违规姿势。在此之前，我一直以为站在大车上扬鞭挥马的马大哥很牛，是赶马技术顶呱呱的人。从小时候看的电影，到后来常被宣传而习以为常的马路英雄，无不是这个姿势。

第五页是持证人的基本资料，最主要一项是对持证人技术状况的资格认定，比如饶大爹是驴一匹，骡三匹，就表示他可以赶四匹牲口。下一页是主管机关、发证机关的盖章，本证的签发日期，是对本证有效性的一个认证。

第七、八两页是注意事项，其中特别突出对持证人政治方面的高要求，也体现了当时的时代特征：

一、运输人员必须是坚持无产阶级政治挂帅，作风正派，有革命干劲的工人、贫下中农和其他革命分子。

二、加强政治责任感，确保国家人民生命财产安全，努力提高服务质量，认真执行"五统"政策。

三、必须严格遵守交通规则，操作规程，服从交通管理人员指挥和查、验。

四、本证应随身携带，不准转借、涂改、伪造。

五、本证如有损坏、遗失或记录填满时，须申请换补。

六、持本证有效期为叁年为期，期满者须申请补换，否则越期者作废。

第一、二项是当时的套话，却也是事实。时过境迁，许多用语大约都应该加注了，如"五统"之类，不加注你根本不知道它说的是什么。至于"政治挂帅"之类的话语，它使我想起"文革"电影《青松岭》中那个反映赶马问题的故事。不过这样的故事显然和现实生活中那个饶大爹毫不相干。虽然他也可能组织赶马哥们学习过，但在他生活中没有那种电影编导要寻找的"戏"。他不是坏老头，也不是《青松岭》里那样的革命者，而是很在乎赶马这件事而且一直小心翼翼地揣着赶马执照的饶大爹。

最后几页是养路费的征收情况、审验记录、奖励记录、违章肇事记录等。饶大爹的这几页全是空白。

我突然想起我们《山茶》杂志的特邀编委、诗人于坚的长诗《零档案》，还有画家刚儿（张晓刚）在广州举办的《首届中国艺术三年展》上展出的作品：一些他从小到大的各种证件。它们是一个人的最普通也最容易被忽略的生活事件档案，属于个人影像及其生活记忆的一部分。当我们使用着这些"证件"的时候，我们也许从来不会在意它们或认为它们有什么特别之处。偶尔有这样的几天，我们无心"开拓"新的空间，也没有朋友电话相邀，一个人，从箱子或抽屉里倒出杂物，准备清理一下的时候，突然有些遗忘的记忆被唤醒了——一个过时的证件，一页发黄的书信，一张折损的照片，它们其实就是我们生命经历的写照，无论荒谬还是辉煌。你突然明白，当你离开这个世界，帝王和乞丐一样都带不走任何东西。世间的什么都不属于人，只有经历才是自己的——无论是什么经历。

同学告诉我，早已不赶马的饶大爹长久以来都随身带着这个小本子，就如同他一直保存着的那段赶马生涯的记忆。

如今，汽车遍布全省，连乡级土路也被手扶拖拉机占领了。数十上百马匹浩浩荡荡走夷方的时代一去不复返。走遍天涯的赶马人，留在这世界上的，除了个人的记忆，可能就是那些刻在高原上被荒草掩没的山路了（2-24）。

图 2-24　寂寞的赶马人，独自一人一马走在山道上。连这样的土路也被手扶拖拉机占领了，马队浩浩荡荡走夷方的时代一去不复返。

六、古桥黄昏

不知不觉太阳偏西了。有人建议到城郊看看，在那儿找饭吃。

走了一下午，脚有些酸了。于是也像那些时髦的"城里人"，伸手拦停一辆"三脚鸡"（三轮机动车的当地称呼），低头钻进去，轰轰烈烈、摇摇晃晃出了古城。

不一会儿就到了城南菜秧河边。下车，两块钱，也还实惠。只是路边的饭馆不敢恭维，白瓷砖贴面，耸立在灰尘飞扬的垃圾堆之间，显得更像厕所。

于是到河边，见钢筋混凝土桥旁边幸存一座铁索吊桥，一看便知是文物。走近，桥的两端各有土木结构桥亭一座，上书"南熏桥"。当地人介绍，这桥又叫崇化桥，俗称菜园河桥，是过去马帮南下南涧县和巍山南部各村寨的人进入县城的必经通道（图2-25）。这桥始建于什么年代说不上来，只知清康熙年间杨姓大理人重建。由于老被洪水冲垮，1910年才改为铁索桥。偏偏又不走运，1945年县妇女会组织活动，竟想到在铁索桥上跳舞。七八十个女人在桥上又唱又跳，把铁索桥当秋千荡，荡断了几根铁链。

巍山坝头的巡检河上，有一座木架亭桥——永济桥，据说建于明代，是当地山民越红河到巍山西部山区的来往通道，也是通往漾濞、永平、永昌（今保山）、腾越（今腾冲）而入缅甸古驿道的重要古桥。桥西桥亭墙壁上镶嵌有一大理石碑，碑记为明代知名白族学者大理进士李元阳撰写，文中说道：此桥未建之前，河水深丈许，频年人马冒渡而死者，不知其数。桥建成后，行旅方便，民困永纾……可见桥对于赶马走古道的行旅者的重要性。这个廊桥以"人"字形巨柱支撑桥面，上铺木

图2-25 和钢筋混凝土桥并存的铁索吊桥"南薰桥"，原来是古道从南进入巍山的唯一通道。1998

板，两边有长凳和护栏，两头有桥亭，顶为木屋瓦顶，遮阴避雨，古色古香，列为县级重点文物。[1] 县城西边也有一座横跨阳瓜江的老式长廊石拱桥，叫永春桥，俗称西河桥。初为木桥，始建年代不详。明万历十三年(1585年)改建为石桥(图2-26、27)。这座廊桥是巍山人西行"走夷方"的第一座桥，也是他们回乡的最后一座桥。出行前难免儿女情长，回乡时也有个等盼接尘的地方，烈日送行，寒雨苦盼，所以永春桥，俗称风雨桥。有一去不归的，每逢农历七月半"鬼节"，家人便来这桥头焚香化纸，供奉汤饭酒茶，把钱纸和无法投寄的书信焚化后装进写有已逝亲人名字的包封里，投进血红的河流，让流水将其带给远方漂泊的孤

---

[1] 薛琳编纂：《巍山彝族回族自治县民族宗教志》，云南人民出版社1992年版，第211页。

图 2-26　建于明代的廊桥，是巍山人西行"走夷方"的第一座桥，也是他们回乡的最
后一座桥。2001

图 2-27　赶马人牵马走过廊桥。2001

魂。具体做法是：农历七月初一，家家户户都把各自的祖先接回家；到了七月半前几天，商贩为七月半的到来准备丰富的货源，街面上一些有手艺的老大妈会在自家的门口，挂出一些纸剪的十二生肖和各种花卉的图案，以及手工缝制的荷包香袋、吉祥物等。七月十四日，家家户户杀鸡宰鹅、炸花，备办酒菜送祖，把送祖先烧的钱纸灰装在袋子里，第二天逛桥时倒入河中。七月十五这天，不管是狂风暴雨，还是烈日炎炎，人们早早地吃过早饭，大人提着装有钱纸灰的袋子，娃娃拿上喜欢吃的炸花，开始了一天的逛桥。如果巧遇几天阴雨，西河水暴涨，就会有水性好的小伙子们从桥上跳入急流中，顺流漂出很远才上岸。大人们到桥上，把拿来的钱纸灰投入河中，以示同祖先或亡灵辞别。然后，随意游玩，买点家乡风味小吃饵丝、米粉、凉面等解馋，直到太阳偏西才带着孩子回家。[①] 也许是这样的事太多了，以致相沿成习，在巍山，七月半的"鬼节"多了这个"逛桥会"或"赶阴阳会"——难怪"廊桥"总成"遗梦"之处！

我们去时，夕阳正照在廊桥西边的桥亭上。走进桥里，光线顿时暗了下来。长凳上坐着一些聊天乘凉的老人，幽暗中静如雕塑，烟头明灭；不时有山民牵着马或背着背篓（图2-28）急匆匆地走过，马蹄踏得木板吱呀、石板脆响，都是一个方向，从东往西。他们刚刚从城里出来，马驮空了，赶完城里的街，山民们各有所得，忙着赶回家去见老婆孩子，用花布、水果、糖换来一家人的笑声，然后就着老婆炸好的花生米喝两盅从城里打回去的"扁担酒"。

和相距不远的大理类似，巍山过去也是南方丝绸之路和茶马古道的

---

① 参见吕金华：《七月半逛桥会》，载中共巍山县委宣传部编：《爱我中华，爱我巍山》，人民日报出版社1999年版，第86—87页、第126—130页。

图 2-28　背篓的山民进城，卖掉山货，买回家人需要的东西。1998

东西南北交汇之地。特别是南下北上的马帮，沿着红河源平缓的河谷行进，没有太大的山川阻隔，河谷基本就是一条现成的通道。而西行的马帮就要翻很多山，过很多江河。赶马人都知道，西去夷方，过桥是家常便饭。这一路桥很多，因为在南北走向的横断山脉中，并列着无数的大江大河。巍山赶马人要穿过的著名河流依次有：红河、澜沧江、怒江、伊洛瓦底江等。那些遍布在山谷里不知名的河流山涧，则是数不胜数，它们形态各异，丝毫不能大意。所以，往西的古驿道，桥连着桥，石桥、木桥、廊桥、伸臂桥、铁索桥、溜索……马帮都得过（图2-39/30）。搞文化的人称这一带是古桥梁的博物馆。可怜的是那些马，一座桥就是一个生死关。你如果看过马过那些摇摇晃晃的吊桥，看过被吊在溜索上的马，那你几辈子都不会想投生为走夷方的马。

马帮进入狭长的巍山坝子后，即进入古南诏国的核心区域。大大小小的路来到巍山就要打个结，汇集在巍山古城。就在南熏桥附近，当地

图 2-29　往西的古驿道，桥连着桥。1998

图 2-30　在宽阔的大江上架设铁索桥，已是不易。1999

朋友告诉我们，河滩上的宽坝子，就是巍山的牲畜木材市场。每逢街天，四乡八方的人聚在这里买卖骡马和猪、牛、羊等其他牲畜，很热闹呢。到了特别的骡马会，骡马的交易规模更大（图2-31）。滇西一带骡马会很多，较著名的还有大理三月街和鱼潭会、丽江九月会、剑川七月会、鹤庆松桂会等。古驿道中心加上重要产马地，巍山的马帮应运而生。

图2-31　骡马会不单交易骡马，还交易其他大牲畜和土产。2001

第三章　边国王都，只剩下平民的朴素

走进巍山古城，仿佛走进一幅清明上河图。古楼、古街、古店、古庙、古桥，随处可见。街道上走着马帮，沿街的店铺卖马具、卖小吃、卖烟丝、卖棺材，路边蹲着山民，卖柴禾、卖山菌、卖野花。大门敞开的院落，老人摆开一盘象棋，娃娃跑来跑去，时髦女郎和小脚老奶擦肩而过。

古南诏国的王都，如今只剩下平民的朴素。

一、一座尚未被瓷砖贴面吞没的老城

对于生活在云南的人来说，"南诏""大理"这样一些古老的词，远不像金庸武侠小说里描写的那样缥缈虚幻，有那样多奇侠邪僧、雀神怪鸟。南诏大理国不仅是祖先的故事，而且是一种真实的存在。南诏是唐代中国西南地区建立的一个少数民族地方政权，始于蒙舍诏，兴起于巍山，在洱海区域诸部之南，故又称南诏。"诏"意为王，南诏即南王。南诏自细奴逻即位（649年），至舜化贞死（902年），共传 13 王，历 254 年。① 大理国是五代时段思平建立的地方封建政权。公元 937 年，白蛮首领段思平联合 37 部灭大义宁国而自立，沿南诏世隆"大礼国"之名，改"礼"为"理"，号大理国。大理国王传 22 主，历 300 余年。②

在那些现在还有人走的古道，现在还有人住的古城，现在还有人吟诵的古诗里，你可以用手触摸到一段逝去的时间。你还能注意到秦汉始开，唐宋极盛，连接内地、通达南亚和东南亚的著名古道，如大理东（后北）至川、黔的五尺道、灵关道，大理西至印度的永昌道，大理北至西藏察隅、昌都，南连西双版纳及东南亚的茶马道。其中，东西走向，经蜀、滇到东南亚、南亚的古道，时称"蜀身毒道"，后人也称其为"南方陆上丝绸之路"；南北走向的古代无正式称呼，现在叫"茶马古道"。它们是商贾行客互通货物的贸易通道，也是各民族文化交流的走廊。到了近现代，滇缅公路、滇藏公路从不同方向，放射状连接东南亚和南亚，滇西、滇西北和滇南由此成为出洋通道、商贸口岸和军事要冲，而大理、腾冲、瑞丽、畹町、景洪、打洛、河口、金平等城镇，则成为最早开放的名城。两千多年来，无论民间还是官方，都频繁地在这些通道上来来去去，从未间断。它们事实上已成为中国西南与东南亚、南亚诸国经济文化往来最重要的通道。而它们大都交汇于大理地区，云南的主要历史文化遗迹和民族文化传习的代表类型，大都在这一带。有幸面对唐宋时期风云一时的南诏大理国的遗物，你甚至会产生一种站

---

① 参见云南百科全书编纂委员会编：《云南百科全书》，中国大百科全书出版社 1999 年版，第 237—239 页。

② 参见云南百科全书编纂委员会编：《云南百科全书》，中国大百科全书出版社，1999 年版，第 240—241 页。

在亚洲十字路口的感觉，[①] 而对边缘的历史刮目相看。当然，这种感觉，你不可能在坚挺的水泥高楼群中找到。走古道，要寻马帮至今还在走的那些山路；看南诏大理，要到那些曲线的、随和的老房子窝窝里去看（图3-1）。

1998年仲秋的某个傍晚，我和民族文化田野考察群[②]"民族文化的自我传习和保护"项目组部分成员及《山茶·人文地理》杂志的一些朋友，走在巍山古城里。

这是一座尚未被瓷砖贴面

图3-1 看南诏大理，要到那些曲线的、随和的老房子窝窝里去看。2001

吞没的老城。主街道上耸立着古老的城楼，挑菜的大妈和时尚的美女一起穿楼而过（图3-2）。幽深的小巷是泥土和砖石的峡谷。穿过明清时代的街道，从古旧的马店、马具店、小吃店、裁缝店、杂货店、纸扎店、面条加工店、理发店、药店、写字店、纸烛店、棺材店门口经过，我们有些不知身在何时何处。木板壁店铺所有的板壁被磨出了年轮，现

---

① 参见拙作：《大理——亚洲文化十字路口的古都》，载《山茶·人文地理》杂志，1999年第1期。

② 民族文化田野考察群是1994年在美国哥伦比亚大学美中艺术交流中心主任，著名作曲家周文中教授的鼓励和资助下，云南一些常跑野外的年轻学者和艺术家成立的一个多学科结合的松散的项目群体。

图 3-2 挑菜的大妈和时尚的美女一起穿行在古城小街。

出饱经沧桑的赭褐色。这些老店，门面是店，支几张小桌，扔几个草墩，就是铺面。往里走，是居家小院。铺面不够，房主人从家里搬些什杂当街一摆，拎个小凳靠墙一坐，就可练摊（图 3-3）。这种条形结构、家店合一的建筑格局，是驿道小镇的特色，也是巍山传统文化及其日常生活的一部分。走在巍山古城里，想坐的，在哪家的门口随意坐下，抽根烟，泡杯茶，来一碗香辣的凉粉（图

图 3-3 当街练摊的小老板。1998

3-4）；想走的，背着手慢悠悠走，不慌不忙。在小城里，没有红灯可抢。不仅老人，年轻人也悠闲自得的。我们才来几天，所有人便好像被传染被"做旧了"一样，不知不觉生出些明清文人的感觉，走起路来都有点散散漫漫心不在焉（图3-5）。

图3-4　走累了，街边一坐，抽根烟，泡杯茶，主随客便。1998

众人路过一家剃头铺，不由站住了——在城里见惯了五光十色的发廊，没见过如此老式的：屋檐下挂了一个"迷你发廊"的招牌，隐没在老房子的阴影中（图3-5）。顾客老，剃头匠老，剃头铺更老。用来裱墙的报纸和挂历一年年更新又一年年被覆盖，老店的底色却在不知不觉中露了出来。没想到这样的剃头铺也有生意，虽然不多，但我们每次路过，老剃头匠唯一的那把凳子从不见闲着。当然，也没有排队等待的事。现在，那把饱经风霜的凳子上正端坐着一位山里人。黑黝黝的脑袋抹了一堆白花花的胰子（肥皂）泡沫（图3-6），亮晃晃的剃刀惊险地

图 3-5　迷你发廊。1998

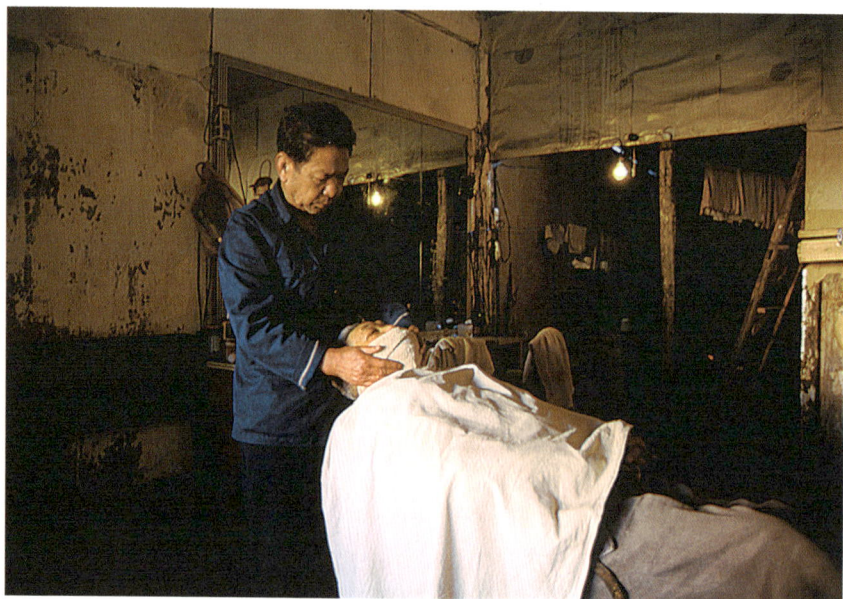

图 3-6　刮胡子。1998

从这虚实有无间穿过、犁开，一条条开垦出铁青的头皮（图3-7）。山里人的表情随剃刀变化，剃到要害处，爽得呲起了嘴。大家挤在破旧的窗口，一阵惊叹。

图 3-7　老街上的剃头铺，两块钱剃一个头。1998

诗人于坚突然想体会一下老剃刀的感觉，跟着坐了上去。我们靠在油黑发亮的板壁门口，看一个古老的剃头匠，把一个后现代诗人的脑袋刮成什么样。诗人被一大块布围住，只露出一颗胖胖的脑袋。剃头匠利索地抹上胰子，诗人顿时消失，只剩下半个脸如同乡里的大爹。剃头匠抹平了山民和诗人的区别，依样剃过，像抱瓜一样抱着诗人的胖头洗过，用刷子刷干净一身碎发，收费两元。诗人雄赳赳走回阳光下，果然灿烂非凡。忽见一丝金光闪耀，细看，亮蛋上竟还剩一根毛，不知它怎么可以独独被锋利的剃刀遗漏，逃过一劫。

二、谢土：从土里生长出来的房子

走了巍山很多地方，发现用土垒筑或土木结构的房子不少。建筑学界把它们称为"生土建筑"，认为是人类最古老的一种建筑方式。我感觉叫"土生"建筑更合适。那些房屋和土地一个颜色，就像是从土里直接生长出来的。这些建筑，无论用土坯还是干打垒，都用泥土混合了切碎的稻草。黄色草秆从褐色的土墙上冒出来，贴着土墙看去，凹凸不平中有细细的草绒随风颤动，就像直立的微缩田地。如果是老房子，风把浮土吹去，露出里面的小石子，有时还有贝壳，如同藏着土地遥远的秘密（图3-8）。木架子保持着原木的状态，不涂油漆，黄灿灿立在泥土中。日子久了，也和土墙一个颜色。瓦本出于泥，在瓦窑烧了，变成青灰。青瓦土墙，暗合着天玄地黄的中国宇宙观。这些房子依势而长，自然，随和，没有坚硬笔挺的线条，更贴不上瓷砖。

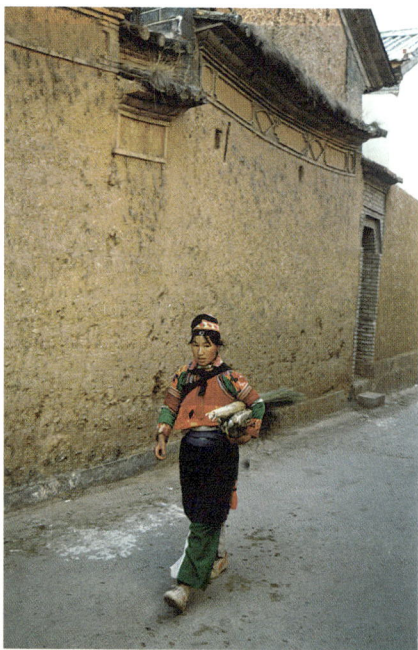

图3-8 深宅大院的墙，也是泥土做的。1998

从冬天到初春的农闲时节，天干无雨，是农村起房盖屋的好时节。

2012年2月18日的一个清晨，彝族朋友阿赫约我到巍山东北部的一个彝村考察。巍山是个南北走向的狭长坝子。靠北坝子两边的山，东边的叫东山，西边的叫西山，一目了然地质朴。

阿赫大名赫振伟，在县政协工作，喜欢摄影，巍山地头很熟，哪里有什么"精彩"，他都知道。大清早，阿赫就开车来叫上我，到古城里一家招牌为"苏老三一古面"的小店，吃那著名的一根面（图3-9、图3-10）。

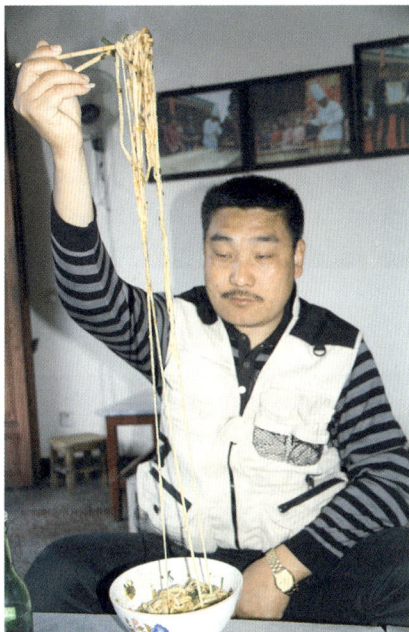

图3-9　一根面从姑娘的手中飞到锅里。　图3-10　心满意足捞面的阿赫。2012

一根面吃饱，跟着太阳，我们先去东山。阿赫说，我们要去的这个彝村叫乍家村，属于巍山东北部的大仓啄木郎村委会。村民服饰华丽，是巍山彝族的代表性服饰，人称"东山彝"。

沿盘山公路进山，车行几十分钟，逆光的晨曦里，遥见几面山坡薄雾弥漫。雾里隐约出现一大片村落，被炊烟和晨雾融为一体（图3-11）。路边堆放着干了的苞谷秆，屋檐下挂满金黄色的苞谷（图3-12）。

图 3-11 云南巍山啄木郎彝村。2012

图 3-12 房子建在山坡上，屋檐下挂满苞谷。2012

　　乍家村是一个建在山坡上的村子，土墙青瓦，层层叠叠，规模很大。老房子之间，冒出来的新房架子还不少，还都更大更高。金灿灿的屋架，在青灰色的屋群中十分显眼（图3-13）。老屋墙边堆放着新鲜的木料（图3-14），一路上不断见到用马驮运木料、石料、土坯和青瓦的村民（图3-15）。每家新房的地势、地基和投入不同，新房的建盖也都顺势而为，不用图纸，看搭建的情况备料改料（图3-16）。

图3-13　农闲季节，许多人家都在盖新房。2012

　　我们寻入一户刚刚上过梁的人家。金黄色的木梁上，"飘梁"（上梁）时在中梁上贴的红纸印有阴阳八卦图纸符，在阳光下十分显眼（图3-17）。看木架的搭建，并不在一个平面上，而是依山坡走势，把柱子"栽"在不同高度的地面，顺势"生长"（图3-18）。在农村，墙体多用土夯筑。这家新房梁柱间半人厚的红土，应该是夯土墙用的土方。墙筑好，屋内的地也平整出来了。

图 3-14　老屋后正在搭建的屋架。2012

图 3-15　准备建筑材料，马驮还是山地运输的主要方式。村道狭窄，运砖的马站在三岔口一边，让运木料的马先走。2012

图 3-16　木料在屋架搭建过程中根据需要现改。2012

图 3-17　"飘梁"（上梁）时在中梁上贴的红纸印有阴阳八卦图纸符。2012

图 3-18　柱子依山坡走势，"栽"在不同的地面；中间半人厚的红土，应该是夯土墙用的土方。2012

陆陆续续有村民带着礼物来祝贺，然后坐在院子里聊天，等待晚宴。一些老人已经在正厅位置的祭坛两边喝酒吃菜，房主人姓乍，两夫妇殷勤地招呼客人，不时上来为老人们敬酒敬茶，磕头拜谢(图 3-19)。

见我们来，老人们招呼坐下喝茶。我们谢过，和他们聊了起来：

笔者：上过梁了吧？

村民 A：是。

笔者：上梁要请师傅来上吗？还是请阿毕（彝族巫师"毕摩"）？

村民 A：这个是请木匠师傅来整。

村民 B：飘梁是请阿毕。

村民 C：我们自己飘。

村民 A：动土的时候请阿毕。

笔者：动土用些什么码子（纸马）？什么时候用？

图 3-19　"飘梁"（上梁）时村民均来庆贺，村寨长者坐在祭坛两边，接受房主人夫妇的拜谢和款待。2012

村民 C：腊月。码子有一套呢！巍山街子请来，要用很多。

笔者：新房子起了，要做些什么事？

村民 C：要谢土。第一天、第二天用谢土的码子。

笔者：怎么用？

村民 C：我们用的是简单。

笔者：咋个简单？

村民 C：飘梁那天点，腊月二十那天点（烧）。然后就上飘梁。

笔者：码子什么时候烧？

村民 C：就是那时候烧。

　　慢慢聊了一阵，大致了解到，这里上新房仪式相对简单，用的"纸火"也较少。相对而言，巍山坝子里和附近大理的上新房仪式，就复杂得多。

　　也是在二月，我赶上了巍山坝子南部的另一次进新房活动。巍宝山乡洗澡塘村的老村委会主任张国礼，打电话给巍宝山长春洞的肖遥道长，邀请他参加长子的进新房宴席。我那个时期正好住在长春洞做田野考察，道长问我想不想去，我当然乐得蹭饭加考察。第二天一早，随道长从道观步行走小路，沿着那条被风水先生说的"龙吸水"山脉，下山到位于龙头的洗澡塘村，去参加起新房宴席。

这条山路，多年前我从山下上来过，风景颇佳。现在下山，又是清晨，阳光空气爽极了。和道长边走边聊，约莫50分钟就到了这个山脚的小村（图3-20）。这个村除了种植和养殖，由于靠近公路，又在江边，村里主要副业是运输、捞洗建筑用沙和晒土碱，经济条件较好。所以，和巍山普遍的土木结构民居不一样的是，这个村水泥结构的房子很多。老村委会主任儿子的新房，就是这样的楼房。院子里客厅里已经坐了不少人，我们被邀到客厅，和一些长者坐一起。村民知道我是道长的朋友，都热情地招呼我。

图3-20　道长指着洗澡堂村最高的一幢新房，说这就是今天举行婚礼的地方。2012

图 3-21 盖了新房，舍不得拆的老房子就养牲畜。2012

借喝茶闲聊的工夫，我大致了解了一下主人家的情况和起新房民俗。老村委会主任家的亲属关系如图（图中数字为岁数）：

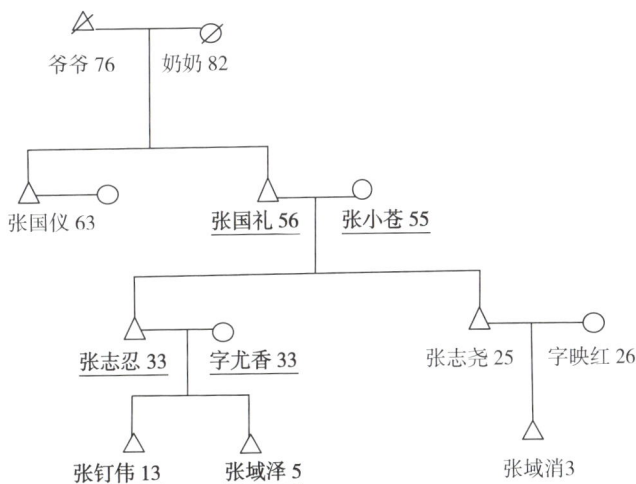

爷爷 76　　奶奶 82

张国仪 63　　张国礼 56　　张小苍 55

张志忍 33　　字尤香 33　　张志尧 25　　字映红 26

张钉伟 13　　张域泽 5　　　张域消 3

注：名字加下画线的为和仪式直接相关的人

图 3-22　早到的村民一边喝茶吃喜糖，一边打麻将。2012

　　我注意到三代男性的名字很有意思。老村委会主任张国礼五十年代出生，他的名字留着那个时代的痕迹；两个儿子七八十年代出生，中间都有"志"，但并非字辈，后有"忍"和"尧"，可以感觉对那个转折时期出生的儿子不同的期待；三个孙子近些年出生，他们的名字可以大大方方地回归传统，都请算命先生算过：一个命里缺金，故名字加"钉"，另外两个命里缺水，所以都有三点水偏旁的"泽"和"消"，为了保水，再辅以土做的"域"。

　　起新房的是老村委会主任的长子张志忍。在大理、巍山一带，起新房是一个极受重视的大事。现在，传统文化既然不再"非法"，大儿子不必事事再"忍"。老村委会主任为长子起新房，自然也要依传统行事。虽然条件好了，不再用泥土盖房，但即便是钢筋混凝土，也得建在地上，不能不动土。动了土，触碰地脉，就会惊扰神灵，事前需祷，事后要谢。

对土地的感谢，一直贯穿在起房的整个过程中。巍山人对土地的敬畏，并不因为水泥的覆盖而减弱。他们眼中，大地充满了我们看不见的精灵。

动土时，选一个吉日良辰，备好香烛、茶酒、猪头、大米等供品，备一份以"土公地母"为主的套符纸马，一直供到祭木神时才焚烧。

建房的木料备齐后，选一个吉祥大利的日子，由木匠师傅锯一片圆木，主人将圆木片用红布包好藏好，这就叫"圆木"，也算是木工开工仪式。能否开工，先得打点"城管"或地头上的"主"。所以，"圆木"的祭祀活动，要到城隍庙或土地庙中进行。

审批通过，施工队进入。在民间俗信中，匠人的活计做得如何，不仅直接影响家屋建造质量，还关乎家运。如果招呼不周，遇到通晓《鲁班书》的木匠，在房屋方位、木料尺寸等方面做点什么手脚，那房子便一辈子不得安宁了。所以，开工仪式需由民间道士"先生"主持，焚烧以木神、张鲁二班为主的套符码子。这仪式又称请神，明里是希望爬高上梯、动刀动斧时，得到神助，工程顺利安全。暗里则有敬告会黑巫术的人，咱有高人罩着。

竖新房的"飘梁"是个节点。这一天，左邻右舍、亲朋好友都来祝贺，当披红挂彩的横梁缓缓上升时，木匠师傅高喊吉利的话，巫师及家人在供台前焚香跪拜、焚烧纸马，这过程又叫"谢神"，使用的纸马内容与"送神"相同。我们在啄木郎彝村参加的"飘梁"仪式，就是竖新房的核心仪式之一。

新房盖好之后，一定要进行隆重的"谢土"仪式，酬谢土地等诸神，送走动土时趁隙混入的凶邪之灵。2001 年，我曾带学生参加过巍山古城附近村子的一个"谢大土"仪式，做过较详细的调查，记录了几天的仪式过程。

田野中最有趣的是，老百姓说的这些神灵，不是虚无缥缈、无形无相的，而是一位位都有模有样。在起新房过程中，他们说的"码子"，其实就是一些雕版木刻作品。用古老的木刻纸印工艺，把他们心目中的诸神诸灵描绘了出来。

像人一样，土地神是有家室的，要祭就要土公地母一起祭；土地分五方，东西南北中五方之神，一方都不能忽略；地界总管是城隍，这个"城管"你不得不敬；门户监察是门神，这是家与外界的区隔；木料取自山林，山神、树神、木神必须重谢；要盖好房子，工匠的祖师爷鲁班，必须恭敬招待；起房之地要有水源，龙神自然少不了；安家得安祖，家屋最尊贵的空间留给家神祖神；家族要人丁兴旺，喜神和床公床母得请；家有三世四世同堂，要敬福神和寿神；家要财源滚滚，财神、禄神就要留在家里；家里生火做饭，老天的探子灶神万万不能得罪；农家盼的是五谷丰登、六畜兴旺，土公地母、厩神悄然在列（图 3-23）。

还有一类来自地界的神，与善意的土地、财神等诸神不同，它们属于凶神。动土盖房，会惊动四方土龙神，所以新屋盖好后，要谢土龙，以免得罪土龙神，同时镇一下动土时趁隙混入的凶邪之灵。比如，房子最怕失火，必须小心伺候火神；家有不孝，是枭神作祟；如果处理不好邻里关系，难免有口舌鬼纠缠；邻居遇事来找你哭诉，会招惹哭神；家道不宁，身染恶疾，多半会被归咎于"中蛊"了；至于瘟神，就更多了，什么瘟司圣众、五路刀兵、六贼、白虎、癞龙、疯魔祖师、羊希、水汗之神、消神、黑煞、夜游、独脚五郎、血腥亡魂等等，冲撞到谁，就会生相关的病（图 3-23）。所以，"谢土"，除了以谢土地为主的众神，还得兼而顾及可能游走于上下界的各种神灵。光迎请和送走的神灵码子（纸马），就需要做仪式的"先生"和"斋奶"们忙好几天的。"谢土"，

109

图 3-23　古城老百姓要"送"的诸路神灵"纸马"。以上民间雕版木刻作品"纸马"均为笔者在巍山收集。

因之成为十分繁复的仪式。

"送神"要在夜深人静时举行，祭祀地点和方位由巫师决定，越远越好，参加者有"先生""斋奶"、木匠师傅和新房主人，祭品除香蜡茶酒之外，有一套微型的木工工具，一般用稻草树枝做成，还有圆木仪式时保存好的那片圆木片。码子用木神、树神、张鲁二班、祖先之神、本境土主、城隍、本主、山神土地、日月、水火、灶君、招财进宝、喜神、圈神、羊玺、瘟司部众等。内容极为丰富。纸火以单数叠好，用印有图案的套封包好，用红纸条贴上。

"先生"首先布阵。这个仪式主要是为了镇凶邪之气，要送的多是凶神，比如四方土龙神、豹尾、十二宫生肖神，这些属于下界神。在楼下主房门两侧，师坛背后，左右各摆六宫生肖神像，每宫下供一碗米，上放一个鸡蛋；师坛祖师像旁挂黄幡，上挂豹尾凶神像；坛前天井，按东南西北四个方位，摆四张供桌，分别供东方青帝宅龙神君、西方白帝宅龙神君、南方赤帝宅龙神君、北方黑帝宅龙神君。在主房门口地上，用盐按屋宅方位画文王八卦，并依卦分布点燃蜡烛，称"九宫八卦神灯"，做法时用作镇宅（图3-24）。主房门关闭，贴镇宅符，上有"土龙安镇，家道昌隆"字样。道士带领事主，祭拜正房封门符咒（图3-25）。

图3-24 "先生"做法时，在地上用盐和蜡烛布置镇宅的"九宫八卦神灯"。2001

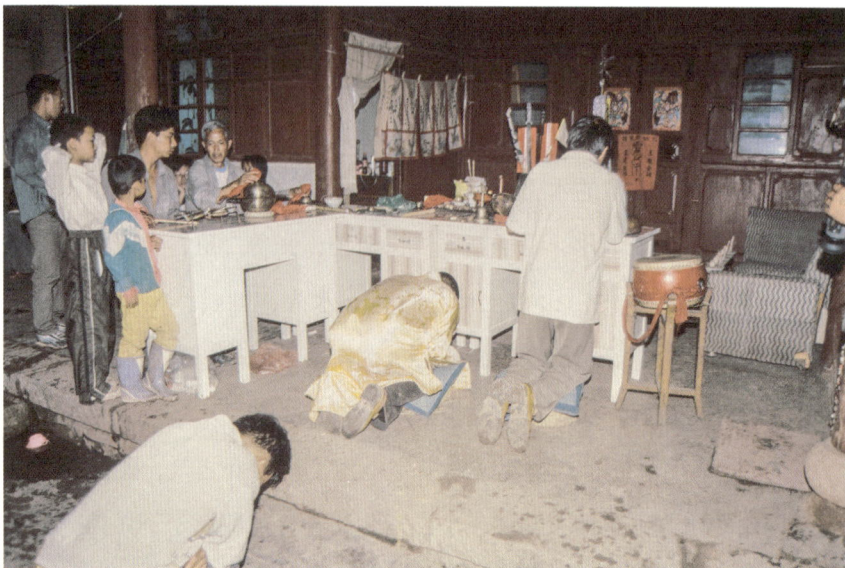

图 3-25 "先生"带领事主祭拜正房封门符咒。2001

　　法事开始，先生念唱《奠土科书》，绕院一周，四方土龙一一谢拜。新房主人在每方案前跪拜，奉诸样供养（图 3-26）。然后，男主人拿树枝做的弓箭（桃弓柳箭），射神案下土地，以镇凶神恶鬼，事毕撤案（图 3-27）。回师坛，说吉言，楼上楼下各坛绕行，送木神，在每根房柱脚烧一张"替身"纸马，先生和木匠在前念唱："出出出，凶神恶煞往外出！"家人随后，斋奶收尾，洒扫收拾剩余的蜡烛、纸钱、香灰等。又捉公鸡画符、掐冠，点血到镇宅符、成套的纸马及各样法器上，然后将笔折断，收拾各样纸马、桃弓柳箭等等，连同先前收拾的残烛香灰，一同丢进一个竹编的大托盘，此物称之为云盘，众神将乘此"云彩"离去。

　　时辰一到，"先生"点燃了香，围着每一根柱子转一圈，做个手势，大家跟着他迅速离开新房，途中步伐要快，不许出声，不许回头。到了祭祀地点把所有的祭品焚烧。祭祀的目的是希望木神能满意地离开，带

图 3-26　事主夫妇跪拜四方土龙。2001

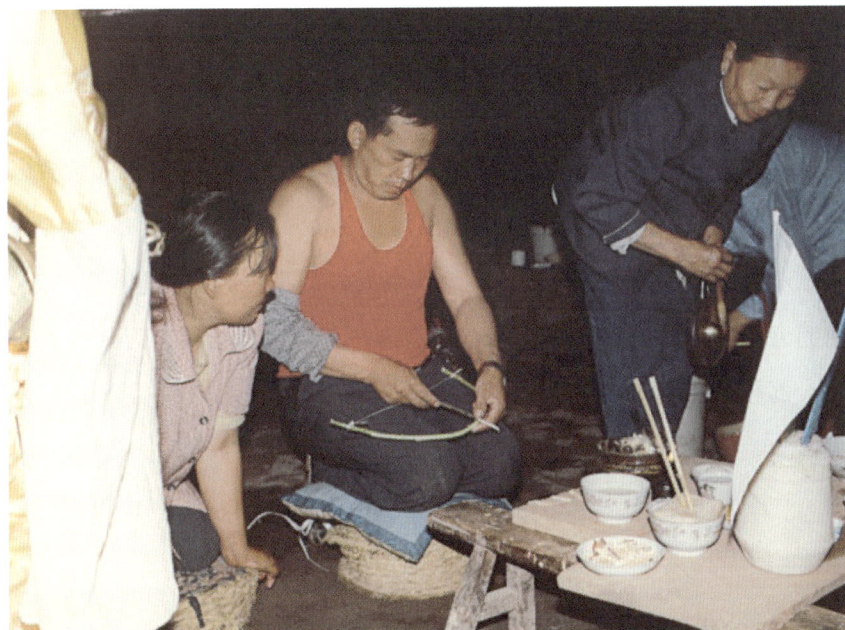

图 3-27　事主在先生指导下用桃弓柳箭射神案下土地。2001

领他的鬼斧神工回到原来的地方。传说，木神的"鬼斧神工"残留在家中，房子会有响动，居家不安，家业不顺，六畜不旺，所以在木神上常有"送之大吉"四个字。由于邪灵纸马多半用灰白色土纸印制，所以简称"出白"。

搬进新居时，还要做"压土"仪式，主要祭祀土公土母。请"先生"上坛作法，念经画咒，叫"安龙奠土"。坛中央插红香两炷，炷中夹有"三界功曹值符使者"和"三界功曹腾奏使者"的纸马。仪式中重要的一个内容是在新居天井四角挖出四个小坑，中间挖一个稍大点的坑，四角坑内放置金、银器（现在一般用铜、铁代替）、鸡蛋（蛋上用朱笔画着符咒）、泥鳅四物。中心坑内焚烧以土公土母为主的纸马。由一男一女两个小孩装扮成土公和土母，手拿小铁锄，把坑埋好。

"谢土"仪式之后，才是大宴宾客。①

老村委会主任大儿子的起新房仪式，我只赶上最后大宴宾客的阶段。访谈所得的"谢土"仪式，与我十一年前带学生参加的"谢大土"仪式过程对照，也是大同小异。老村委会主任按惯例请了"先生"和"斋奶"来作法事，烧了全套的"谢土"纸马。今天的进新房宴席，大致以请客吃饭为主，现场没有什么明显的仪式。

来贺喜的亲家和客人络绎不绝，主人告诉我，他们都是村里的人。他们会送来米糕，背一袋米来，还有酒、桂圆、青松毛、万年青、茶叶、荔枝、红糖、盐、肉、猪肝，都是双的，表示双喜临门，开户大吉。

---

① 根据席间聊天，2001 年带学生参与的"谢大土"仪式考察，并参阅杨郁生：《云南甲马》，云南人民出版社 2002 年版，第 137—138 页。

三、大敞着门的院落

巍山是个旅游者较少光顾的地方，所以，搞访谈很容易。在巍山古城里闲逛，你难免会被一些古香古色的大门所吸引。这些门没有冰冷的铁栏杆铁将军防范，总是大敞着门，门上有看起来摸起来都使人心暖暖的古老雕刻。在这些不设防的门上，你常常会发现具有文物价值的艺术精品（图3-28）。只要我们往谁家的大院或店铺探个头，主人家就会招呼："进来坐！""来请饭！"让我们这些住公寓楼见惯冷脸，住得邻居都不知道的城里人心里一阵热。愣愣地就钻进去，东张西望，人家也不怪，还端来凳子，泡好茶，陪着这帮来路不明的家伙天一句地一句地侃（图3-29）。见到有老外，小媳妇们还"哈罗！哈罗！"地打招呼，听见

图3-28　院门口支个架子，也可以摆摊做点小买卖。巍山古城的"味道"，也许就在这种散漫的随和之中。2001

115

图3-29　愣愣地就钻进去，东张西望，人家也不怪，还端来凳子，泡好茶，陪着这帮来路不明的家伙天一句地一句地侃。2001

图3-30　进入这样的小院，你不知道会遇到什么故事。

艾德曼夹着舌头说声"你好！"小媳妇们又都笑得几乎晕死过去（图3-30）。

古城内现在居住了约五千户居民，大多数居民的房屋至今仍保持着明清时期的样式。大宅院都有很显气派的大门，瓦顶木架，出阁架斗，砖、土墙结构的两层古式建筑，多为"三坊一照壁""四合五天井"，小院套小院，院院通幽（图3-31）。逢年过节或是婚丧喜事，院门都要粘贴门画和对联，

图 3-31　小院套着小院、院院通幽。院子里有漂亮的雕花格子门。2001

照壁和天井的墙壁上绘画题诗书联。庭院地气湿润，栽花种树，最衬那些青砖地面和白色的墙壁（图 3-32）。黑砂陶的花盆和长了青苔的地砖合为一体，墙角映出几笔水墨画一样的兰、菊、竹、茶（山茶）影，灵动传神。巍山古城里几乎家家都养兰花，据说有不少名贵品种。在我们住的招待所对面，就有一家专门卖兰花的店铺。在那些不起眼的寻常人家，屋檐下可能就有几盆让懂花的人见了嘴张开就合不起来的兰花。有的人家后院有池塘，水草间鱼在游动。斑斑驳驳的板壁上，还有五六十年代留下的文字。

　　主街道上的房子，底层一律是店铺：木柜或砖土垒的台面半人高，面上铺的木板被顾客的手摸得油亮。铺板是活动的，开店关店，需要按顺序一扇一扇装卸那些褐色的板壁。店门也就是家门，不大，但熟客来来往往，不觉其窄（图 3-34）。侧门一般是个狭长的过道，大白天也光线

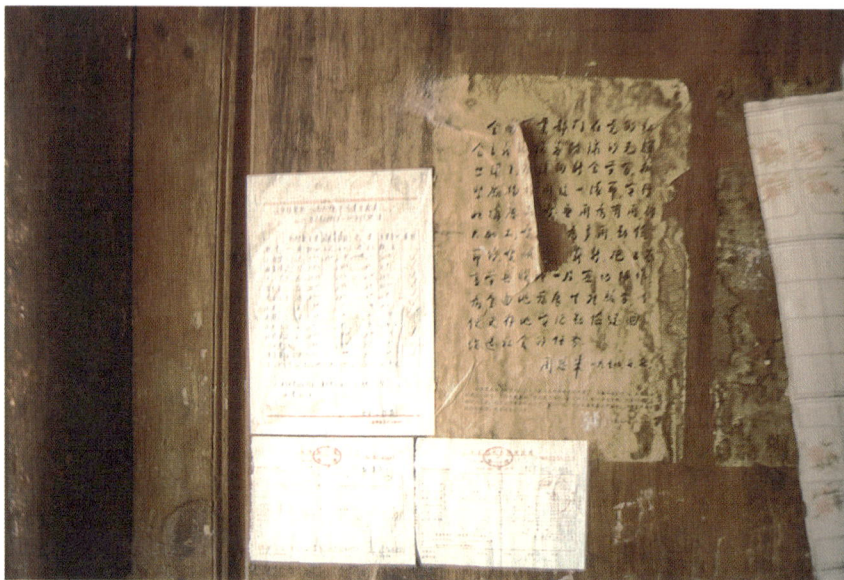

图 3-32 用来裱墙的报纸和挂历一年年被覆盖，老店的底色总在不知不觉中露了出来。透出木纹的板壁上，还贴着几十年前的宣传招贴。2001

图 3-33 中庭天井台阶两边的石雕花坛。2001

暗暗的，进入时忍不住会想起一些古装戏里的鬼故事。但只要进去了就会遭遇不同的惊奇：豁然一院兰花，数杯清茶，几个对弈的老者；有孩子的笑声亮亮地从雕花的木格子门窗后面传出；神秘的小楼偶尔飘出几声模糊的轻唱；一只猫悄然从脚边溜过；一只鸟突然在头上用夹舌的本地话向你问好，就像艾德曼说的中国话一样⋯⋯

图3-34　临街的做成铺面，可做店铺，也可做家。2001

　　这些大宅院，是构成古城风韵的精妙细节。在古城，每天在清静的街巷里东游西逛，随意选几个院门钻进去，暖融融的阳光装满小院，几个草墩门前一扔，坐也行，站也可，亲人和邻里之间，随和任意（图3-35）。和住在里面的人喝茶拉家常，是我们最惬意的工作，也是一天中最放松的时候。走在街上，你也可以停下来，坐下去，竖起耳朵听一些街坊邻里天南海北、古今中外的奇闻轶事。小城的好处和坏处是，你可以随时站住或坐下，参与一些毫无遮掩也无隐私的话题（图3-36）。

图 3-35　暖融融的阳光装满小院，几个草墩门前一扔，坐也行，站也可，亲人和邻里之间，随和任意。

图 3-36　小城的好处和坏处是，你可以随时站住或坐下，参与一些毫无遮掩也无隐私的话题。

当然，来去匆匆的客人，一般只看得到赏心悦目的事。巍山古城中这些古香古色的大宅院，是构成古城风韵的精妙细节。可是，作为长年生活在古城里的人，大宅院里的不少人家也有自己的苦恼。

文华镇东街 6 号的大宅院属于巍山最为常见的那种院落。院门瓦顶木架，出阁架斗，精致的木雕积满蛛网和灰尘。进得院门，转过照壁，满目古雅的青灰和暗褐，被到处裸露的电线和晾晒衣物的铁丝分割得毫无头绪。庭院里和门口东一堆西一堆地堆着些也许永远不用、却永远舍不得扔的杂物，青草从它们中间的缝隙里钻出来。刻有孔子家训的贴金雕花门（图 3-37、图 3-38）内贴着俗艳的明星，几颗生锈的钉子挂了一些晒干的草药。瓦檐缺了角，出头的椽子早已腐烂。那种破败的感觉，就像没有人居住一样，可又分明挤着许多人家。我很奇怪，这样的宅院，稍加修整，就是城里人想都不敢想的豪宅，为什么要让它那么破落？

图 3-37 大宅院里的雕花木门。

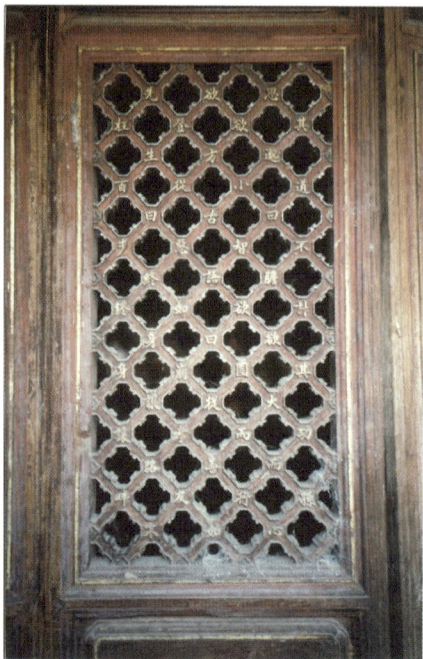

图3-38 巍山民居门窗之一。刻有孔子家训的贴金雕花门木雕保存尚好，但它们能够继续完好地保存下去吗？

房主们七嘴八舌地说："很简单，众人养的狗养不活。"虽然是一个大宅院，但却住进了很多户人家。"谁都只拥有巴掌大的一点地方，混着住住罢了，哪个有心来修众人的院子？就是想修，哪里有钱！"据介绍，1950年，豪宅基本被分给城内的无房平民和贫苦人家，或作为县级党政军及企事业单位的工作场所、福利住房。巍山的这些大宅院于是挤了很多户人家，大多是20世纪50年代分到地主房子的贫苦人家或公家单位的人。几十年过去，公家单位改善不大，不少全民和集体企业还面临倒闭的危险，下岗的下岗，在岗的工资都发不下来，要调整或改善住房条件，基本无从说起。加上住房来源复杂，产权、维护等问题责权不甚明确，住户住一天算一天，多不爱惜这些房子，更无人承担修缮之事。许多老房子，由于年久失修，破败不堪，居住条件相当差。加上人口增加，可居住空间减少，家家寸土必争，搭建了一些简陋的棚子，瓦上长了草（图3-39），门口堆杂物，原来格局的大宅院成了乱糟糟的大杂院，严重破坏了老宅院原有的风貌（图3-40）。

见我们指指点点对那些雕花门窗很感兴趣，一位房主人告诉我们，来看这些破玩意的人有不少，有人出了大价钱，要买这些东西呢！说完便盯牢我们看。

"多大的价钱?"有人问。

"一两百块!"他试探性地开价。

"卖不得，卖了你这房子就一文不值了。"我们没办法告诉他这东西无价。

"这是古城文化遗产的一部分，你不许卖的啊!"还是县里的干部说话干脆。

"只要出钱，还不是要卖。"他回嘴道。

"不准卖嘎! 卖了要追究的!"县里干部态度强硬起来。

图3-39　漂亮的大宅院瓦上长了草，门口被小摊和杂物挤占。2001

图3-40　雕花门前，堆满杂物。2001

路上，县里干部谈起古城保护的苦衷：说归说，他真要卖，你拿他也没有办法。你们也看到了，其实古城许多居民的居住条件是很差的，加上人口的压力，这些老房子早就承受不了啦！缺乏卫浴设施，也是宜居与否的当代问题。如何安置居民，减少老房子的居住压力，这是县政府想尽一切办法希望解决的难题。县里的想法是，与古城保护同步进行新城的建设。巍山古城由于房屋密集，人口集中，市政基础设施陈旧落后，居住环境日趋恶化，抗震消防能力脆弱，保护巍山古城的难度很大。正确处理好古城保护与新区开发建设的关系，加快新区建设的步伐是名城保护工作的重点。"九五"计划以来，在新区开发建设了240亩的文华小区、打通了连接新老城区的南北通道，至此，新区建成面积达到17.2公顷，有效地缓解了老城区的人口承载能力。

近几年，一些发廊、卡拉OK店和录像厅也进入了古城，招牌亮丽，与古城很不协调；噪音和尾气污染都很大的"三脚鸡"满街跑，影响市容。如何妥善转移这部分新产业人口，自然成为古城改造无法回避的问题。

四、穿衣吃饭过小日子

城中心的文笔楼，又称星拱楼或穿心鼓楼。明代原建筑已毁，现在保留下来的文笔楼是清咸丰年间杜文秀回民起义时由其部将重建的。文笔楼共二层，共16.6米，砖石结构。楼上四面开窗，牙檐高挑（图3-41）。文笔楼基座东西南北四方都有城洞，呈十字通道，直通四方城门，由此南来北往、东行西走（图3-42）。巍山县城最有特色的店铺，基本集中在这儿。四方的人流和物流也汇集于此，形成一个交易中心。每天，从通向四方的古城城门洞来来往往的，是城里、山里和坝子里的各族百姓，许多行人和车辆汇集于此，又四散而去。

紧挨着文笔楼南面，是一溜面条铺，专门加工掺了碱水或盐水的面条。碱是坝子南边洗澡堂村河边产的土碱。过去用手工揉面，现在用手工操作的机器加工。褐色的铺面晾满白里透黄的新鲜面条，好像给老店垂挂了散发着淡淡麦香的金灿灿的帘子（图3-43）。门口放一个大簸箕，晒一些刚从

图 3-41　尚未修缮的星拱楼（南面）。1998

图 3-42　修缮后的星拱楼十字门洞，北面设为步行街。2015

地里收割下来的麦子；再磨了，做成还散发着麦香的面条，就近扔进旁边熟食店的锅里（图3-44）——如果你吃的面条是这样，所谓极致的生活，不过如此。难怪很有贵族气质的美国专家艾德曼教授，尝过这种面条之后，赞不绝口，称其为极品，在好多场合拿它来举例。面条铺又是面条加工的作坊，作坊里的空气，有一种湿润的清香（图3-45）。老板说，你莫看家家门口挂的面条都一样，差别大着呢！巍山人嘴尖（当地话，意为口味挑剔），哪家做得好不好，心里有数。虽然是个力气活，面条要做到众人夸也不容易，各人的口味不一样，咋个和面，加多少碱水或盐水，揉到多软，都有讲究。巍山过去最有名气的面条铺，是一户叫"权仁义"的老字号。

在小巷口，有个挺着大肚子的孕妇和她的婆婆摆了个摊，煮拉面。我们路过，并没有吃的意思。她们招呼了："你们这伙，要不要来一根？"

图3-43 刚从地里收割下来的麦子，晒干，再磨了，做成还散发着麦香的面条。作坊里的空气，有一种湿润的清香。2001

图 3-44　还散发着麦香的面条，就近扔进旁边熟食店的锅里。2001

图 3-45　做面条的小作坊，怎么加工，一目了然。2001

问得奇怪！问的是"一伙"，怎么只吃"一根"？

"你就不懂了。"陪我们逛街的小宇说："这是巍山一绝，叫'扯扯面'，一家人只吃一根面条，取的是同心一致的意思。最长的，据说可以拉2000米。"

这话立刻挑起大家的好奇心，纷纷围了上去，要讨个吉祥，看一根面条怎么吃。

在大盘子里，果然摊着一圈筷子粗、围成盘的面条。婆媳俩洗了手，一人捻一段，接力赛一样边扯边往滚汤里送。筷子粗的面条，一经她们的手，变戏法般就细了，滑溜溜从灵巧的指头间绕进汤里，果然没断（图3-46）。差不多一碗时，掐断，滚几滚熟了，挑到大碗里，放上香辣诱人的各种佐料。大家一边惊呼她们的手艺，一边也试探着哧哧地从碗里吸那根滑润的面条，如同《狮子王》上面的那头叫"彭彭"的野猪吃蚯蚓一样，惹出一片笑声。

文笔楼南街面条铺的对面有几家扒肉饵丝店，每次去，都见老板在烧猪头和猪脚。炭火上烧得滋溜溜冒油，油滴在火炭上，腾起一阵阵爆着油星的烟火。火候要掌握好，皮烧焦了，肉不糊不烂。手脚麻利地扔进大盆，"滋"的一下冒起

图3-46　巍山小吃绝技之一：一根面条众人吃。1998

热气。女主人就水用刀刮去焦皮，黄生生的猪头和猪脚已经泛出香气了（图3-47、图3-48）。洗净，选猪小膀、前蹄、五花肉和火腿、阉鸡、草果放在特制的大砂锅里，不放盐，涨沸一个钟头，锅口加盖，用棉纸密封，文火（过去用糠皮火）炖一夜，肉烂（当地人称为"扒"）汤稠，再拿汤煮饵丝，面上铺一勺酥而不腻的扒肉，加上本地产的香菜、小葱、辣椒油、花椒油、碎花生米、芝麻酱、酸菜、腌萝卜丝、酱油等佐料，美味无法与人言说。

图3-47　烧猪头是扒肉饵丝店老板每天的作业。2001

还有豌豆做的稀豆粉（巍山人叫热豆粉或油粉），也是一绝。黄澄澄的豆粉，放点红油辣椒，绿香菜，还有姜末、麻油、花椒油等，色、香、味俱全，再撒一点油粉锅巴，把现炸的油条掰成小块浸入豆粉，趁脆送进口中，香鲜可口。我们每天至少要吃一碗，差不多上了瘾，至今还十分怀念这巍山的扒肉饵丝和稀豆粉。还有摊了甜酱或辣酱、现烧热吃的

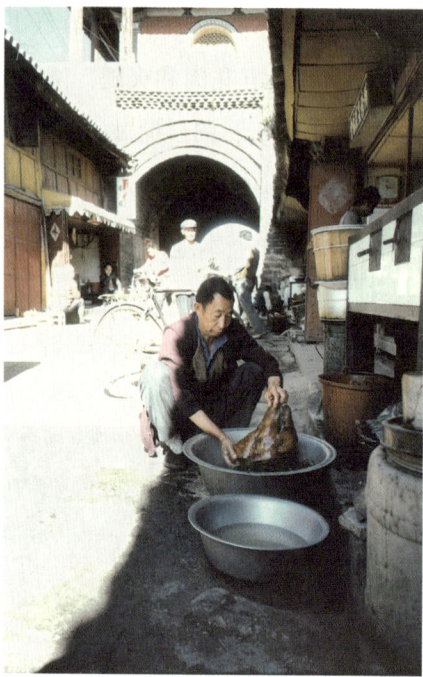

图3-48　用刀刮去焦皮，黄生生的猪头已经泛出香气了。2001

烧饵块，鲜甜可口的青豆米小糕，酥软香脆的油香，蜜汁透明的蜜饯等等。连咸菜也馋人，如巍山特有的麦兰腌菜、酱豆、甜藠头、腌洋姜（洋甘露）、腌萝卜、腌韭菜根、腌蒜薹等，酸辣适中，送饭极佳，很对我的胃口。嗜辣，是西南各族共同的饮食习惯。无论在山里还是城里，家家户户屋檐窗口挂的红辣椒和门口晒的干菜(图3-49)，已经成为乡土的一种象征。

还有我这辈子从没吃过，以后恐怕也难吃到的破酥包子。那是在巍宝山的一次庙会上。当时已经吃过午饭。做会的斋奶们见到一群城里来的老师和学生，硬塞给我们一袋破酥包子，要大家尝尝。我们是在一种对食物完全没有欲望的状态下，拈了一点放到嘴里，礼貌性地尝一口的。没想到破酥包子一到口中就化了，又香又酥，忍不住再来一口。就这样连吃两个，竟还想要，不知已经满了的胃，是怎么把它们加进去的。直到现在，挑嘴的女儿，还常常念那破酥包子。我有一天突发奇想，想给家人一个惊喜，便按网络上教的，买了面粉和发酵用的甜米酒，和了面，放进甜米酒，拿被子捂了发酵。然后抹上猪油，在撒了面粉的面板上反复揉。揉到感觉分得出薄薄的层次了，然后分团去蒸。用尽洪荒之力，女儿的评价是："最多达到斋奶三级"。后来想想，除了手艺，还有那新麦的面粉和家养

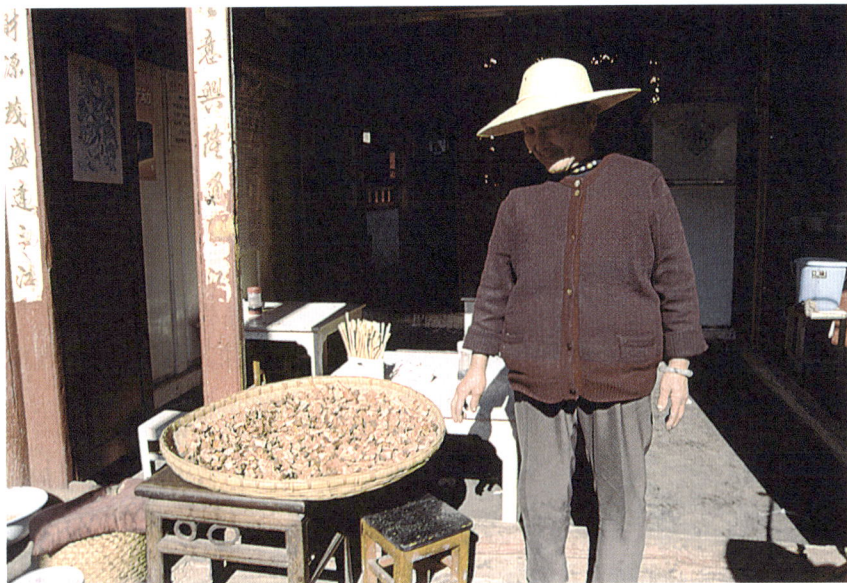

图 3-49　店门口一个大簸箕，晒些山货，你就知道了那些可口小吃的配料，是怎样做出来的。2001

猪炼的油。这些原料，是永远无法和巍山斋奶相比的。

我们请来的城市规划专家艾德曼教授和肯德尔博士，对街区上的这些小摊小店极感兴趣，满脸惊讶地看女人们怎样手脚利索地折腾那些食物原料，怎样复杂地烧烤煮炒，变出一碗碗让小城的居民吃得津津有味的小吃和大宴。怕辣的郝光明兄，一边看，脑门上已经冒出汗来，对做的和吃的都佩服得五体投地。

巍山加工金银首饰的作坊，明清时代就有 10 多家。那些山里来的赶马哥，为给情妹妹带回个惊喜，进得城来，也爱转这些首饰店。财大气粗的，就要真的金银制品；囊中羞涩的，也可以买两串白铜项圈，拿回去给姑娘叮叮当当显摆一下。

但说到穿的戴的，我一般反应比较迟钝。特别进了城，不到万不得已，是绝对不去转时装店的。巍山城里的服装店，和中国大多数县城服装店一样，卖的基本是些冒牌的或廉价的流行时装。偶尔见个小杂货店，也会挂几双草鞋，显出老城的本色。草鞋的鞋带着力处用旧布缠裹，很为走路的人着想，是实用的货。有一家小店，卖什么忘记了，但那从大到小一溜地挂在铺面上方的红色鞋垫，却甚是惹眼（图3-50）。给亲友送绣有吉祥图案的鞋垫，是这里的一个风俗。还有卖寿衣寿鞋的，全都一式的手工制作。其他的传统服装难得再见，但在城边，却有地道的民间扎染作坊。这倒是我比较喜欢的，因为我对民族服饰工艺很有兴趣。老友阿赫一直想委托我做一点巍山扎染的研究，但我的调查时间不够用，所以不敢应允。

巍山的民间扎染，在明清时代就已经很有名气了，其皂染土布、扎花布和漂白布加工企业，当时就多达30家，一时间几乎成为当时的支柱产业。特别是回族，极善经营各种手工艺买卖，赶马人把自己生产的石磺、铁器运到缅甸，换回棉纱，再把自己加工的皂染土布、扎花布和

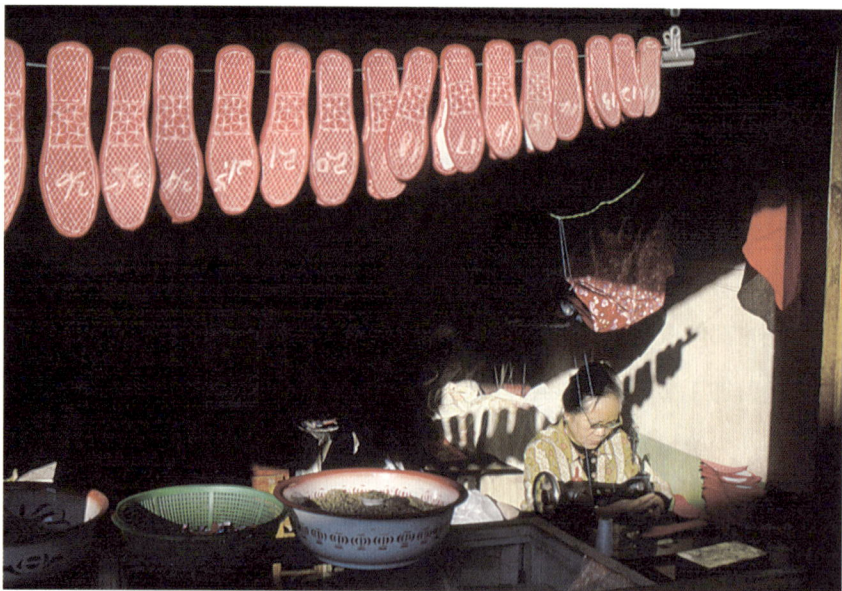

图3-50　大红的鞋垫，寓意走路的人平安吉祥。从卖草鞋做棉布鞋垫的小店里，我知道乡村离古城很近。1998

漂白布，卖给还只会靛染粗麻的山区老乡。直到现在，扎染布还很有市场，巍山也被命名为扎染之乡。

在城郊的系马桩村，我们看到，几乎家家的女人都在扎布（图3-51、图3-52）。布料是扎染作坊提供的，生白棉布上点画图案大致的位置。然后按图案所示位置，用线在布上扎成大小各异、形状不同的疙瘩（图3-53）。扎好之后交给扎染作坊，换取一些工钱。这种企业加农户的模式，在很多地方都有推广。据介绍，全县现有13家扎染企业，类似的"厂外协助人员"有6000多人，扎染布出口率达95%以上。①

我们顺藤摸瓜，寻到城边一座平房庭院，这里是巍山蓝龙扎染有限

图3-51、图3-52　在城郊的系马桩村，几乎家家的女人都在扎布。1998

① 童发顺：《巍山的扎染与木雕》，见中共巍山县委宣传部编：《爱我中华，爱我巍山》，人民日报出版社1999年版，第89—90页。

图 3-53　生白棉布上点画图案大致的位置，再按图案所示位置，用线在布上扎成大小各异、形状不同的疙瘩。这一过程，扎是主要工艺，故称"扎染"。1998

责任公司。一进门，院子里就见堆成小山一样的杂草野果。蓝龙扎染有限责任公司的朱经理告诉我们，这是染料，过去山里人染布，就用这些杂草野果。现在城里人时兴回归自然，老远跑来买这些土法染的布，老外也来，专门点这些手工扎、植物染的土布，不土不洋地穿在身上，笑人得很。反倒是山里人穿起了化纤和化学染料染的鲜艳服装，图它又牢实又便宜。时尚颠东（"颠东"为当地方言，意为错乱）起来，经常让人摸不着头脑。

几年后，在阿赫的带领下，我又去了兴巍扎染厂。问起这些杂草野果怎么染布，朱经理和兴巍扎染厂的郭副厂长做了详细介绍。无论民间还是企业，扎染用量最大的是蓝靛。割来蓝靛草，也叫板蓝根，放入水中泡烂，去渣，加进石灰，不断搅拌，蓝靛就沉淀下来了。煮了染布，蓝得厚实。另外还有木蓝蓝靛和小叶野生靛蓝，色相有所不同。蓝靛布料做成衣服，穿了清火，对皮肤有好处。蓝靛的助染剂是土碱和石灰。

除了蓝色，还可以用不同的植物和矿物染料，染出红、紫、黄、绿、黑等颜色。

染黄用黄栗果的干果外壳和树皮，常年都有，到秋季收一点，一边煮，一边加盐，大锅煮一夜，熬出土黄色颜料，也可以成咖啡色、土红色；茜草、栀子、大黑风、黄连、姜黄，也是黄色系的。

染绿用麻桑叶，一种小乔木，春季叶和秆的颜色最浓，拿它们煮水出色。染时煮一晚，就变绿了。要染10次，当然每次煮的时间不一样。害草紫茎泽兰也可以染绿，军绿。

染黑色和灰色用草本的黑头草、麻栗果和水麻桑，也是边煮边加盐，煮一夜。

染红有很多原料，可以染出不同的红色。如红花染出土红，苏木染出灰桃红，不过它只可以用来染丝，染别的色弱；紫草可染玫红，也可染橘黄；胭脂红虫是一种寄生在仙人掌上的红虫，干体研磨成粉，染金红和大红；最名贵的是拿藏红花染的丝巾，红得柔润，有清香，可安神，但成本太高。

染紫色用玫瑰茄，它在民间原作口红，色素低，在布料上呈现一种淡紫色。

咖啡色除了黄栗果，还用干柿子加上铜、铁等不同的助染剂，可以出现不同的色相。染赭石色则用麻栗果的壳。

可以做染料的有十几种植物，互相配，可以配出几十种上百种（图3-54、图3-55）。

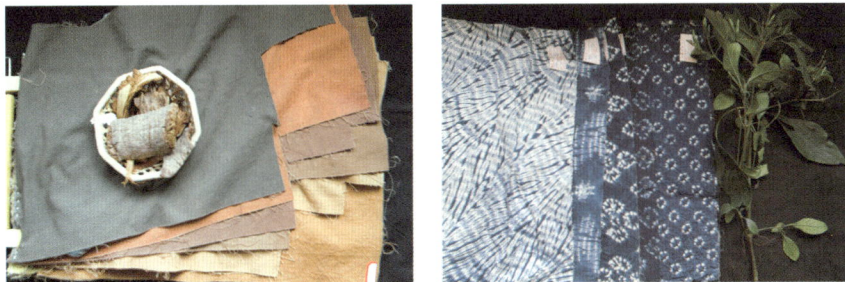

图3-54、图3-55 这些树皮靛草是土法染布的原料，用不同的方法制作，产生不同的颜色。2012

扎染用的布料主要有丝、棉、麻三种。丝有手工抽丝和机器抽丝，手工抽丝没有机器抽丝整齐，但有人就喜欢它的手感。棉有特色的也是手工的，叫竹节棉。线在纺的时候，故意留出一段段稍粗、显绒的线，这样的线织出的布，质地和纹理有变化，自然天成。木棉不好织，但织出来就不同一般，这就是古代所谓"桐华布"。麻料有苎麻和大麻两种，现在原料不好找，但织出的东西很有质感。在兴巍扎染厂，除了有电脑控制的织机，还保留了许多木架织机，人工织造竹节棉、麻等特殊布料（图3-56）。这种布费时费事，和机织千篇一律的规整无法相比。这样的手工布料，有特殊的手感，你可以触摸到不同织娘不同状态和情绪的融入，看到人性的痕迹。

图3-56　巍山兴巍扎染厂的木架织布车间。2012

所谓扎染，就是把扎好的布（图3-57）放到染料里染（图3-58）。染几遍，洗净（图3-59），拆开线，没扎的染色，扎紧的染不着，留

图 3-57 扎染厂的扎布车间，堆满了扎好的布。2012

图 3-58 染布的伙计把扎好的布放进染桶，用力搅拌，使其上色均匀。装布的桶很多，看来生意还不错。1998

图 3-59　染好的布要漂洗几遍，这也是一个很要力气的活计。1998

图 3-60　拆开线，没扎的染色，扎紧的染不着，留白，扎与未扎之间染得浅，显出自然过渡的纹理。1998

白，扎与未扎之间染得浅，显出自然过渡的纹理，这就是扎染的特色（图3-60）。布是扎紧了煮过几遍，拆线后如果想要布平整，就要碾平烫撑；如果想留一点和图案相似的皱纹，就在烫上做些文章，让布料总体平整，但又若有若无凸现一些特殊的纹路。图案的形成主要靠扎线，巍山拿俏（当地方言，意为拿手）的有单针、双针、小七针、合缝、城墙、龙卷等几十种。

五、流动的街市

在云南，赶集叫赶街。盘田的人，不可能经常进城，所以街期一般五天一次。农民有时间做完农活，采好山货，到街天，趁人流集中，赶马背箩，进城卖了，再买些东西回去。为了让生意没有轮空的日子，人们通过时间的流动，让空间"流动"起来。具体办法是，不同地区，按十二属相轮流。今天属鼠日，甲地赶街，叫鼠街；明天属牛日，乙地赶街，叫牛街。以此类推，集市就在这一带空间"流动"起来了。如果田里活计忙，可以几天甚至几轮来赶一次街；如果手上的生意多，则可以依次到不同的"街"，蹭那里的人流。过去巍山赶街分大街和小街，大街可交易大牲畜，小街买卖山货日杂品。

每到山货上市时，村里的、山里的人就会用骡马拉一些山货去城里卖。每年一月到四月的春茶上市，七月到九月的菌子（主要是羊肝菌、鸡枞菌、鸡油菌等）上市，九月到十一月之间的核桃、谷花茶上市，不等街天，就有三三两两的山民下山，趁新鲜卖了山货。山货多的时候，会有外地的大老板来收购，村民或是以村为单位结伴拉山货去卖，或是直接替大老板搞运输，这些都成为主要副业收入。现在古城里还有专门的收购点，采购、快递一条龙，山货流到了更远的地方。有一年暑假，我和付常青的数字建模团队，为巍宝山几个古建筑采集数据。工作结束后，肖瑶道长带我们来古城走街串巷。有一家宅院，专门收购松茸，然后打包速递国内外。一问，价还不错，付常青当下就买了几斤。第二天，随道长到一个牧师家，把几斤松茸全做了。煲汤、清炒、生片，一伙吃海味的广东佬，痛痛快快吃了一餐山珍大宴。

城门洞下现在仍是一个热闹的市场，每天穿过文笔楼的人流熙熙攘攘，牵马的，走路的，开"三脚鸡"的，骑自行车的，都往城门洞里钻；从通向四方的古城城门洞来来往往的，是城里、山里和坝子里的各族百姓，不知多少行人和车辆汇集于此，又四散而去。四乡八寨进城的山民，在这儿放下他们的驮子或背箩，挨墙角街边找个地儿，用树叶往地上一铺，卖些山茅野菜、山珍野味之类（图3-61）。卖菌子的东山彝族女人，穿一身鲜艳的民族服装，背后一概系个绣有眼睛的白团毡，静静地蹲在一边等待买主，眼睛亮亮地盯住人看（图3-62）。买的人也蹲着，为了尝鲜，西装革履也得蹲（图3-63）。西山彝族女人的服饰，和东山的有所不同，比较明显的差别是身后的白团毡变成了黑方垫（有的地方，背黑方垫的是中老年妇女，图3-64）。

图3-61　东山彝族大嫂在街边地上铺开新采的山菌，等待城里的大妈光顾。2001

图 3-62　卖菌子的东山彝族女人。她背的白团毡，一可御山林里的风寒，二可辟邪——据民间传说，白团毡上这双"眼睛"，就是为了让来自背后的鬼魅有个怕忌。2001

图 3-63　卖山货的少数民族，身上的服装和所有现代样式截然不同。2001

141

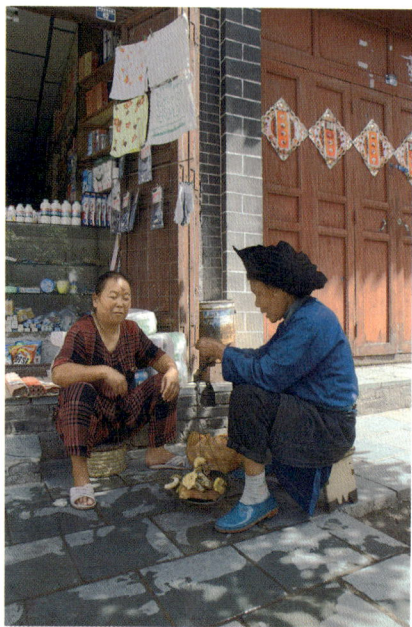

图 3-64 西山彝族女人的服饰，和东山的
有所不同，比较明显的差别是身后的白团
毡变成了黑方垫（有的地方，背黑方垫的
是中老年妇女）。2001

图 3-65 背一背箩山花进城，换几个钱
打酒买盐。2001

　　鲜花也有卖的。但那不是花店里包装精致的花束，而是山民拿背箩
背下山来的野花（图 3-65）。古城的小伙子，还不时兴买花送情人。一
街熟人看着，不好意思。买花的多半是女孩，几毛钱一大把，拿去插在
闺房，只是自己看着喜欢。如果花卖不完，卖花的山民也不好意思背回
去。偷偷放在街角，然后有大妈来捡回家。

　　我的兴趣是巍山的纸扎店。店里除了香烛、黄钱、冥纸及各种纸扎
工艺品，还有许多民间传统版画作品——纸马，又叫"码子""甲马"
或"甲马纸"，雕版木刻，土纸拓印，5 分钱一张。主要内容为当地信
奉的神（鬼）图像及符箓，专用于各种祭祀、祛禳活动，在云南许多地
方都有流行。不过，其他地方的纸马大多是躲着卖的，只有"行道"上

的人才摸得着买。巍山的纸马公开在街上店铺里摆着卖，品种很多，刻工和印制也还不错（图 3-66）。纸扎店的老板要懂传统的"礼性"，才好进货和给人写表文。

图 3-66　在巍山，这样的纸火店生意一直很好。店员正在清点的纸马，多达五六十种。2001

纸马在巍山民间，使用范围很广，许多人家的门窗、墙柱、灶台、畜厩，都会贴上不同的纸马。如果举行仪式，更需焚化纸马无数。这是纸马存在的社会基础。所以，纸马的印制虽然利薄，却有着一个可观的市场。搞民间艺术和视觉人类学研究，这些纸马作品及其使用，是田野考察中极其难得的资料。我收集了三十多年，已得近千种。还有一种应该属于雕版印刷文书，称为"上表"，是人间与神界的交通往来的书信。先用木版刻出祈求清吉、赐福赐禄、年丰人寿、六畜兴旺等愿望的奏表，黄纸拓印后放妥。做会和举行祭仪时，由道士或"先生"填写好上表人的姓名和住址，末尾加盖神灵大红印章，装入印有吉祥图案的信封，封好，贴上"功曹符使"的纸马，举行仪式后焚化，让"功曹符使"将它们带到彼界。

古城中卖纸马的店铺叫"纸火店"——因为这些纸扎工艺品都是要用火焚烧的，主营香烛、黄钱、冥纸及各种纸扎工艺品，给亡人做纸制明器，用于丧事或追荐亡人。兼营土杂货，像店门上横批写的，正所谓"各求其是"。另外，过去打醮、做会、求雨、过节，也会扎一些纸扎工艺品。纸器的制作是用竹篾做骨架造型，外糊绵纸，再贴上剪纸的图案，装饰勾画涂描，集纸扎、塑、剪纸、绘画为一体，可以扎塑人物、动物、建筑、用具、神怪等等，是一种别致的民间手工艺作品。中国人习以为常，老外看得目瞪口呆，说中国人对于死亡的理解太浪漫了。近年，还有国外策展人专门来中国收购这些纸扎作品，拿到国外博物馆搞了个精灵古怪的艺术展。

制作纸器的人叫作"纸匠"，手艺大多私授家传。我们访问过的张文献先生曾述，过去他家后门斜对面，有家芮姓纸扎艺人，手艺精湛，能扎很多种类的纸扎工艺品，如用于荐亡的方神（开路神）、接引佛、俑人、狮象鹿马四兽、二十四孝和铭旌牌、灵亭、棺罩、缭钱，用于打醮做会的天尊、龙舟、白鹤、壁灯、上表托盘，用于求雨的大降甘霖牌、瓢、桶蛟龙、围龙、草龙、寒霖、旱魃，用于春节和火把节的龙、麒麟、狮子、大象、老虎、鱼虾闹头凤、大白鹤等等，远近都很有名。①

另外，还有一些半职业化的"先生"和"斋奶"，也擅长剪纸、纸扎和雕版木刻版画（即纸马的刻印）。她们走街串巷，专门为人操办各

---

① 参见张文献：《纸扎工艺及其民风习俗》，载政协巍山彝族回族自治县学习文史委员会编：《巍山文史资料》（内部资料）1995 年第 7 辑，第 128—138 页。

种仪式或庆典。传统的民间艺术，经由这些"斋奶"的手，通过民间信仰在这里继续进行传承（图 3-67）。古城的老百姓，在 21 世纪，依然相信这些纸糊的东西，到了另外的世界，可以变成真的。所以，每逢亲人去世，或是在清明、中元等特别的日子，阴阳两界实现"三通"，就要赶快寄送大量信件、金钱和日用品等到彼世。邮寄或汇款的公认方式是焚化，也就是把所有要寄送的东西，在出殡当日或"复三"（去世后第三日）、"五七"（去世后第三十五日）时烧掉。与活人的世界一样，这些作为亡者在另一世界中的用品，也是品类齐全的。穿的用的有老式的布匹衣帽、箱笼箧柜、楼房宅院、车马侍从，也有新式的冰箱、彩电、手机、轿车等等，衣食住行一应俱全，而且"规格"越来越高。甚至"陪葬"歌星或三陪男女，也时髦起来。

冥钱是被大量烧化的东西。冥钱有两种，一是本地人用涂了金粉

图 3-67 剪纸、纸扎、雕版木刻等民间艺术，经由这些"斋奶"的手、通过民间信仰进行传承。2001

145

或银粉的土纸手工扎制的金银财宝——"锞子",举行传统的活动,比如做会,一定要用这种古钱;另一种是"冥府银行"发行的钞票,面值从几十元到几百亿元不等,印得跟美元、人民币一样,只是冥币上的名人头像换成了阎王。给亡灵焚化的,两种都有,还要加上大量金山银斗、摇钱树、聚宝盆、存放钱财谷物的仓库等等,因为人们拿不准,下面的那个世道,是不是也像上面这个世界一样"变化快",所以不管三七二十一,多多益善。

这些由阳间送到阴间的钱财,如何运送或汇兑呢?赶马人能够想到的当然还是人背马驮。其中,奉报上天诸神的牒文,要请专职的"功曹符使",骑马快件呈送(图3-68)。祭献后烧的时候撕作两半,阴牒焚化,阳牒留下。"阴阳牒"封套为长条白纸,拓印"元始一炁万神雷司"字样,加盖两个红印,下贴一张用桃红纸印的"功曹符使"纸马。符使骑马执牒,其传递牒文的职能不言而喻。道人们怕我们不明白,解释说:"功曹符使,就像邮递员一样,专职送表给天宫地府的。"而给亡人寄送的包裹大件,则由"杠夫"担负(图3-69)。请"杠夫"挑东西到

图3-68 骑马给诸神送阴阳牒的功曹符使。

图3-69 步行挑纸品到彼世的杠夫。

另外那个世界，也不可怠慢。照例要摆两桌酒席，16 个"杠夫"每人再送一双纸鞋，一个挎包。

现在还时兴给活人烧纸钱，说是先存在"冥府银行"里，给自己留一手，相当于在阴间投保。我觉得这些印钞和使钱，特别是在阴间投保的人都挺逗的，就知道自己一定下地狱？就不怕下面通货膨胀？还有更让人苦笑的，是在亲人上路去"彼世"时，人们不仅要让亡灵有足够的盘缠，还要念着各种野外的路鬼山神、衙门里的冥官阴差们的名号，烧给他们大把的冥钱，好像这些管事者和掌权者，都是些贪官污吏，需要贿赂"打点关系"。

由于纸钱和纸扎品需求量大，古城里纸火铺的生意也就很不错。有一天傍晚，我向一个纸扎店老板买一些纸马。他见我要得多，索性关了门，带我进铺面旁边的小院（图 3-70）。他姓苏，是巍山雕版木刻的文化传承人。苏先生从家里纸箱中翻出一堆纸马，为我示范纸马的制作过

图 3-70　纸火铺旁边的门通达一个小院，他家就在后面。2009

图 3-71　纸马的雕版及印制。古城里卖纸马的人家自己刻印纸马，可以减少到外面批发的成本。2009

程。刻纸马的雕版，好一些的用黄杨木，其他纹理细密一些的木料也行。雕刻用的是自制的工具，如雕刀，就拿一截钢锯片，磨成斜口或平口刀，用麻线绑在木柄上（图 3-71）。我向他请教纸马的用法，说明我是收藏研究用的。两夫妇停了手中的活计，一张张不厌其烦地说给我听（图 3-72）。说到"厉害"的，他们就要反复交代："这个不能乱用，用错了对人对己都不好。"临走，我多付了一倍的钱，作为他们接受访谈的报酬。他们接钱的时候，竟不好意思起来，硬要留我

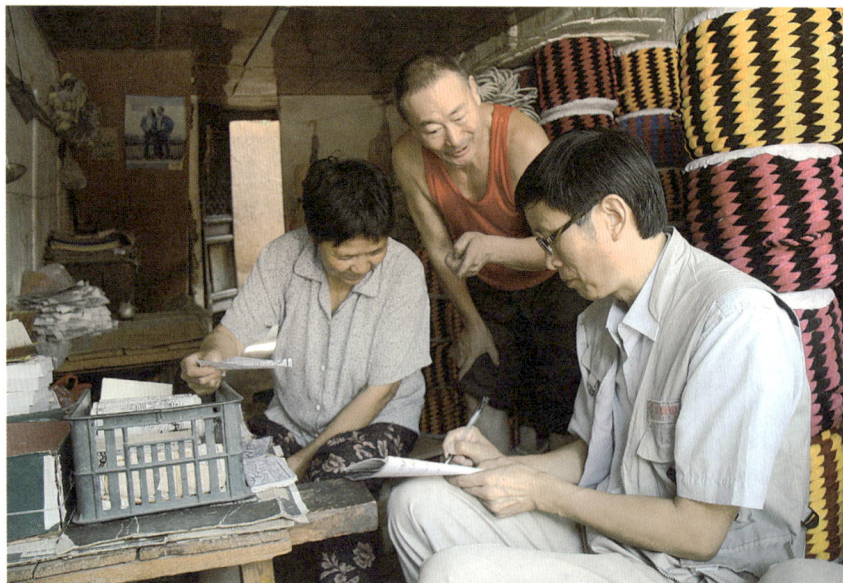

图 3-72　苏先生夫妇为笔者讲解纸马用法。2009，项目组成员摄

148

吃晚饭。几年后，听说苏先生已经入选民俗雕版木刻方面的非物质文化遗产传承人。

和纸扎店配套的还有写字店、棺材铺等。走在人气很旺的街上，忽见几排红头黑身的棺材停放满屋，一股阴气凉过背脊。这种景象在其他地方根本见不到。硬着头皮进去，抱着孙子坐在棺材队列前的老板，斜瞄我们一眼，身都懒得起（图3-73）。巍山在南诏时代实行火葬，后来受汉文化影响，改为棺木土葬，便一直沿袭下来了。国家现在推行火葬，不知这里为什么还依然土葬？请教老板，老板说，我们这个地方是少数民族，彝族、回族，都不兴烧人，所以，棺材铺的生意，也就一直做下来了。这倒说得奇怪，南诏老祖的规矩，原来不是火葬的吗？

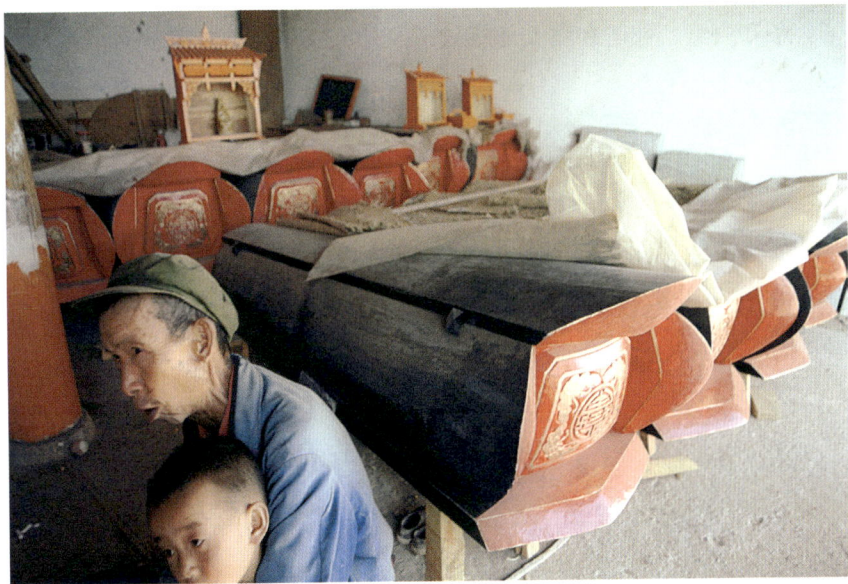

图3-73　老板和他的孙子，已经习惯了和这些阴森森的"寿材"朝夕相处。2001

在古城最为热闹的北街，我的学生李国权采访了写字店的老张。老张的店不大，大约六七平方米的样子，临街的一面全敞开，屋里很明亮。在墙根整齐地码放着一块块刻好的石碑，那是等着客人来取走的成品。对于刻碑，老张说："刻字这活累人，容不得半点岔神，刻错一个字，这碑就废了，既糊弄了活人，对鬼神也是大大的不敬。大伙都是小地方的熟人，早不见晚见的，怎敢马虎！"除了刻碑之外，老张还兼营给人书写讣告、挽联等（图3-74、图3-75）。在古城城中心文笔楼，我们可以看到可能就出自老张手笔的讣告。丧家大门外左侧的墙上，也会贴一张两寸宽、一米半长的白色纸条，上面墨书："近故恩深显妣 × 门 ××× 老孺人享年 × 年有 × 痛于 × 年 × 月 × 日 × 时疾终内寝"。告条格式大同小异，但总字数是有规律的，即以"生老病死"的"生"字从第一个字数起，最后一个字必须落在"生"字上。与告条相对应的是贴在大门右侧的一张长方形白纸，墨书："谨遵慈命，节约办事"。贴了告条和白纸，邻居和路人便都知道了此一家正在办丧事，懂得尊重与

图3-74　书刻碑店在巍山城里有好几家，代人写信、书联、刻碑，只要人有生死，年有节祭，就有生意做。2001

图 3-75 "南诏"的广告效应，开始在小城红起来。书刻店首先抢注了这个牌号。2001

回避，不会在丧家的门口周围嬉戏玩耍大声喧哗。考察期间，我们获允参加了古城中几户人家的葬礼，目睹了古城老百姓办丧事过程中的每一个环节。复杂的仪式以后叙述，有一点感触是共同的，这便是学生小李最后总结的："对于生老病死，古城居民仍然守着那份敬畏。"所有这些融入巍山古城老百姓的日常生活中，和他们的人生历程相伴随，是他们传统文化及其精神生活的一部分。这点点滴滴，就是一座活态古城的灵魂所在。

我们登上古楼，古镇青瓦在苍烟暮霭中显得凝重而朦胧。想起孙髯翁纵观古今的著名长联："汉习楼船、唐标铁柱、宋挥玉斧、元跨革囊"，竟大多与这片土地有关。如今"滚滚英雄谁在"？

古楼下通向四方的街巷中，正匆匆走着一些季节性换工归来的农民，手中的镰刀闪闪发亮。每年春种秋收的季节，来自四面八方的农民，就会在每天早晨聚集在古楼下，等候需要帮工的人来召唤；而他们

151

图3-76 古城下候工的农民。今天做老板，明天当小工，"风水"轮流转，个个心平气和。1998

或早或晚（根据不同地段稻谷成熟的时间），也会来此寻找帮手，互为老板和雇工。今天我的谷子黄，我是老板，大大方方来这里雇工；明天我家的收完了，我就来当小工，干1天，最多可以挣18元工钱，最少也找得到8元，还管三顿饭。于是古城楼下每天早上皆人头攒动，如同往昔那些历史性的聚会、操演和实战（图3-76）。谈成的，呼啦啦跟雇主走掉一

图3-77 老汉端了一杯酒来雇工，品头论足，挑挑拣拣，过足今天三分钟的老板瘾。1998

批；谈不拢的，也就笑笑，再换一个老板。你来我往，忽聚忽散，老板轮流做，彼此心态都很平和（图3-77）。不等太阳升高，一场子的人便都消失了。所以，巍山古城虽说是"城"，却是一座建立在乡土上的城。现在他们踏着夕阳归来，镰刀反射着霞光，倒也有一种"遍地英雄下夕烟"的感觉。只是他们不再为王者劳碌，而是为自己奔走了。

第四章　横断山结点的南诏王城

从卫星地图上，可以清晰地看到，横断山系云岭山脉的雄奇之势，南至苍山即戛然而止。再往南延伸，便整个地下了一个台阶，其中往东南方向去的是郁郁葱葱的哀牢山山脉和无量山山脉。就在这一溜连绵斜跨近十个纬度仍不断的山脉——青色云岭和绿色哀牢、无量三大山脉之间，峰回水转般出现一个结，承上启下。秦时五尺道，汉时灵关道，博南道，唐时永昌道，抗战时的滇缅公路和现在修的高等级公路，都在这个"结"的边缘找到一条大致相似的缝隙，东西向横越了横断山；而唐时下连掸国、上结吐蕃的茶马古道，也依它们纵向的主脉，南北向贯穿了横断山。红河在此发源，与澜沧江在此分水。

这便是云南巍山。

风水先生或许会对这个"结"大做文章。在巍山，这类传说果然不少，而且一下就溯到盘古开天地的时代。

一、女娲遗石的宝地

在没有卫星地图的情况下，中国古人关于空间的想象，以及所处地

154

理环境的认知，让人惊叹。古今对于空间的表述，也不仅仅只有一种文本。

古人有关空间的表述，最流行的是幻化的文本。我们拜访过的巍山县政协委员张文献先生，他曾带我们到城东山上的寺庙里喝茶，结识了七十岁出家的赶马人住持能胜大师。他们都很熟悉这类地方掌故。张老讲述过一个流传在巍山县城东面皇落村和石龙山一带村子里的老一辈人当中的传说：

> 自从盘古开天以后，共工和颛顼为争夺帝位打了起来。共工是一个九头蛇身的怪物，被颛顼打败后怒触不周山，摧毁了顶天柱，折断了维系大地的带子，顿时天崩地裂。女神女娲施展法力，扑灭大火，用芦灰止住洪水，斩下大鳌鱼的脚作支柱，撑起了天，又炼五彩石把天补了起来。女娲高兴之余，顺手抓起一些补天剩下的五色石，撒向人间，变成无数大大小小的山峦。其中有三块五色石，变成巍山县城东面的蜈蚣山、蛤蟆山、翠虬山。①

它们具有很强的"脉气"，可以影响社会人文及个人命运的现在和未来。

巍山坝子东南角的巍宝山，也是一个"王气"大冒的地方——1300多年前，南诏王曾经由此发迹。

1998年秋，当我第一次踏上巍宝山的时候，并没有感到有什么特

---

① 访谈人：巍山县政协委员张文献先生。本传说流传于巍山县城东面皇落村和石龙山一带。

别。此山山形平平常常，除了树多一些——当然，树多一些，在今天已堪称奇迹。特别是许多林子树色苍黑，那该是百年老林。

在巍山，有资历的长者都会讲述许多出神入化的故事，比如某高人远在四川峨眉（另一版本说在青城山），见南面万山丛中一道青霞直冲半空，然后结成了一朵紫云，半天不散。他认定这出霞之处必是异地，便千里寻踪觅迹朝着南方走来，一直找到巍宝山，才寻到这从雾中现出的青霞。此即当地文献记述的巍宝山八景之首的"青霞万丈"。据说，巍宝山的春夏两季早晨，在"青霞观"右边的山坳里常有一道青霞直冲云天。日出后，随着阳光由弱到强，霞光慢慢由青变紫，变成了淡淡的紫雾弥漫全山。到了午后，这紫雾才慢慢消尽，全山又是苍松宝刹，青白分明。这大概就是古人所说的"朝青、午紫、暮翠"的"巍宝仙踪"了吧！①

当然，无论在峨眉山还是青城山，我等俗人，纵然在没有空气污染并配上高倍望远镜的情况下，也绝对无法在那样的距离看见巍山；即使如现在一样置身巍宝山山中，同样未必看得到"青霞万丈"之类奇观，更何况"脉气""王气"这样难以捉摸的东西了！而传说中的那位有遥视遥感能力的先生，在细细分辨了巍宝山青霞的气色后，也像历史上记述的很多高人一样，玄乎乎叹道："此地又要出异人了！"

此言，往往是南诏发祥地故事的引子。

这本是无法确证的神话，它们却可能成为传统地理学、历史学的叙

---

① 据 70 岁的刘立廷和 84 岁的党之纪等先生讲述，罗怀奇 1984 年收集的巍宝山八景传说，详见巍山县民间文学集成办公室编：《巍山彝族回族自治县民间故事集成》，1988 年内部印行本，第 218—220 页。

事依据，甚至成为政治、军事和经济规划的依据，直接影响着城市建设、人世兴衰、社稷安危这些实实在在的事情。

方志是记述地方历史、地理、物产和社会人文的综合性文献，一般多由官修或地方名士编纂，因不同时代和意识形态导向而有不同的表述。清人蒋旭纂《康熙蒙化府志》这样述及蒙化(今巍山) 地理形势："两江天堑，四塞埠崇。东枕文华，南倚巍宝。六蠡峙其西，点苍耸其北。群峰如带以回环，一川若掌而平衍。昆仑扼要，虎视诸彝。蒙舍恢疆，雄先六诏。固南服之奥区，西迤之重地也。"①既是自然地理的描述，又是政治地理的提要("蒙舍恢疆，雄先六诏""虎视诸彝"之类)，大有站在国家立场指点江山的气度。

还有一种文本，是艺术化的想象性空间建构。巍山古城蒙阳公园明伦堂的清代木雕门，浮雕彩绘了一幅美好城邦的舆图。木雕舆图采用传统舆图和中国山水画常见的散点透视构图，站在地上想象鸟瞰世界的图景，刻绘了一些坐落在群山、古道和江河之间的各式城池。这些城池青山为靠，流水环绕，城墙牢固，大大小小共处一域。这雕刻的舆图，与其说标示的是自然地理，不如说它标示的是人文地理或精神地理：依山傍水、安居乐业——这些坐落在群山、古道和江河之间的各式城邦，是巍山人心目中的理想乐土(图4-1、图4-2)。

现代测绘地图包括更加精准的卫星地图，属于科学文本。如前面第一章介绍隆庆关垭口周边山势，对于鸟道何以非从那里过，非常直观，一看就明白了。

---

① (清) 蒋旭纂：《康熙蒙化府志》，德宏民族出版社1998年版，第36页。

图 4-1　明伦堂彩绘木雕门图像。依山傍水、城邦牢固——这些坐落在群山、古道和江河之间的各式城邦，是巍山人心目中的理想乐土。1998

图 4-2　巍山古城蒙阳公园明伦堂清代彩绘舆图木雕门局部图像。

二、古城的风水气脉

巍山古城的基本格局是明代形成的，而且照例有一些关于风水的玄秘和堪舆传奇。比如，巍山古城为什么建在坝子最南端而不是中间？为什么古城方位不是正南正北，而是向西北偏 15 度？为什么东南西三面的城楼矮而北城楼（即拱辰楼）独高，而且独环子城（月城）？

这事说来麻烦，不过很有意思。芮增祥在《蒙化府古城始建时的地理选择》一文中，对此有详细介绍。

明太祖朱元璋拿下中原后，派傅友德、沐英、蓝玉为大将，征平云南。坐镇云南的沐英经略云南的想法之一，就是主要城镇的城市建设。明太祖览奏后，派了当时全国最有名的大地师、大堪舆家汪湛海先生来云南，修建了昆明城和蒙化府城（即今巍山一带）。蒙化府城建设的原则是：府城位置必须具备万山朝拱，溪水环流，控扼缅夷，虎视白蛮的南疆特点，并兼备"地灵人杰""灵秀所钟"的风水气脉。

明洪武年间，汪湛海先生先派他的高徒，踏勘蒙化坝子的地形地势，最初拟定在"唐阳瓜州"旧城基址上（今古城村）建城，后来发觉其地水源短小，不利于将来发展，才改选到现在巍山县城的基址上建城，方位正南。高徒的设计方案报到昆明，沐英和汪湛海研究后，汪湛海先生亲自来到蒙化坝子实地踏勘。经踏勘，汪湛海先生认为，此设计方案中，文华山脉气过旺，其正气旺脉引入城中，将来会出"反王"，不利于朝廷；十字街火气过旺，把府城中心建在十字街位置，全城易发生火灾；府城坐向如为磁针正南、正北，则北门正对白雪皑皑的点苍山，有丧亡象征。将来城中易发生严重瘟疫，导致城中百姓相继死亡。

为此，汪湛海先生亲自设计了第二个建城方案。方案内容是：府城位置向南后移，把文华山的"正脉"隔于北门外，将府城周长缩小为四里三；把府城中心点的星拱楼由十字街向南移至现在星拱楼的位置；把府城的座向往西北偏移十五度，避免正迎苍山。并把北门城楼建造高大，遮掩素色挂孝不吉利的苍山；为消城中"火气过旺"，在北门外增建月城，以移城中火灾于月城中（其后事有巧合，在历代岁月中，小月城曾多次发生火灾；店铺全部烧毁）；为了压制其他"脉气过旺"的地方，在城东北角建玉皇阁以镇压隆城邑，在上水坝街建"养济所"（俗称"大房子"，是收容乞丐的地方）和"养生所"（俗称"接生房"，收容被习俗视为不洁的外来产妇）以厌之；为了压制现在十字街位置的"火气过旺"，又在现在十字街下面的关圣街建立了供奉火神的火神庙和供奉雷

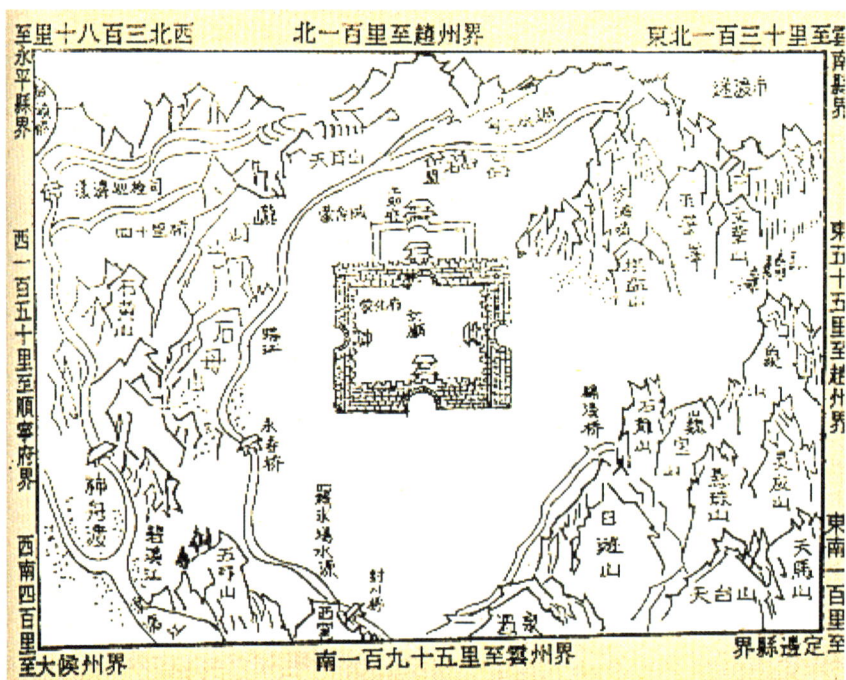

地图四：巍山古城地舆图（取自清代蒋旭纂：《康熙蒙化府志》）。

神的雷祖庙（地图四：巍山古城地舆图）。汪湛海对于巍山城址方位的选择和结构布局，起了决定作用。[1]

汪湛海还发现，县城东面的蜈蚣山、蛤蟆山、翠蚯山（即传说中女娲补天留下的五色石）三山相接，势如游龙，脉气很旺，而且三山气脉，正好落在翠蚯山嘴的小山包上。他找附近村里的人攀谈，知道了这里夜间会发光，便认定了这里必然有着一穴吉地。根据他自己的判断，这小山包山面是石头，是蛇头的外壳，如果下面有疏松的红土，那就是蛇脑，这一穴地，一定是"蛇头穴"，按照堪舆学所说，"蛇头穴"是大吉大利的墓穴，只有福气很大的人才会碰得上的。

不久，蒙化府来了一位姓黄的武官，在县城守卫。他也懂一点堪舆之学，对阴阳风水等很感兴趣，到蒙化不久便和汪湛海成了好朋友。他请汪湛海替他找一穴吉地，作为死后的佳城。汪湛海把这个发现如实告诉了黄武官。黄武官带人到小山包上按照汪湛海的指点挖掘，在石板下果然都是疏松的红土，红土当中埋着一块石碑，石碑上刻着四句顺口溜：

> 石龙对石狗，两边狮子吼，
>
> 有人用此地，芝麻官一斗。

黄武官看了大喜，说："我虽姓黄，但绝不敢奢望我的子孙后代会去当个皇帝，只要真的能够出上几个芝麻官，也就可以含笑九泉了！"后来他就在那里立了生基，死后，由汪湛海照应着修好"黄家坟"。

---

[1]　芮增祥：《蒙化府古城始建时的地理选择》，政协巍山彝族回族自治县学习文史委员会编辑：《巍山文史资料》（内部资料），1990 年第 4 辑，第 54—59 页。

这是个奇怪的事。汪湛海关于巍山城市建设的堪舆，貌似很为国家（朝廷）利益考虑的样子，但为什么把一个关乎会不会出"反王"的国家机密，泄露给一个武官？值得深究。

到了清朝康熙年间，蒙化府来了一位同知，很信风水之说，当他知道翠岚山嘴的"蛇头穴"以及有关"黄家坟"的传说后，就和左右的人说，"蛇头穴脉气太旺了，他家又姓黄，说不定将来会出一个'黄巢'一样的王，对朝廷不利。即使不出王，如果这个地方真的出了很多七品官，我这个七品官也就当不下去了。"这时有位师爷出了一个主意，他说："按照大清的法律，挖人家的祖坟是犯罪的。最好和地方上的绅士商量一下，因为地方常遭干旱，需要在翠岚山嘴盖一间龙神庙，便于祭奠龙神，解除旱灾，这样就可以截断地脉，解除后患。"同知大人依计照办。至于黄家的后代，是否出了几个芝麻官，没有人说得清楚。经此折腾，他们怕引起麻烦，有的改姓，有的搬离了县城，连清明也不敢来拜祖扫墓了。① 此兄算是"时运不济"，占到地方却没赶上时候，默默无闻泡泡都没冒。其实再早近千年，再晚百余年，已经有人"发"过，也有人"闹"过了——近千年前"发"的，是南诏王；一百多年前"闹"的，是杜文秀。

话说汪湛海虽然如此周密地策划和布置了对火灾、瘟疫和"反王的"禳祛，并于明洪武二十三年（1390 年），正式开建砖石结构的城池，但汪湛海先生还是认为 80 年后，瘟疫仍要在全城大流行，城中百姓大部分要死亡；对府城，他老先生则留下这样的一个预言：500 年后城毁（对

---

① 张老讲述的这个传说曾由赵堪同整理后，以《龙王庙和蛇头穴》为题刊于巍山县民间文学集成办公室编的《巍山彝族回族自治县民间故事集成》，1988 年内部印行本，282—286 页。

昆明城也留下了一个预言：500年后胜中州）。

汪湛海先生的预言，据说很准。那么，500年后进入20世纪，这预言将应验在谁头上呢？后来发生的事，着实让巍山人吃了一惊。

三、穿龙袍、戴脚镣的拆建者

1938—1941年期间，黄埔陆军军官学校第五期毕业、参加过北伐的昆明人宋嘉晋，到蒙化县（今巍山、南涧）任县长。此人年轻气盛，有一定的抱负和作为。受新思潮影响，对旧事物深恶痛绝。他在昆明老家修建了一栋洋楼式别墅，名之"东苑"。但老百姓不记得这文绉绉的名，直呼"一栋洋楼"。现在竟也成为正式称呼，有人在里面开了个"一栋洋楼菜馆"。

小宋到任巍山后，对古城的第一印象就是太土太古，跟不上时代。于是，提出"实行新生活，努力国民经济建设运动，积极准备长期抗战"的施政方针。他一上任，就大破大立，做了许多让巍山人印象深刻的事。

一是喜欢开会。每个星期一上午，都要召集附近乡镇保甲长开会，他做关于政治意识和社会伦理的报告。

二是大力破旧立新。他禁烟禁毒，剿匪除霸，把寺庙改建成学校和医院，主张文明礼俗。

三是推动地方经济。包括减租减息、扶持桑、麻、桐、茶等，财政统收统支。

就像所有喜欢制造"显示度"的新官一样，他也喜欢搞面子工程。他对古城影响最大的行为是"城镇翻新"，也就是拆迁加新建。他填平巍山古城的护城壕和吊桥口，拆毁城墙。仿造昆明把古城楼"近日楼"改造为近日公园的做法，拆毁一条城隍庙街和昭忠祠、表功祠、忠烈祠、节孝祠四座庙宇，加上闲置的荒地，以拱辰楼为中心建立公园；拱辰楼四周新修的四方街以小公园为中心，南北街穿过北门楼城门洞通道由四方街向北延伸成为日升街、月华街直至文献楼（已毁，现为"群力门"）。拱辰楼下砖石结构的城门洞，高大宽敞，与南街北街相连。城墙基辟为东、西新街。新开辟的四方街、东新街和西新街，宽 12 米，都是石条路面。由此，城市重心北移，拱辰楼成了古城新的市中心，而原来的市中心文笔楼则退居其次，成了城市南端的次中心。此外，他还利用原有旧建筑，设立了县政府、民教馆、巍山中学等单位。并新建造了蒙阳公园、国民党党部等建筑。还将等觉寺、冷泉庵、三教庵合并为县医院院址。

当时正值抗战，人力财力物力都吃紧，哪有条件这样大拆大建？据当地人回忆，宋长官的城镇建设是"空手罩白鱼"。他的高招是就地取材，空手敛财。

缺建材？他"拆东墙补西墙"。城市建设，古今通例都是拆迁在先。他把拆城墙的石料土方，用作新建筑的基石墙土；木料，从巍宝山茂密的松林里砍伐；砖瓦、石灰则鼓励民间开窑，自产自用。

缺钱？他把不知啥地方学到的租赁式"招商"，用于引资。比如，采取先登记后夺标的方法，对建盖的新屋，谁出的钱多就卖给谁。每间铺子最高价两层的 360 块大洋，三层的 420 块大洋，通过夺标，获得总价大洋近两万块。不过，这些钱到哪里去了？从来没有算清过。他为此获罪，此为后话。

缺劳力？拆建需要大量劳动力，光工钱就是一大笔。但小宋毕竟是行伍出身，会抓壮丁，知道战乱年代哪里有"闲人"。他居然找到一大批不开工钱的劳工，这就是囚犯。那年头，关在牢里的囚犯不少。

他将牢里的犯人按其特长分工，由军警押解出来干活。劳动强度大，饭可以管饱。但囚犯大多衣衫褴褛，在牢房里没人看到，到大街上晃就有些不雅。如何解决"工作服"问题呢？宋长官居然打起了城隍老爷的主意。他调查发现，民间每年祭祀城隍，要为城隍老爷换龙袍。历年换下来的龙袍，积下不少。龙袍经城隍老爷穿过，成为圣物。圣物被好好收藏，没人敢动。但唯物主义者宋长官不信这一套，动了。既然是旧城改造，旧城的主管是城隍，贡献一点旧衣物也是理所当然。宋长官把城隍庙里城隍老爷的龙袍收来，给没有衣服的囚犯们穿上。

于是，巍山那几年的城市建设，就出现了空前绝后的视觉奇观：在声势浩大的拆迁和城建军团里，活跃着一些穿龙袍、戴脚镣的拆建施工队。

囚犯得见天日、得活动、得吃饱，劳动好的还可提前释放，因而都卖命地干活。有一次，宋嘉晋将表现很好的一名囚犯当场释放。这名囚犯长跪不起说："为感谢宋县长的恩典，容我再做十天的公益事。"宋说："先回去看老父老母，公益劳动以后再说。"围观群众和在场囚犯无不动容。①

最奇的是，在拆毁小月城及北门城墙时，于东北角城墙中，发现石刻一方，上书"毁城者晋"。②1390 年汪湛海先生建巍山城时，曾预言

---

① 那泽远：《宋嘉晋在蒙化二三事》，政协巍山彝族回族自治县学习文史委员会编：《巍山文史资料》(内部资料)1988 年第 2 辑，第 44—52 页；郑育和《阴霾尽扫惜彤云——我对宋嘉晋的印象》，政协巍山彝族回族自治县学习文史委员会编：《巍山文史资料》(内部资料) 1993 年第 6 辑，第 1—9 页。

② 芮增祥：《蒙化府古城始建时的地理选择》，政协巍山彝族回族自治县学习文史委员会编：《巍山文史资料》(内部资料) 1990 年第 4 辑，第 58 页。但作者称本人因从军在外，未能亲睹其石。

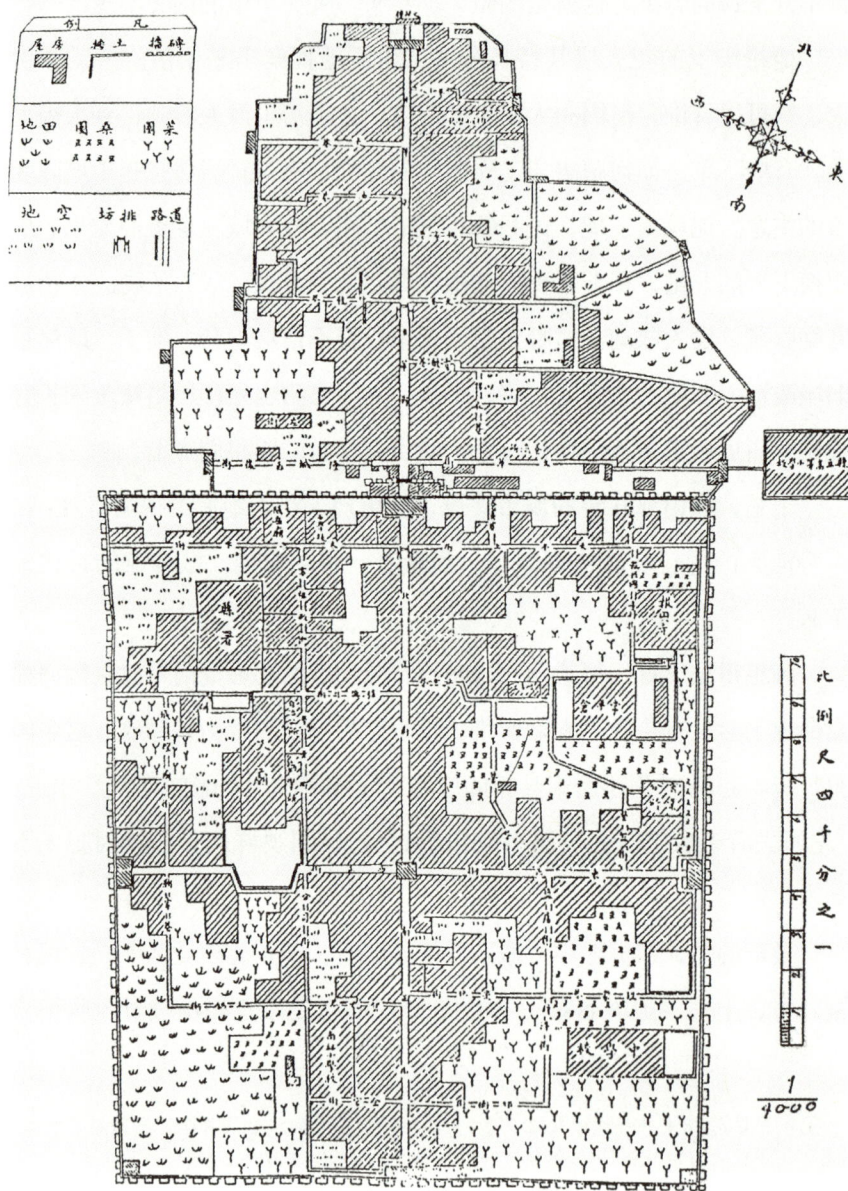

地图五　清末民初巍山古城城区示意图，取自梁友檍：《蒙化志稿》。

此城 500 年后毁。1938 年宋嘉晋县长拆城，正好 500 年后，算是预言应验，还是巧合？（地图五）

四、苍烟落照，古王墓何处寻觅？

我们坐在一个老店和老板聊天，旁边就是巍山古城的标志性建筑拱辰楼，也就是风水先生用来遮掩素色挂孝不吉利苍山的护城之楼。小店门外，骇然一堵老墙矗立在眼前，整个地挡住天光。仰望上去，有点看天安门的感觉，只是尺寸整个小了许多(图 4-3)。古楼总希望人们仰视，所以建造得像圣坛一样。墙有墙垛，垛上是楼檐，南边檐下高悬白底黑漆大匾一块，上有清乾隆三十六年（公元 1771 年）当地官员书写的"魁雄六诏"四字；北边檐下同样高悬白底黑漆大匾一块，"万里瞻天"四字亦为

图 4-3　坐在挂着鸟笼的老店里，看"魁雄六诏"的拱辰楼，听店主讲历史。2001

清乾隆年间所书。这些文字所指的历史，一下溯到唐代（图 4-4）。

坐在巍山老店里看"魁雄六诏"的拱辰楼，历史不知不觉就从店主缺牙的嘴里漏了出来。

巍山在春秋战国时属滇国之地，但直到汉代，中土对西南还所知甚少。直到汉"元狩元年（前 122 年），博望侯张骞使大夏来，言居大夏

图4-4　城楼北边檐下"万里瞻天"大匾。2002

时见蜀布，邛竹杖。使问所从来，曰：'从东南身毒国。可数千里，得蜀贾人市。'或闻邛西可二千里有身毒国。骞因盛言大夏在汉西南，慕中国，患匈奴隔其道。诚通蜀，身毒国道便近，有利无害。骞曰：'臣在大夏时见。邛竹杖、蜀布。'问曰：'安得此?'大夏国人曰：'吾国人往市之身毒。'身毒在大夏东南可数千里……，以骞度之，大夏去汉万二千里，居汉西南。今身毒国又居大夏东南数千里，有蜀物，此其去蜀不远也。……然闻其（昆明）西可千余里，有乘象国，名曰'滇越'，而蜀贾奸出物者或至焉。"①"帝悦，令因蜀、键为发间使，王然于、柏始昌、吕越人等十余辈间出西南夷，指求身毒国。始至滇，滇王帝羌乃留，为求道，四岁余，皆闭隽、昆明，莫能达。滇王与汉使者言曰：汉

———————————

①　参见《史记·西南夷传》和《史记·大宛传》，上海古籍出版社、上海书店1986年版，《二十五史》卷1，第330、345页。

孰与我大？及夜郎侯亦然。以道不通，故各自为一州主，不知汉广大。使者还，因盛言滇大国，足事亲附，武帝注意焉。以昆明数阻汉使，谋伐之。闻其地有滇池，于长安西南作池象之，以习水战，因名昆明池云。……其后岁遣使者十余辈出求通大夏，仍闭嶲、昆明，为所杀夺币物。六年赦京师亡命，遣拔胡将军郭昌击之，无功罢。后复遣使，竟不得通，此汉武帝经理西南夷之大略也。……通滇为指求身毒国，而卒闭嶲、昆明，得无劳而罔功哉！"①

那时还没有所谓"中心"和"边缘"的说法，大家从自己城池里看出去，所据之地即中心，其余皆四方边缘边荒边国。所以滇王便对汉武帝派来想走滇国通往东南亚南亚诸国道路的使臣，说了和夜郎国国王同样的话："汉与我孰大？"居然认为名声很响的大汉王朝疆土和滇（或夜郎）相比，说不清哪个更大。不仅如此说话，还拒绝给使臣发放通过滇国到乘象国、身毒国的签证，一点面子都不给。最想当老大的汉武帝咽不下这口气，当即兴师动众，在自己待的地方挖了个大水池，操练水军，准备伐滇。孙髯翁长联中的"汉习楼船"，说的就是这档子事。西北诸部没有"西南夷"那么多话，直接攻汉拓"边"。汉武帝只好先顾那边的事。对于西南，汉武帝当然没忘，他用"颠覆"的办法对付"滇"，扶持了蒙化地面上一个"不茹荤腥，唯餐白饭"的九隆劳四族牟苴颂后裔白饭王当滇王，用"慈信"的此滇王"绝"了骄傲的彼滇王，"元封二年（公元前109年），武帝恶滇王尝羌言不逊，时，白饭王之裔仁果据蒙为众所服，帝因册为滇王，居白崖，世乃绝。"②并于当年设邪龙

---

① 《滇考·汉通西南夷置郡县》，见李春龙主编：《云南史料选编》，云南民族出版社1997年版，第27—28页。

② （清）蒋旭纂：《康熙蒙化府志》，德宏民族出版社1998年版，第22页。

县，隶属益州郡。

唐朝初年，六诏兴起，巍山为蒙舍诏与蒙因诏之地。唐在蒙舍诏设蒙舍州，在蒙因诏设阳瓜州。其间，白饭王十七世孙张乐进求会诸酋于铁柱[①]，祭祀武侯诸葛亮。柱上有鸟飞到一个名叫细奴逻的人肩上不去，"以为天意所属"，便让位把国家交给了细奴逻，还把女儿嫁给他做老婆，真不愧是"唯餐白饭"的白饭王（当然，真正的隐情是什么，恐怕要历史学家来钩沉）！细奴逻本是随父从哀牢国逃到此地避祸、耕田放牧维持生计的农夫，突然捡到一个国家，谦让了一下没让掉，"遂自立为奇王，筑蒙舍城居之"，[②] 在巍山建大蒙国。其曾孙皮逻阁更借大唐的手统一六诏，建立南诏国，传位 13 代，历时 254 年，与唐朝相始终。其中南诏在巍山传王位4代，历时114年。南诏政权为适应军事和政治、经济、文化的需要，开通了以南诏国为中心通往吐蕃、东南亚、西南亚和中原的古驿道网络。处于东西向博南古道和南北向茶马古道交汇之地的巍山驿站，迅速崛起为一座初具规模的文化经济中心，成为南诏大理国的对外贸易集散地。由于南诏王崇信佛教，大建宗教活动场所，著名的有等觉寺和西寺等古刹。

南诏国后来迁都大理，重心北移。随着茶叶和马匹交易的兴起和传播，西藏地区对茶叶产生了强烈的商贸需求，客观地推动了云南特产茶叶的外销；而高原马则成为朝廷"治边"的控制商品。由于茶马贸易，这条道路同时也被赋予了新的历史任务与意义，以云南普洱为出发地，西藏为终点，形成了茶马古道滇藏线的驿运热线。唐代樊绰在其《蛮书》

---

① 此柱传为武侯诸葛亮所立："建兴二年，诸葛亮平南中。军次白崖，建铁柱纪功。封仁果十五代孙龙右那为建宁国王，赐姓张氏。"（清）蒋旭纂：《康熙蒙化府志》，德宏民族出版社 1998 年版，第 26 页。

② （清）蒋旭纂：《康熙蒙化府志》，德宏民族出版社 1998 年版，第 26 页。

中就清楚提到了由滇入吐蕃的道路。此后的历朝历代在原驿道基础上有所发展，曾多次进行拓宽和改善，古道更加繁荣。①

宋大理国前期沿袭南诏旧制，后期设开南县。

我们眼前的拱辰楼其实始建于元代。公元 1257 年，元设蒙舍千户所，元至元十一年（1274 年）升为蒙化府，至元十四年（1277 年）升为蒙化路，至元二十年（1283 年）降为蒙化州。段氏土总管筑了个土城。

明洪武十五年（1382 年）沿袭元制仍为蒙化州。明洪武二十三年（1390 年），砖石结构的城池正式开建，取的是"四方印"式。城接近正方形，据《蒙化志稿》记载："城周回四里三分，计九百三十七丈，高二丈三尺二寸，厚二丈；砖垛石墙，垛头一千二百七十有七，垛眼四百三十；建四门，上树谯楼，东曰忠武、南曰迎熏、西曰威远、北曰拱辰。北楼高二层，可望全川，下环月城，备极坚固。城方如印，中建文笔楼（星拱楼）为印柄。"② 有一定象征意味。如"星拱""拱辰"之类，当时文人称："国家封建之典，凿池筑城，设郡邑以拱都会，犹星拱辰。在昔人必法天象纬，度地形胜，知有关于风脉者大也。"③ 拱辰楼原高三层，明清期间维修时改为二层。现在楼高 23.4 米，长 47.1 米，宽 24.6 米，由 28 根合抱圆木柱支撑，四面出厦。城楼原有城墙连接，把城围了。后来古城的东南西三个城门、城墙被拆除，唯一幸存下来的北门仅剩拱辰楼，成为没有现实管辖权力的历史象征。

---

① 杨权：《巍山古驿道》，政协巍山彝族回族自治县学习文史委员会编：《巍山文史资料》（内部资料）1991 年第 5 辑，第 166 页。

② （清）梁友檍纂：《蒙化志稿》，德宏民族出版社 1996 年版，第 43 页。

③ （清）梁友檍纂：《蒙化志稿》，德宏民族出版社 1996 年版，第 44 页。

明正统十三年（1448 年），因土知州左伽率部参加明军"三征麓川"之役有功，又升为蒙化府。明代时，县城街道即已形成。县城以文笔楼为中心，以东、南、西、北 4 条街为主，城北以北面小月城以北延伸的两条街道（今日升、月华两街）为辅。房屋沿街分布为长方形块状聚落。北正街为一楼一底铺面，楼上住人，楼下开铺，而延伸的两街上所建铺面则多为平房。建筑均为土木结构，宅内有天井，砌有花台，种有兰花、菊花等各种花卉，门窗大都雕刻精美（图 4-5）。北正街是商业区，延伸的 2 条街道主要为居民区，其他地区便以官署为主，其次是学宫、祠堂、庙宇等，多达 40 多处，建制宏敞，占地较多，房屋都是雕梁画栋，出阁架斗，有的还有水榭楼台、花园等。

图 4-5　这些刻在巍山民居木门上的浮雕"耕读渔樵"，作为传统"正业"的经典模式，成为巍山百姓的持家之道。现在，巍山人正在重新审视这一切，探索利用传统人文资源开发新产业的可能。

作为方城印柄的文笔楼（又称星拱楼或钟鼓楼），建立在十字通道城门洞上。明代原建筑已毁，现在保留下来的文笔楼是清咸丰年间杜文秀回民起义时，由杜文秀部将所重建。楼高二层，共 16.6 米，砖石结构，四面开窗，牙檐高挑，气派非凡。过去此楼所在地是城市的中心，地位显赫，虽然现在城市重心北移，但是这里没被冷落。城门洞下仍是一个热闹的市场，每天四方人流熙熙攘攘穿过文笔楼。

　　清袭明制仍为蒙化府，清雍正七年（1729 年）裁楚雄府定边（今南涧县）归蒙化府，乾隆三十五年（1770 年）改设蒙化直隶厅。巍山县城整体格局不变，只是在原有建筑基础上增建了大量的祠庙、民居。四合五天井、三坊一照壁等样式的深庭大院相继出现，使明代城池不断扩张，规模更加扩大。到清末，全城共有街道 25 条、巷 14 条。东南西北 4 条大街交叉成"十"字形，成为县城主干街道。南街通过文笔楼与北街相接，北街又通过北门小月城与日升、月华两街相接，向北直至文献楼。其他较小的街巷均分别与上述四街相连，成为棋盘式的路网。街宽一般为 6 米，石块路面。街心另以整齐的石板砌成近 2 尺宽的甬道，俗称"正街心"。巷宽 2 米，同样为石块路面。

　　民国初年设蒙化府，辖弥渡、漾濞两县，民国三年（1914 年）裁府设蒙化县。民国初期，虽然本地经历兵匪的不断滋扰，社会经济停滞，但城内房屋建筑一般都能维持旧貌。直到 1938 年时任巍山县长宋嘉晋大拆大建，部分地改变了巍山古城的格局。

　　20 世纪 50 年代后，这里作为市中心继续向北延伸为"文明街"至小河桥，形成南起南门楼原址，北至小河桥南北走向全长约 2000 米的古城中轴线一条街。1950 年，关（下关）蒙（蒙阳）公路通车后，来往巍山县城的车辆日多，古城街道的石块路面逐渐被破坏。从 50 年代起，城内的无房平民获得分配的住宅，县级党政军及企事业单位，都把原有的建筑房屋或没收的地主房屋作为工作场所，并没有重新建造新的建筑，只有偶尔的维护。除了县政府有 4 层的办公楼和人民大礼堂，一般的单位用房和民居均无新的发展。1970 年，日升、月华两街北翻修成水泥路面。此后，又有多条街道的石块路面被翻修成水泥路面。1978 年后，随着经济的发展，城内建房大幅增长。属于全民和集体所有的单位，一般都采用了 4 层左右的钢筋混凝土结构，其中较大的建筑有西新街的百货大楼、人民银行，巍山西路的邮电大楼、外贸公司等等，合计 52 个单位，66 栋，约 45000 平方米。私人建房多用土木结构，部分是钢混结构。为解决城镇居民日益困难的住房问题，1984 年起，县城乡建设局制定了首批商品房建设方案。但是住宅用地一般是选址在古城外围，而且对楼房层数与高度做了规定，对古城整体布局影响不大。

1987 年以来，巍山县人民政府为了降低古城建筑密度和人口密度，减轻古城的人口负担，决心根据《巍山县城总体规划》《巍山历史文化名城保护规划》，累计征地 300 多亩，分期分批，统一规划，统建和自建相结合，在古城的东边和北边建设和正在建设集住宿、办公、商贸、集市为一体，各种服务设施相应配套的现代化城市新区。同时对古城内原有陈旧落后的道路、供水、排水、路灯等基础设施进行了改造修缮。巍山古城由于房屋密集，人口集中，市政基础设施陈旧落后，居住环境日趋恶化，抗震消防能力脆弱，保护巍山古城的难度很大。1990 年，由于经济的发展，城市进一步大规模扩张，古城街道不断增多，共有街24 条、巷 16 条、路 2 条。城内 42 条街巷，全长 14000 多米，纵横交错，形成棋盘式布局。①

告别了博古通今的老板，转到拱辰楼侧面有门的地方。门是个深黑的大洞。变成文物的古楼现在寥落无人，静了。可是千百年来，想挤上这些阶梯，登临称雄，在城头竖起大王旗的人，不知曾有多少！（图4-6）从窄而阴冷的梯巷里爬楼时，总觉得砖梯尽头会埋伏着一个古装的弓弩手。待爬上古楼，却是杳无人迹，只有最后一抹夕辉映在北边

---

① 参阅陈树和:《巍山历史文化名城简介》，政协巍山彝族回族自治县学习文史委员会编:《巍山文史资料》(内部资料) 1998 年第 8 辑，第 57—58 页。

"万里瞻天"的大匾上。门楼二楼空荡荡，成了堆放文物和杂物的地方（图4-7）：古书的雕版、老式格子窗、曾经时尚的吊灯……都一起积满了灰尘（图4-8）。楼上一般不开，只有特殊的嘉宾，才可以享受从这里"万里瞻天"[①]一下的礼遇。这里"破四旧"年代被布置成一个小礼堂，可容纳150人开批判会，古为今用使它得以保存。门楼东西两面砌了砖墙，重新粉饰并安装了彩色的玻璃窗；南北两边镶嵌木板壁，中间安了朱格木门，其中，南边城楼西侧

图4-6　门楼二楼一般不开，只有特殊的嘉宾，才可以享受从这里"万里瞻天"一下的礼遇。2001

挂一口巨大的铜钟，铸造于大明国成化元年的钟，不知曾为谁而鸣（图4-9）。城楼的东面建了四座小平房，其中两间被辟作一间小型博物馆，收藏了巍山境内出土和民间收集的部分文物，供游人参观；另外的房子成了文物管理所的办公室。城楼上保留原有长条石和砖铺的路面，已被人踏得凹下许多。

于是登临，想象王者当年怎样在此"万里瞻天"，叱咤风云。但巍山县其实是个狭小的小盆地，坝子南北走向几十公里而已，东西走向不

---

①　据说，清人所谓"万里瞻天"，意喻边远之地瞻仰天朝。我犯不着跟着这样"瞻"，故在此用其自然原意。

图 4-7　空荡荡的城楼。2001

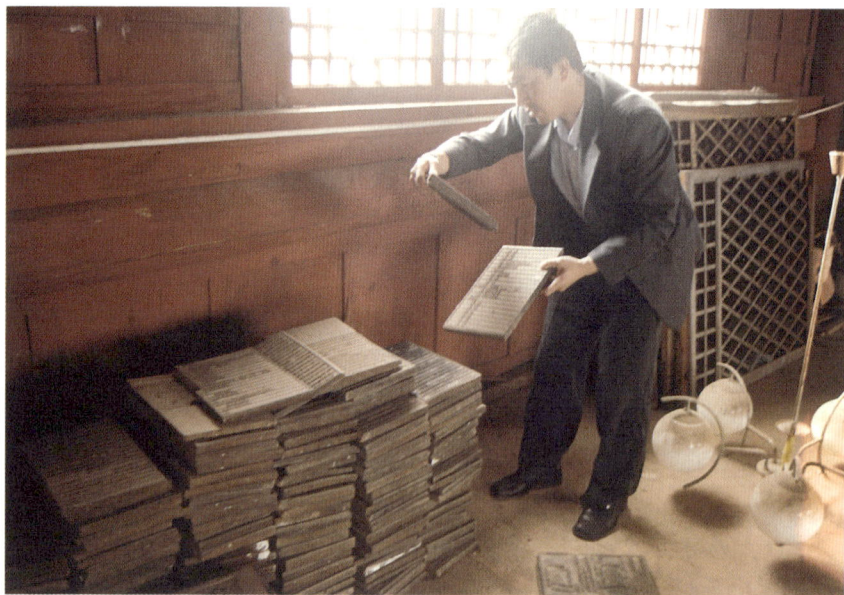

图 4-8　靠窗堆放着积满灰尘的古书雕版、老式格子窗和吊灯。2001

过 4 公里，山隔山。烟霭漫起，纵是配上望远镜，也雄视不了几里地（图 4-10）。

然而南诏王确实就从这样的小地方起家。

我登临的城楼并非南诏王的都城。往北偏西方向走不远，蒙在夕烟中的一个小山包和村落，才是南诏王最早的都城——巃于城和蒙舍城（图 4-11）。

住惯山村的南诏王，最初的王城也是建在一个山包上。在民间传说中，南诏初王细奴

图 4-9　古楼上铸造于大明国成化元年的钟，不知曾为谁而鸣。2001

逻在巍宝山耕牧，生活富足，可惜到老都没有子嗣。后来经过梵僧点化，祖师母 60 岁以后连生三对双胞胎儿子，成为后来的六诏诏主。而据正史记载，六诏之中，除越析诏的诏主是磨些蛮（今纳西族的先民）外，其余蒙舍诏、蒙巂诏、施浪诏、邓赕诏、浪穹诏等五诏的诏主都是乌蛮（今彝族的先民），系同一部族，所以《蛮书》说："六诏并乌蛮"。在六诏之中，蒙舍诏、蒙巂诏以乌蛮为主，大理洱海区的施浪诏、邓赕诏、浪穹诏三诏以白蛮（今白族先民）为主，越析诏以磨些蛮为主。南诏王皮逻阁为统一六诏，邀请越析诏（今宾川）、施浪诏（今洱源和邓川之间）、浪穹诏（今洱源）、邓赕诏（今邓川）、蒙巂诏（今巍山北部和漾濞）五诏诏主到他精心建造的松明楼祭祖赴宴，然后一把火点燃了松明楼，将同出一源的兄弟化为灰烬。蒙舍诏(其疆在南，故又称南诏)

图4-10　从门楼二楼看巍山古城南街。
2001

图4-11　巍山古城北街。蒙在烟霭中的小
山包和村落，才是南诏王最早的都城——
巃屿城和蒙舍城。2001

得以"魁雄六诏"。①

　　当然，史书对南诏王尽收五诏，完成统一洱海区域霸业的记述，使用的是另一套经过处理的语言。传说皮逻阁统一六诏建立南诏国后，统治者蒙氏家族是乌蛮，辅佐的清平官、大军将、军将及武将等主要是白蛮。在南诏国的政治经济文化中心大理洱海区居住的民族主要是白蛮，同时也有乌蛮、磨些蛮等民族。故说南诏统一六诏，不是烧一把火就解决的，而是长期文治武功的结果。自南诏始祖细奴逻在巍山建大蒙国，

---

　　①　此据巍山彝族民间传说和《南诏野史》。参见田野考察群成员在巍山县收集的巍山民间故事残本及薛琳编：《巍山彝族回族自治县民族宗教志》，云南人民出版社1992年版，第31、33页。

到其曾孙皮逻阁在唐朝的帮助下统一六诏，建立南诏地方政权，传位13 代，历时 254 年,[①] 四次改国号（大蒙、大礼、大理、大封民），五次迁都（蒙舍城、巄于图城、史城、太和城、羊苴咩城），与唐朝相始终。其中南诏在巍山传王位 4 代，历时 114 年。南诏强盛时辖区曾东至贵州和广西西部，南抵越南北部，西达缅甸边境，北迄四川大渡河。包括今云南省全境、四川省南部、贵州省西部、缅甸北部、老挝及越南北部。《新唐书·南蛮传》称其疆界"东距爨，东南属交趾，西摩伽陀，西北与吐蕃接，南女王，西南骠，北抵益州，东北际黔"[②]，是现在云南政区的两倍。以"乌蛮"和"白蛮"为主体的南诏国（唐）和大理国（宋），用种种文的和武的方式，广纳川黔汉文化、西藏吐蕃文化和南亚东南亚文化精华，将本土的民族文化发展到了极致。原来唐朝扶持南诏，是想使之成为大唐牵制吐蕃的一个棋子，没料到由此称王的南诏也有同样的雄心和实力。统一六诏后的南诏王，武可以攻城掠土，直打到成都或把大唐来犯的十万大军打得全军覆没（图 4-12）；文能够周旋于大唐和吐蕃之间，甘做小兄弟，广取双方经济、文化和宗教的优长。最终，使得大唐和吐蕃不敢小觑"蛮王"，大宋亦对大渡河以外的"蛮地"划玉斧为界，不再多有干预。

古人真是惜墨如金，几百年的盛衰兴亡，多少人的离合悲欢，竟用数行字就带过了。在那些干枯的语言中你看不到鲜活的面孔，你只能用那些缺乏细节的残句去拼合上千年前的史实，或是在废城弃瓦间寻觅破碎的记录。

---

① （清）蒋旭纂：《康熙蒙化府志》中《蒙氏始末附》说其历年 279 年。

② （宋）宋祁：《南蛮传》，见《新唐书》二二二上，见《二十五史》第 6 卷，上海古籍出版社、上海书店 1987 年版，第 4802 页。

图 4-12 "大唐天宝战士冢"（俗称"万人冢"）中古老的鬼魂，一千年后仍骚扰得大理人心神不定，除了无知的孩子，很少有谁愿在这儿久留。1998

在城楼上东边侧屋博物馆和小卖部的柜子里，放着几个上釉的火葬罐。由于南诏时代盛行火葬，这样的火葬罐在大理地区十分常见。火葬罐造型可简洁，亦可繁饰，将世代相传的生死影像和灵魂观念塑在罐上（图 4-13）。尽管王者和平民最终都只剩一把灰，但我们眼前的这些罐子肯定不是南诏王的。十三代南诏王的墓，至今杳无下落。

一部写作于明代永乐至嘉靖年间，失传 430 余年后失而复得的书稿《淮城夜语》，① 披露了有关南诏王墓鲜为人知的一些情况：

---

① 此书稿为藏于民间的笔记小品残抄本，原为 16 卷，500 余则，现仅存四分之一。《淮城夜语》的作者署名"玉笛山人"，其真名叫李以恒，字静瑛，属李浩后代，曾参与《赵州志》（未刊行）的修纂。明代庄诚修的《万历赵州志·儒学》中有载，说他是贡生。这里的淮城指的是下关附近的一座古废城。见大理州文联编：《大理古佚书钞》，云南人民出版社 2002 年版。

图 4-13　古楼陈列室的火葬罐。2001

　　南诏一世王细奴逻于唐太宗贞观年建诏，至舜化逝，历十三主二百九十七载。化有子，生一月，为清平官后裔郑买嗣弑。杀蒙氏家族八百余口，灭南诏，掘陵地，取其葬器，焚尸，尽投澜沧江。载文于大理国朝纪大纲。元末明初，叶榆七子奇而考之，九入蒙化府，先入巍宝、文华、龙于图诸山查之，无获，后入五印山，见山奇秀，云合雾屏，秀岭甘泉，世外胜境，千峰拔翠，五印相叠，而得脉地，果得古墓遗坑数十。其规模巨大，知必南诏国历代主、王妃陵寝宫地。郑回后代历代相国，谁料叛国篡位，而对叱咤风云两百年蒙氏家族不留一口，死者墓葬不放过，可谓绝矣，郑买嗣立大长和国，历三世而亡于赵善政，善政亡于杨干贞，冤冤相报，至大理国段思平，得天下而以德治之，鉴于前人得失而不立陵墓，帝王之薨如高僧涅槃，火化之，收骨灰于瓶，原藏崇圣寺千寻塔地宫。明初怕人损而藏佛光寨南箐龙渊洞，世之不知。[1]

---

　　[1]　（明）玉笛山人：《淮城夜语》之"南诏王墓无人晓"。见大理州文联编：《大理古佚书钞》，云南人民出版社 2002 年版，第 385 页。

或许是报应，为统一六诏的政治抱负使同胞骨肉焚于烈火的南诏王，最后也被别人的政治抱负焚于烈火。专权的清平官郑买嗣以抱太子临朝之机，将未满周岁的南诏王继承人掐破膀胱，致其死亡。然后趁势杀南诏蒙氏亲族800人，将南诏王掘出焚尸扬灰，抛入澜沧江。南诏王的墓至今不见踪迹，应该与这段历史有关。

如果元末明初叶榆七子的考察属实，南诏王墓曾经有过，即在五印山风水好的"脉地"上。只是当时就只有墓坑了，六七百年沧桑，到现在还哪里去寻？

五、艺术家留下失传的时代

幸好世上存在艺术家。在他们的作品上，后人看到祖先的尊容，看到血肉之躯的故事和精神世界隐秘的流痕，遗失的往事不再那么无影无像无血无肉。

我眼前的这件作品便是其中之一。靠它，死去的历史才有了点血色。

画于南诏末年的《南诏中兴画卷》，①出自末代南诏王舜化贞的怀祖幽思。南诏中兴二年（899年）二月，即位仅两年的年轻南诏王，为权臣郑买嗣借刀杀人，诛灭政敌九族的铁腕手段所忧，传旨臣下重温有关"阿嵯耶"观音的圣迹，准备画像供祀。不到一月即有结果，负责这方面事务的王奉宗、张顺等呈上颂辞（可能还有画作），把南诏第一代王

---

① 《南诏中兴画卷》，长5.7米，宽0.3米，此画原藏清宫，八国联军侵入北京时被劫夺国外，后归日本人所有，现藏于日本京都有邻馆。

细奴逻发祥于巍山的历史，与观音显化、灵异相助等神迹联系在一起，以此证明南诏王乃得道"真宗"，"愿立霸王之丕基"。① 然而仅四年后，这位转弯抹角强调自己"王根神圣"，以寻回失落权威的末代南诏"中兴"皇帝舜化贞，便离开了人世。权臣郑买嗣看这"神圣"顶个屁，即刻杀了太子，同时追杀南诏蒙氏亲族，满门抄斩，灭了南诏。试图用纸上作品向世人证明"真传王种"的神话，轻轻就被刀剑捅破了。郑买嗣取而代之，建立大长和国。

接着是几度王朝更迭——或臣弑君自立，或谋反者被拥新君者诛杀——重重复复的只是些在哪儿都一样的老套故事："唐昭宗天复二年，南诏清平官郑买嗣弑其主舜化而自立，改国号大长和。杀蒙氏八百余人，蒙氏绝，蒙属郑氏。……后唐明宗天成元年，杨干真弑其主郑隆亶，立待中赵善政，改国号大天兴。蒙属赵氏。三年，杨干真废善政而自立，改国号大义宁。蒙属杨氏。石晋（即后晋）高祖天福元年，段思平讨杨干真而自立，国号大理，居羊苴咩城。蒙属段氏。"② 转眼1000多年过去，多少王朝灰飞烟灭，他们费尽移山气力用石头建造，希望固若金汤的都城，早已土崩瓦解，而南诏艺术家在纸上彩绘的画卷，却留了下来。

《南诏中兴画卷》的内容主体为梵僧（观音）幻化，另有祭铁柱和南诏诸王、作画臣工拜佛的形象及题名，类似佛画中的"供养人"。据宗教学考察，在洱海区域，佛教密宗"阿吒力"教派较早进入，图传上"梵僧七化"即为当地最早的观音故事，具有密宗的神秘色彩。③ 传

---

① 参见李霖灿：《南诏大理国新资料的综合研究》，（台湾）故宫博物院1982年版；云南百科全书编纂委员会编：《云南百科全书》，中国大百科全书出版社1999年版。

② （清）蒋旭纂：《康熙蒙化府志》，德宏民族出版社1998年版，第23页。

③ 参见张锡禄：《大理白族佛教密宗》，云南民族出版社1999年版。

说此教派为传教的需要，常施法术，大显神通：或御龙制水，迎合洱海区域人民求治水患的心理；或广留圣迹，使民敬畏；甚至变服改装，以"顺蕃俗"（《南诏中兴画卷》中即有梵僧接受梦讳布施的"黑淡彩二端"缠头布，脱了莲花冠，改为缠头的情景），与当地风俗民情交融在一起。画卷采用传统的不分幅长卷画形式，把所绘人物在不同时段不同场合的活动，叙事性地描绘出来，如细奴逻之妻及儿媳数次送饭，施食、接受梵僧授记、梵僧七次变化及"蛮众"从作恶到慑服的过程，都在同一长卷中被描述到了。用一幅画去描述在时间上一连串发生的事件，是传统艺术、宗教艺术和民间艺术常取的方式：构图多中心、多情节，各自独立又统一在尺幅之中，让人既能看清细节又能统观整体，并感受到某种

图 4-14　当地的其他"蕃族"村民并不接受梵僧。他们把梵僧的狗宰了，把人肢解为三段，焚化，再将骨灰装在竹筒里，抛入澜沧江。不料梵僧竟破筒而出，形体如故（图选自李霖灿著：《南诏大理国新资料的综合研究》，下同）。

有关时间、过程及多维空间的暗示。

　　这段故事，反映了异文化或佛教传入此地时，本土文化及民间信仰与之发生冲突和碰撞，从敌视到接受的一个过程。在这个过程中，拒不接受外来文化的部落，因难蒙"教化"而被教训。梵僧到来，当地人百般捉弄，先是把他的狗吃了，然后把他给杀了（图4-14）。肢解焚烧成灰，抛进澜沧江（与末代南诏王同一遭遇）。梵僧复活后，村民们仍不罢休，张弓投矛，欲伤梵僧（图4-15）；从他们剑拔弩张的神态中，明示他们拒绝接受"奇形异服"的外来念经的和尚。梵僧回身而视，以观音习惯的姿势，将瓶中净水用树枝洒出；村民投出的长矛和射出的箭，纷纷变成莲花坠落。村民这才服了，"归心稽颡伏罪"，并把本土传统的

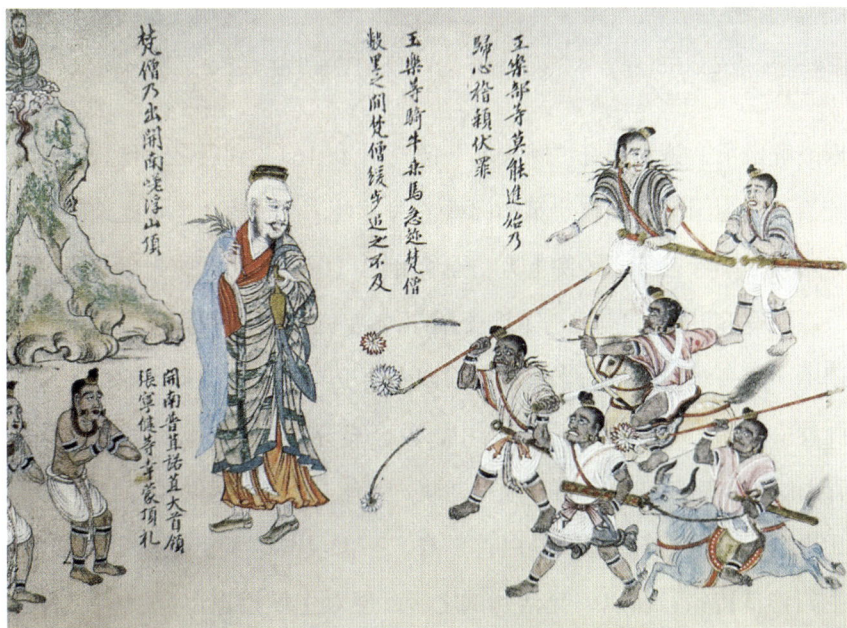

图4-15　人们还不罢休、光脚丫奔走或骑着无镫的马、牛继续追杀梵僧；梵僧回身而视，以观音习惯的姿势，将瓶中净水用树枝洒出；村民投出的长矛和射出的箭，纷纷变成莲花坠落。

图4-16　皈依的代价是原有传统的抛弃。人们解熔铜鼓，铸为圣像。

铜鼓解融了，铸为观音"阿嵯耶"像（图4-16）。到后来，佛教被南诏统治者尊为国教，佛教建筑和佛教艺术大兴，仅短短几十年此地就建大寺八百，小寺三千，铸佛上万，遍绘梵图（图4-17），此为后话。

　　而宽容开放、"敬心坚固"的南诏始祖则蒙圣恩，从耕夫"化"为诏主。这一对比的目的当然在于强调南诏王与佛结缘的神圣地位。这在画卷一开始，"奇王祥瑞"内容中，就已充分地描绘了。细奴逻家背靠青山绿水，房院花树茂盛，众鸟翔集；文有"天乐时时供养"，武有"天兵来助"，连家养的狗都是白首黑身，一派灵异之相。主人勤劳耕作，主妇善良持家，所以，梵僧几试之后，便对主妇授记道："鸟飞三月之限，树叶如针之峰，奕叶相承，为汝臣属。"（图4-18）九首领铁柱祭会时，细奴逻家树上栖息的鸟飞歇铁柱并落在主人肩臂，八日乃去，众人以为神灵显兆，遂将部落联盟的头领位置推让于细奴逻（图4-19）。

细奴逻谦让道："如果我真能当王，就看看这把剑砍不砍得进大石头。"说着举剑砍石，果然剑砍入石三寸。《康熙蒙化府志·蒙氏始末附》记载了这个传说："唐太宗贞观二十二年，进求会诸酋于铁柱，埋祀武侯。柱顶故有金缕鸟，忽翔集奴逻左臂不去，众异之，以为天意所属。进求遂举国以逊。因妻以女，奴逻拔剑祝曰：我当得国，剑应入石，果入石三寸，今地名盟石，旁建古石祠，祀其妃也。遂自立为奇王，筑蒙舍城居之。适有凤凰集于南山。"①农夫细奴逻从此走上王者权坛，开疆辟土，将南诏国的版图扩展到鸟飞三月才飞得完的广阔地域。被剑砍过的石头称作盟石，而拥有这块石头的村子即为盟石村。不知为什么，南诏王们似乎都十分善于用剑劈石。据说，细奴逻的后人皮逻阁火烧松明楼之后，欲娶弟媳慈善夫人为妻。慈善夫人指着庙街河桥头一块巨石说，你如果能一剑把这个石头劈成两半，我明天就和你成婚。皮逻阁真的拔剑砍去，把巨石劈成两半。慈善夫人搞不懂天意何以

图 4-17　大理国时期"阿嵯耶"观音造像，和《南诏中兴画卷》上的"阿嵯耶"造像一模一样。据称这样的造像，大理地区当时数以万计。

---

① （清）蒋旭纂：《康熙蒙化府志·蒙氏始末附》，德宏民族出版社 1998 年版，第 26 页。

图 4-18 《南诏中兴画卷》演绎了赤脚的耕夫变为南诏初王的故事。其实，细奴逻的转运，首先是得益于他的妻子浔弥脚和儿媳梦讳。这两位善良的女人，在给细奴逻送饭的时候，一而再、再而三地把饭施于梵僧，还施了"黑淡彩二端"缠头布。梵僧也"顺蕃俗"脱了莲花冠，改为缠头。

如此，只好一头撞死在石头上。① 这类砍石头的段子，在典籍上和民间口头上，都是被说了又说的。

　　初王神助的传奇，在人们想把它记录在案的时候，已至尾声了。禅让的部落神话早已过时，权力争夺成为常态。《南诏中兴画卷》未能描绘出希望的"中兴"蓝图，却留下了一件将纪实与幻化、民俗和神话融为一体的艺术作品。

　　作为一件政教合一的御用作品，奉旨仓促行事的画家当然是不大可

---

① 　参见左桂云：《火烧松明楼与火把节的传说》，中共巍山县委宣传部编：《爱我中华，爱我巍山》，人民日报出版社 1999 年版，第 59—62 页。

图 4-19 《南诏中兴画卷》中的祭铁柱场面。铁柱上的神鸟飞到坐在后面的细奴逻肩上，从此改变了一个人和一个时代。

能创作出富有创意的精品来的，这从作品的构图略失罗列、人物造型偏于呆滞、用线用色稍过拘谨等方面即可看出。尽管它描述的是开国圣迹，但毕竟是临近亡国的作品，难有盛世气象，却露出几分窘迫的凡俗之态。

不过，这或许正是《南诏中兴画卷》的价值所在——如果我们换一个角度，比如从视觉人类学的角度来看的话。它通过以图像叙事的方式，复现了一千年前巍山一带的社会生活及民间信仰等方面的情形，比如，在《南诏中兴画卷》中，描绘了唐代西南大理巍山一带彝族先民的服饰、民居、耦耕式（俗称"二牛抬杠"）耕作、冶铜、铁柱崇拜等民俗内容。这些图像，因之具有了特殊的视觉人类学和民俗学意义。而且，要是我们看到的不是一件作品，而是一批作品；看到的不是静止的造型，而是活生生的形象，甚至与其相关的故事、情境以及种种细微真实的感觉，那么，我们或许会更接近历史的认知或艺术的心态。

无论传说还是史实，都一致确认，南诏始祖细奴逻，是从巍宝山发迹的。

只有一点差异：在不同寺观不同文献不同版本里，点化细奴逻的那个关键角色，或是观音化身的"梵僧"，或是道教宗师"老君"先生，这要看讲述故事的人有什么信仰取什么立场。①

当然，或许只有像我这样的呆子，才会去探究是道还是佛。在巍山的民间信仰中，二者，甚至三者四者，倒是无缝交融，混杂一起的。

在巍山大仓啄木郎村委会"东山彝"聚居的乍家村，有一个观音老祖庙。庙门很小，正面照壁绘一麒麟（图4-20）。两侧厢房破旧不堪，

图4-20 观音老祖庙内景。2012

---

① 对《南诏中兴画卷》的学术分析，请参看拙作《多民族文化接触中的互动与认同——以〈南诏中兴画卷〉中人物服饰变化为例》，载《云南师范大学学报》2021年第4期。

图4-21 观音老祖殿。2012

正面大殿刚刚装修一新，油漆铮亮。大殿外有双龙缠柱，浮雕彩绘格子门，门额绘道教八仙（图4-21）。门旁两条黑底金字匾，上书"罩头奉敬圣悠远神功，伴佑黎民天长久赐福"。正坛主位供奉一持杖披袈裟的白胡老者，这是观音老祖。他的背壁，最上方画彩虹连接日月，下方有两位骑凤吹箫的童子，再下方是土地、财神、树神、城隍、龙神、山神（图4-22）。观音老祖像旁边，左

图4-22 观音老祖像。2012

191

图4-23　坛座五行缚虎壁画。2012

图4-24　院内墙壁上的"巍山东山彝族传统打歌图"。2012

为灶君，右是一坐鱼持太极的神仙。坛下方绘二绿衣人缚虎，两边各行走着金木水火土五行人物，为首者执令旗，其余均做合十状。再下方为两位点燃火炮和吹唢呐的人（图4-23）。院墙上绘"巍山东山彝族传统打歌图"，男女各六人围着篝火舞蹈，圆舞圈内一人吹笙，两人持大刀对舞，落款啄木郎历史文化名村（图4-24）。

这位"观音老祖"，很容易使我们想起观音化身的毛胡子"梵僧"，他保留着男身老者的形象，但又与道教神仙灵兽混处一堂。这样的混融，在书上不易辨析，在巍山彝族的生活与信仰世界却是自然而然。我们参加过巍山城乡老百姓的许多民俗仪式，无论是民间雕版木刻描绘的诸神，还是洞经音乐谈演的曲目，大多是道、释、儒合流的。而把观音和太上老君同祀于一个殿堂，在乡村一些小庙，也很常见。

第五章 寻迹南诏

　　说起巍山，一定要说南诏。南诏初王原为哀牢王族中的舍龙（意为"大老虎"）一族，从哀牢国避难到巍山。最初以种地为生，后来势力壮大，形成以舍龙一族为中心的部落联盟"蒙舍龙"或"蒙舍"。其子细奴逻与当地豪酋张乐进求联姻，继任"蒙舍诏（王）"。为了谋求更大的利益，他归附了势头正旺的大唐帝国。在大唐的支持下，他的后人得以吞并六诏，建南诏国。南诏王传位13代，统治近两百年。他们治下的南诏国，周旋于大唐王朝与吐蕃之间，在西南和东南亚名声显赫。

一、循着初王出山的足迹，我们走过千年

　　但史书上的东西总有些感觉太远。不妨试试，换一种方式来进入历史吧。

　　循着南诏初王出山的足迹，我们往巍宝山山里走去。路上有马帮和牛群走过，晒得黝黑的牧童骑在不备鞍镫的马背上，吆吆喝喝跑前跑后，亮亮的眼睛盯牢了我们这些外来人。这个情景很像《南诏中兴画卷》

中"骑牛乘马急赶梵僧"的穷石村村民——这是《南诏中兴画卷》主体内容"梵僧七化"中第四化的情形：画上的骑手就像我们路上遇到的牧童，皆光脚丫骑着无镫马。

走在山路上，每当我看到仍在使用二牛抬杠方式（图5-1，古称耦耕，在汉画像砖上出现过）耕地的彝人，不免联想起《南诏中兴画卷》"躬耕"于巍山的南诏始祖细奴逻，在画上，他亦使用二牛抬杠来耕地，犁是直辕、正三角形宽大犁铧（图5-2）。助耕者中有人身背竹篓，这也与我们在山道上古城中看到的一模一样，当地人背孩子背玉米，就用这种竹背篓（图5-3）。这该是一千年没变了。

图5-1　二牛抬杠方式耕地，和《南诏中兴画卷》中细奴逻在巍山"躬耕"时的耕作方式一模一样。1998

没变的还有金铸的阿嵯耶观音像、铁柱、铜鼓、竹筐、饭盒等造像及器物，基本保留着一千年前的那个样子。甚至用竹竿搭架晾晒衣物的方式

图5-2 《南诏中兴画卷》中细奴逻在巍山耕地使用的二牛抬杠。

图5-3 背篓为常走山路的山民所喜用,进城也这样背,和《南诏中兴画卷》(前图)坐地上的女孩的背篓相同。

(图5-4、图5-5),画上的和生活中的,竟也没什么改变。

画卷上的建筑主体为石脚、木架和瓦顶,这与现在巍山古镇民居的结构大致相同。只是画卷上的房子没有墙和门窗,形如亭廊。我猜这可能是画家为画出房中人物活动特意而为,因为"透明画法"在传统绘画技法中是十分常见的。

但来到南诏王的发祥之地——巍宝山脚下的巍宝山乡新村村委会前新村,建筑样式

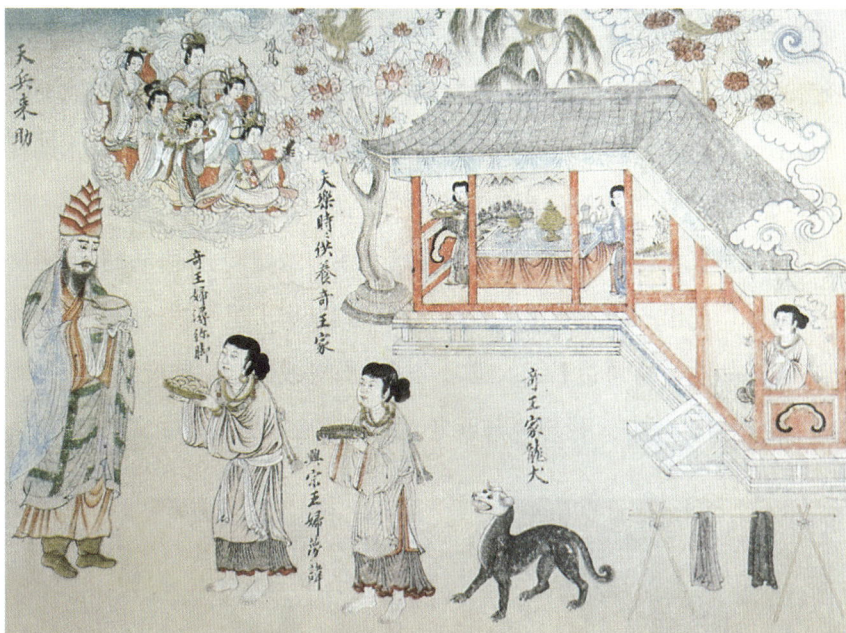

图 5-4　《南诏中兴画卷》中居家图景：两根竹竿交叉，上搭一杆，晾晒衣物。

和画卷的却大不一样。村里都是红土垒的墙，青灰色的瓦，屋檐下挂满红辣椒黄玉米。一些字姓的彝族老人告诉我，前新村是后取的名，之前彝语叫"木查八"，他们就是南诏王蒙氏的后代。一千多年前他们的祖先蒙氏从哀牢永昌迁入巍山，在巍宝山耕田放牧，很快发展起来，成为蒙舍川南部的首领。他们的话，并非凭空而来。《万历云南通志·地理志》记载："巍宝山，在府城东南二十里，

图 5-5　彝村的晾衣架，也是这样。1998

197

峰峦高耸，冠于群山，细奴逻微时耕牧之地。"①

不仅有文献记载，还有实地文物。他们指着几间石脚土墙、木架瓦顶的房子说，老祖细奴逻当年在此耕牧，房子就立在这片地基上："那时的石脚做工粗得很，不规矩，只是砖大些，像城墙上那样。我们盖房子挖地基，挖出一些还能用的砖石，都砌到新房子里了。"（图 5-6）他们的叙述如此，而画卷上细奴逻家房子的石脚或砖基形制规整，该是画工的美化（图 5-7）。我想，彝族老人的叙述应该更接近事实一些。

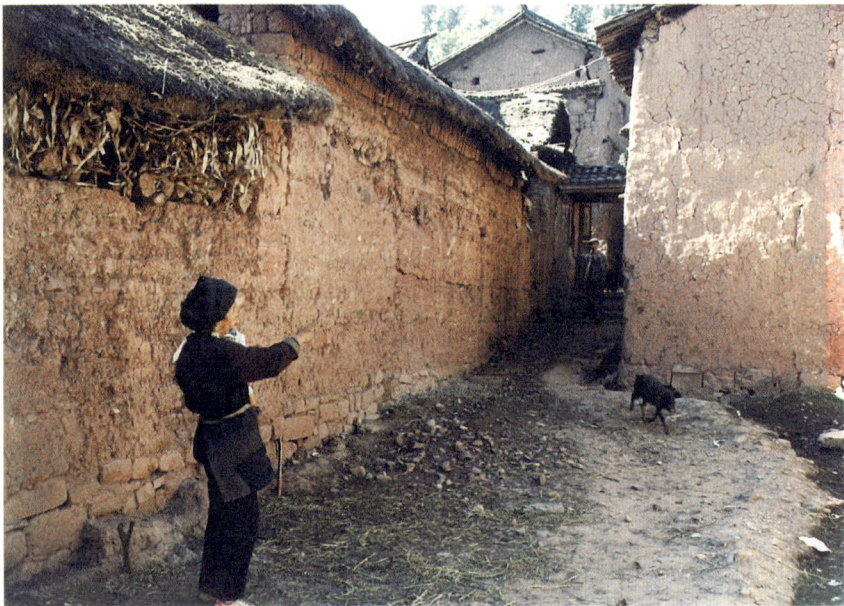

图 5-6　南诏王的后代指着这里说，一千多年前老祖细奴逻在此耕牧，房子就立在这片地基上。

细奴逻的居址据考有两处，一在今村里小学校的操场上，占地一亩

① （明）邹应龙修，李元阳纂：《万历云南通志·地理志》，北京图书馆《善本书目》万历刻本，1959 年刊行。

图 5-7　《南诏中兴画卷》之第一化。画卷上南诏始祖居住的房子依山傍水，祥云缭绕，房院花树茂盛，众鸟翔集，"天乐时供养奇王家"。取自李霖灿：《南诏大理国新资料的综合研究》，台湾故宫博物院 1982 年版，第 128 页。

左右。1958 年以前，在操场的南面还遗存一截断墙埂子，长丈余，宽三四尺，该村老人世代相传是细奴逻王住家的围墙，不准取土开田，严加保护。1974 年，在此地修建小学校操场时，挖出部分古代的砖瓦砾和火坛。另一处在前新村后二里的山坡上，为细奴逻当时的庄房遗址，占地二亩左右，地面遗存着部分墙脚和土埂。我国史学家马长寿教授、民族学家刘尧汉教授及王家佑、李绍明等中国学者和西德、法国、日本、泰国的学者曾至巍宝山和前新村进行考察，认为前新村是南诏始祖细奴逻的耕牧地。①

---

① 参见马长寿《南诏国内的部族组成和奴隶制度》，1961 年上海人民出版社；刘尧汉《南诏统治者蒙氏家族属于彝族之新证》，载《历史研究》1954 年第二期，转引自林山：《细奴逻耕牧地前新村》，政协巍山彝族回族自治县学习文史委员会编：《巍山文史资料》（内部资料）1991 年第 5 辑，第 161 页。

2001 年我带学生做田野考察实习，再次来到巍山。在巍山古城楼下面的广场上，只要天晴，每天晚上都会聚集一些彝族老太太和大嫂，自顾自地在那儿踏歌打跳。新安装的射灯从下往上照着她们，如同篝火一样。她们的布鞋整齐地用力地踏在石板上，有一种厚重的奇特的踢踏节奏。只是光冷得多，没有跳跃的火苗，也没有"做得药"的黄灰一阵阵往上冒。那些看惯城里大妈广场舞的学生，第一次见到这样的乐法，忍不住就想去凑热闹。见有外来的年轻人围观，大妈大嫂们越发跳得起劲，到后来索性拉了这些年轻人一起疯跳，把巨大的身影投在古城楼暗红色的墙壁上。

学生第二天如约再去，太阳还没落，广场上已经挤满了人。县城小，广州来的大学生喜欢彝族打歌的消息传开，各路舞手不约而同都来了。看学生对彝族大妈的"广场舞"如此感兴趣，向导小字说，村里的"打歌"更有味道。如果你们不怕累，当晚可以去前新村"打歌"。我们担心这样做太唐突，小字说："不会的。我们彝族都很好客。"他打了几个电话，事情就定下了。"南诏始祖细奴逻最喜欢踏歌。这是南诏王时代就传下来的，是最正宗的！"小字是彝族，据说字姓与南诏王有亲缘关系。

从巍宝山到前新村，走大约 3 公里山路就到了。村民来来去去都走这条掩藏在树林中的小路。我们这一次因为县里安排有车，反而要绕许多盘山土路。前新村属巍宝乡，巍宝乡的左乡长专程赶来在中途迎接我们。刚刚下过雨的路，有些湿滑，坑坑洼洼，临近村子时，路更难走，司机多次下车查看路况，走走停停。左乡长的吉普车底盘高些，也走惯了这样的路，便让我们改坐他的车，分批送进村子。

到村里时天全黑了。打着手电在村里爬坡上坎，进入一个大院。这是今晚踏歌的场子，在院子中间已经堆了些柴火。我们被引到堂屋，在草墩上坐下，就有一杯热茶、几碟瓜子送到手里。见我年长，还用碗倒上当地酿的苞谷酒。一边喝，一边唠些家常。一位字姓老大爹告诉我，他们这一支叫"纳罗巴"，以前被人称为"罗倮"。前新村几十户人家，绝大多数都姓"字"，属于同一蒙氏宗族，其余的姓"茶"和"熊"。

为什么姓"字"而不姓"蒙"呢？不是说你们是南诏王蒙氏的后裔吗？

老人告诉我们，南诏被段氏灭后，段氏派兵四处追杀与蒙氏南诏国有关的人。南诏发祥地巍宝山一带的蒙氏宗族，自然是重点清查对象。在四散逃生之前，蒙氏宗族的人，为30年河东后如何相认的事煞费苦心。有人想出一个类似字谜的办法，将"蒙"字拆开，取"艹"者改为"茶"姓，取"宀"者改为"字"姓。不料一躲就躲了两个朝代，到明代以后才回到巍宝山麓，在山下建了这个村子。村子是新建的，所以叫新村；又因为坐落在巍宝山的前山，所以叫前新村。

像所有的彝族村寨一样，前新村是个山村。山坡上种苞谷，较低的山箐里可以栽水稻。原来还种一些烟叶，烤烟被双控以后，转产种白芸豆和中药附子，差一些的山地也可种这些作物。附子亩产五六百斤，一斤卖2元；白芸豆要海拔高一些，冷一点才长得好，在这里长"哈"掉了。还有就是养乌骨鸡，效益也比较明显。

说话间，院子里陆陆续续进来不少人，女的身穿彝族服装，男的披羊皮领褂。村委会主任发声喊，歌头用松明子将柴堆点燃，吹响葫芦笙，吹笛子的大哥随之跟上，乐音随火苗一阵阵高扬起来，原来站在旁边的村民，不知不觉就围成圆圈踢踏而舞了。踏歌，彝族话叫"阿克"。他们说："喜事踏歌敬喜神，白事踏歌敬天地。没有事呢，踏歌自己乐。"大家围着篝火边舞边绕，在我们不提防时突然齐声吼出野野的调子。

打歌打到太阳出，一碗烧酒两块肉（音"入"）；

打歌打到日头落，只见黄灰不见脚；

打歌打到日头落，跳出的黄灰做得药。

今晚没肉，酒却是一直不断的。主人用烧水的大壶倒酒，舞者不时腾出一只手把传过来的酒碗喝干。只一会，男男女女，所有人的脸都和火光一样又红又亮了。踏歌时讲究起脚轻，落脚重。起脚时绣花勾头鞋要翘在空中片刻，落脚时要用力跺出黄灰，还要使劲拍打身上的羊皮。地被他们跺得微微颤动，平底布鞋踩出风来，震得篝火火星四溅。转身的动作也很特别，肩一送，羊皮褂的尾巴甩得飘起来。踏歌的套路都和山里的事物有关，什么斑鸠喝水、小鸡啄米，什么金凤亮翅、孔雀开屏，乐声一转，踏歌的套路也就变了（图5-8）。我们曾试着加入进去，

图5-8　乐音随火苗一阵阵高扬起来，原来站在旁边的村民，不知不觉就围成圆圈踢踏而舞了。2001

却怎么也跟不上那些多变的舞步。后来听研究舞蹈方面的专家说，一般的舞蹈动作 8 拍一个套路，巍山彝族打歌 16 拍一个套路，难度复杂度都是翻倍的。其中还有一顺边、抢半拍和虚拍开跳的特点，套路丰富和多变，太考验协调性了。①

在巍宝山山下的巍宝山乡洗澡塘村，也有与南诏王有关的遗址。这个村，因为有一个南诏期间修建的天然温泉洗澡池而得名。当地传说，南诏大理国始祖细奴逻之母（一说其妻三公主）身患脓疮，久治不愈，到此沐浴后就好了，皮肤洁白如玉。细奴逻即把此泉开辟为王族汤池，取名"蒙诏汤池"。大约同一时期，遥远大唐的贵妃，也因"出浴"而名垂青史。杨贵妃出浴的西安华清池，一度成为显贵特供之地，现在也成旅游胜地了。洗澡这事，本来属于私密，却都上了史。古今对于美女出浴的想象，看来也是共同的。

南诏王的"蒙诏汤池"，建在洗澡塘村河边的山坡上。沿一条狭窄的山路上去，有几间土坯和砖瓦混搭的平房（图 5-9）。进去，无客。一老人问："给是要洗澡？"我说："看看。"老人带我进去，浴池里放几个条凳，应该是放衣服的。墙面斑驳，池边用塑料布遮盖着什么，有位姑娘穿着水靴正在冲洗池子（图 5-10）。由于年代太久，用大块石板铺垫的洗澡池呈现不同颜色的斑迹，有的是水垢，有的像苔藓，都很有些年头了。左边男池出水口雕一尊石雕龙头，右边女池出水口是一尊硕大的女性生殖器石雕（高 60 厘米，宽 20 厘米）。民间流传，每年二月八和巍宝山会期间，当地村民都有到"蒙诏汤池"沐浴求子、对歌求偶的习俗。《康熙蒙化府志》也述："郡人冬春二季，咸往浴焉。"② 看来南诏

① 据《民族艺术研究》编辑唐白晶 2021 年 8 月 19 日微信朋友圈所发视频及文字。
② （清）蒋旭纂：《康熙蒙化府志》，德宏民族出版社 1998 年版，第 42 页。

图5-9　南诏王钦定的"蒙诏汤池"。2012

图5-10　"蒙诏汤池"内景。2012

王族的浴池，已经回归民间。我虽然在山上道观里住了几天没有洗澡，但想想要泡在千年老池子这样的古董里，还是有些难于下水。

离开时感到抱歉，不知该向老人说什么。老人也见惯了，说："再来歇！"

洗澡塘附近的小山包上有一个小庙，我摸上去看，庙门开着，却空无一人。院里有屋两三间，泥土墙，唯正殿粉刷油漆过（图5-11、图5-12）。殿门匾额红底金字，写了"南方明离宫"几字，里面供的是火龙神（图5-13、图5-14）。村民说，村里曾遭过一次火灾，所以村民修建了这个火龙神庙。北头系马桩村的河心里也供着火龙神。龙头在大寺底，龙尾在巍宝山乡，龙头对着巍山城。房屋最怕"走水"（火灾），有火星，所以必须来这里祭火龙，献斋饭茶酒，把火龙的纸马焚化（图5-15）。如遇失火，是得罪了火神。灭火之后，要用火神纸，配三牲、鸡，摆坛祭献。平时立新灶取火、盖房立柱，也要祭祀火龙神。备香火、黄钱，于门外烧送火神和火

图5-11　火神庙小院。2012

图5-12　大殿殿门匾额。2012

图5-13　火龙神塑像。2012

图5-14　南涧火龙画像。2012

龙大帝。农历正月十六火龙圣诞、四月十五火龙会，要祭献火龙太子。

　　庙下面的河边是晒土碱的碱场，白花花晒了些土碱（图5-16、图5-17）。村民说，这里的土碱质量好，所以巍山的面条特别香。

　　一些身穿彝族服装的中老年妇女，见我背着摄像机和照相机游荡，就要我为她们拍一些打歌的镜头。她们带我到砖孔桥拍摄打歌，说那背景好。领舞笛手是本村民间道人张应忠，他和一位吹芦笙的大姐居中。他俩用乐调控制踏歌的节奏和舞步变化（图5-18）。其他人围成圆圈，拍手踏足，和巍宝山寺庙里那清代踏歌壁画一个模样。不同的是，这里整个画面都是动的，人动，风动，日头拖着影子动。还有乐声带动的歌声——这歌不是唱出来，而是吼出来，毫无预兆地，从她们嗓子里扯直了飙出来，野野的，一点

图5-15　火龙太子，云南巍山纸马（民间雕版木刻）。

不加修饰，和她们晒得通红的脸一样(图5-19)。看我也晒得满头大汗，

图5-16　晒土碱的碱田。2012

图 5-17　晒土碱的碱田。2012

图 5-18　在砖孔桥打跳的村民。2012

有人嚷："换景换景！庙里阴凉处拍。"大家呼啦都进了桥头的封川庙（图5-20），找了个背阴处继续跳。庙依山而建，有错落，正好让我寻得一个高位，俯拍了她们的圆圈舞（图5-21）。舞毕，几人争唱山歌，唱了"赶马调""送郎调"等。

图5-19　胖大嫂中气十足，唱得很起劲。她们后面是封川庙。2012

　　几人在唱的时候，其他人手上不知何时多了一些纸花。问起来，说是送舞蹈队队友张艳，她得了胃癌，昨天刚刚去世，才44岁。大家先在这里扎花圈，一会要去吊唁。

　　寺庙清净，空地方多，她们在树荫下扎花圈，我则和道人张先生闲聊。张先生说，封川庙很早以前就有了，它和封川山上的封川塔，都是一个来历。民间传说，恶龙太子奉龙王之命，想把巍山坝子变成泽国，好多占一个地盘。观音老母把他变成一座山，让他无法施展法术。龙太子不甘心，摇动山体，想让山崩塌，封堵红河出水口。观音再次用塔镇住，使其

图5-20　封川庙。2012

图5-21　在封川庙里踏歌的村民，吹葫芦笙和笛子的是领头的人。2012

无法动弹。民间为了感恩观音，建庙祭祀。所以，封川庙主供救苦救难的观音老母。后来加上了孔子和吕祖，儒道释共奉，以求万无一失。谁知遇到人世浩劫，神佛圣贤也难逃磨难。封川塔、封川庙在"文革"中不同程度被毁坏。直到前些年，百姓得以过回自己的日子，敬奉祖先神佛不再是罪过，村民才自发集资十几万，出工出力，修复了封川塔，重建了封川庙。

聊了一会，张先生要去取葬礼用品，我也起身回村，抽空找村民做些访谈。

二、南诏初王的老家

看这些彝族村民踏歌的时候，我突然想起喜欢踏歌的南诏始祖细奴逻。想当年他老人家在巍宝山时该是多么快活，一大把年纪依然生猛无比（民间传说 60 岁的祖师母连生三对双胞胎儿子，即后来的六诏）。虽然这传说一听就知玄得离奇，不过，仅仅为了这个经村民们用脚诠释得如此鲜活的传说，我也想去瞻仰一下他老人家的尊容。

从村里步行或赶马上山，不一会就可以到巍宝山北面山腰上的土主庙——巡山殿，现在改名为"新村土主庙"，也是进入山门后的第一座殿宇。这是南诏第三代王盛逻皮建的蒙氏祖庙，内奉南诏始祖细奴逻，那位酷爱踏歌的老人家。当年细奴逻在山中种地放牛，整日游走于青山绿水之间，自号"巡山土主"，一干就是二十多年。闲云野鹤，自得其乐。到后来别人让他当王都要推让半天，赌些不可能的咒（如用剑砍入石头之类）。直到赌的咒显的灵全应在他身上，才不"巡山"而去"开国"了。不过，供奉他的寺庙，不炫耀"开国"，却冠名"巡山"，倒也朴实而有趣，不像时下有些人那么喜欢拉大旗做虎皮。

我们去时，前新村的彝族正从山下赶马驮运石料水泥等，扩修庙前的场地。这是因为老祖细奴逻生前喜欢打跳踏歌，农历正月十六是他的生日，四乡八寨的彝族都要集中在土主庙前，和爱跳舞的祖先一起欢乐，连跳三天。人来得多了，嫌地方不够站，便在殿外的山坡上填出一块平地。

不远处文昌宫文龙亭的桥（图5-22），有一幅清代壁画《松下踏歌图》（图5-23），以图像方式叙述了踏歌的情景。明代笔记更叙述了这一带的踏歌俗尚："大凤岈口有豹子林，山似馒状，内多豹子，为南诏大理国打围猎场。张仁果有女娇美，于豹林会细奴逻，后建南诏国。至今，每逢三月，蒙舍人男女入山踏歌，夜宿豹子林，历数百年。"[1] 身穿民族服装，吹笙团旋而舞的山民，几百年后还是同样的舞姿。

我们进入南诏始祖享受后人香火的巡山殿，庙是四合院式的，里面很冷清。守殿的是一位身穿蓝布中山装，戴蓝布"解放帽"，脚蹬"解放鞋"的老人，也姓字，是前新村的彝族，来此已有3年，月薪30元。按祖上传下来的老规矩，来这里看守庙堂，烧香敬水，洒扫庭除的，必须是前新村字姓的人家，或者经过前新村字姓认

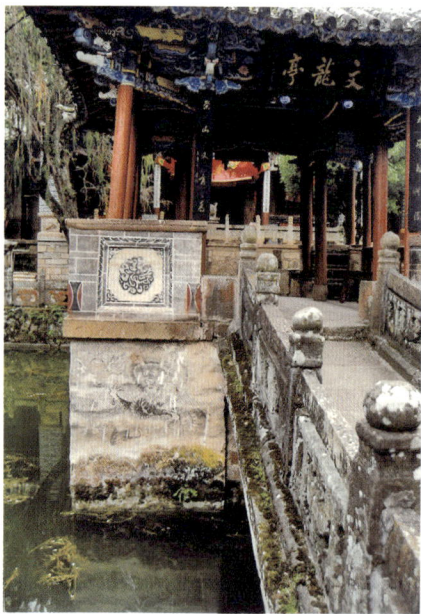

图5-22 文昌宫里的文龙亭。1998

---

[1] （明）玉笛山人：《淮城夜语》，大理州文联编：《大理古佚书钞》，云南人民出版社2002年版，第436页。

图 5-23　文龙亭桥下的清代壁画《松下踏歌图》，踏歌的形态，和现在几无差别。1998

可的人（图 5-24）。据史料记载，明代以后，"字"姓家族重返巍宝山，把巡山殿认作祖庙，派专人看护，还拨出公田做祖庙的"香火田"。在家族内，以两户人家为一轮，喂养祭祖用猪，并于每年举行三次祭祖。第一次是农历正月十四至十七日，由当值的人家准备；第二、三次是农历六月二十五日火把节和九月十四日，由家族中的男性长辈主持祭祖仪式。做东的人家可"执猪耳"——得一对猪耳朵吃以示优待。

　　大殿里的楹联，浓缩了南诏的历史和族属："新村流源远，始祖奴罗耕巍岭；彝族衍庆长，南诏发祥在巍山"。大殿供奉有 3 尊泥像，中间一位个大的即老祖细奴逻，新塑的，被红色的布幔遮去大半个脸。凑近了，才得见其尊容。他老人家一言不发地高高在上，看后人们在那儿忙忙碌碌。因为连他自己也是后人眼中与时俱进的造型。据说，原来的造像他没有戴那个称为"头囊"的高高王冠，光头，横须，穿一件大

图 5-24 巍山县巍宝山南诏土主庙，已成为当地彝族祭祖的地方。门口站立者即看守庙堂的老人，是前新村的彝族。1998

图 5-25 南诏始祖细奴逻塑像。1998

领红黑条花满襟衣，当地人说两百年前彝族就这样穿。现在重塑的金身，却一身孔夫子式的打扮，文绉绉地拿着一卷文书，似乎还戴了那个高高的头囊，任人用金漆涂得亮锃锃的（图5-25）。他旁边一文一武两位侍者，被新抹的油漆弄得油光光有点俗艳。我看过剑川石宝山石窟中的南诏王石雕（图5-26），当代人工具和技能大大进步了，艺术上却没法和前人比。

图5-26 在南诏时代的造像中，戴雕铸有双龙头囊的，就是各代南诏王。图为剑川石宝山石窟中的南诏王像。1999

2001年以来，在原址后扩建一院唐建筑风格的大殿、偏殿和两厢房。大殿立细奴逻像，偏殿分立细奴逻父母和妻子像，两厢房祭十三代王（即俗信中的"大众老爷"）和受四代王阁罗凤之命东拓昆川（今昆明）的凤伽异（阁罗凤长子）。还增加了《南诏图传》和《创世纪》浮雕墙、六祖分支雕塑柱等。

能够显示一些本色东西的是左侧厢房的"祖公碑"。按前新村的风俗，村中凡60岁以上的老人去世后，家人要用柏木或白花木为他刻一个小木人（后来改为灵牌），放在家里供奉。每一个灵牌，代表一对祖先，三代以上经巫师举行隆重的送祖灵仪式，就把它送置于同宗的山谷洞中。同宗的灵牌，质料必定相同。谈婚论嫁时，必须检验灵牌。如果相同，则禁止通婚。三至五代之后，把小木人或灵牌送到巡山殿里烧掉，然后把死者的名字刻在祖公碑上。2012年寒假我去巍山西山彝族村寨调查，在一位毕摩家里看到这类刻木。字姓的老人还记得他们的祖辈说，一百多年前，祖公碑上就已经刻满了名字。可惜 1958 年，这些碑和一些最后的记忆都再度被毁。现在，巡山殿内的"祖灵殿"，专门供奉"蒙氏"大牌位及彝族姓氏小牌位。这些牌位包括彝姓 124 个、汉姓 296 个。[1]

或许还有其他精心埋藏的谜底，待烽烟消散时也随之消散了。才几代人过去，竟发现自己的来历已是一片朦胧，或如被肢解的"蒙"字一样支离破碎。这种失传，不仅包括那些口传心授的秘密，甚至包括刻在石头上的文字和立在半坡上的都城，它们就像从没发生过什么一样悄悄流失了。

但人们仍想寻到一些不凡的遗物。它们有的属于传说，有的属于史书记录的某些重大历史事件所遗物证，诸如王室墓穴或断碣残碑之类。1963 年第二次修建巍山南涧公路时，曾有民工在附近挖到一个雕铸有双龙的合金头盔，疑为南诏王的头囊，却被当破烂卖了。[2] 改革开放后有一年，渴望寻根问祖的前新村村民想在祖先发祥地寻找一点东西，便自发开展了一次全民考古运动。先王遗裔满怀深情，女的在前面割草，男的在后面掘地，男女老少一齐动手，对村里村外搞了一次刨根究底的大发掘，希望在先王发迹的地方寻到一些物证。虽然村里土葬之俗已沿袭了几百年，但笃信佛教的南诏时代盛行火葬，要找到南诏王墓不大可能。不过，一般在祭祖或会盟时，按古规会往神山灵湖或土里投埋一些碑记石宝之类。抱着这个希望，村民连干 3 天，大扫荡一样把可能藏谜的土地翻了一遍，结果仍一无所获。

看来，王者与平民都一样，那么容易随烟而逝。所以，引人入胜的

---

① 巍山彝族回族自治县彝学学会编：《南诏土主庙解说辞》，内部资料，2015 年。

② 芮增祥：《南诏王金冠》，云南省编辑组编：《云南巍山彝族社会历史调查》，云南人民出版社 1986 年版，第 54 页。

南诏王墓是否存在，大约只能成为一桩悬案了。

前面提到过的明代笔记小品残抄本《淮城夜语》，还记述了这样一则让人心动了一千年的寻宝传奇：

> 南诏王蒙世隆，多次发兵攻成都，掠金银财帛无数。密令崇模弟子正鲲，派掠自成都俘军三千众，凿点苍四库，以储金银宝藏、丝帛奇物，历时五年始成。储黄金、白银于点苍后库，即佛顶峰后山。开五尺道，由太和城西上而入后山洞，道长二十余里，以石板镶之，称西库。中库于岑峨峰^① 山腰开库，置历代金珠玉石，富足天下甲冠之。南库于斜阳峰，由红泥坡入，深两百步，至崖角成库于崖室，藏五万兵戈甲胄，一旦用之。北库以猎豹峰^② 银洞修辟为库，藏白银一库，库成封洞口，不为外人知。正鲲又以毒酒杀修洞者，至此外人无知者。郑氏得天下，于宫中得四库图，寻而未得。至段氏立国，按图遍寻，得银洞库入口，进二十二人，死于伏机。果得银两百余万两。后又破斜阳峰洞，皆军器数万件、兵法两部，无他物。另两库皆金银，按图寻，不得入口。太祖平南，蓝玉于段宅得图，寻亦不得。^③

如此说来，除了南诏王及其家族的墓地依然存疑之外，还有两库金银财宝尚在苍山某地不可知处，值得考古学家们折腾一些年头了。据

---

① 岑峨峰：又名小岑峰，点苍山十九峰由北至南的第十一峰。大理州文联编：《大理古佚书钞》原注，第384页。

② 猎豹峰：又名豹猡峰，即沧浪峰。点苍山十九峰由北至南的第二峰，峰南为万花溪，又名银矿溪。大理州文联编：《大理古佚书钞》原注，第384页。

③ （明）玉笛山人：《淮城夜语》之"南诏四库"。转引自大理州文联编：《大理古佚书钞》，云南人民出版社2002年版，第384页。

悉，2020年1月至7月，云南省文物考古研究所联合大理州文物管理所、大理市文物保护管理所，对大理五指山遗址进行发掘，发掘面积6000平方米。五指山遗址北距南诏统一洱海区域后建立的第一座都城(739—779年) 太和城仅600米。五指山遗址不仅发现有南诏早期的塔基、高低错台及移柱造的建筑，同时发现有佛像、经幢、善业泥印模、塔模、香炉及拍印"卐""寺"字的有字瓦等佛教遗物。从建筑结构及出土遗物来看，五指山遗址是南诏都城太和城的重要寺庙功能区。刻有佛顶尊胜陀罗尼神咒及"嵯耶"经文的经幢、写满梵文的香薰盖等遗物，反映了南诏佛教密宗的盛行。① 或许，哪天某位挖药的老大爹碰上好运，一锄头挖出一堆南诏王的宝贝也难说。

突然想起山旮旯里的南诏王何以能走出大山、雄瞻万里这个一直梗在我心中的问题；还有，我记起几条马帮古道大约均由此通过，便想也走一走。果然，在山里，更多的地方车不能行。丢开汽车，跟着秋收驮苞谷的马帮，一脚就踏在古道上（图5-27）。

图5-27 沿着这样的马帮道，可以走到很多有故事的地方。1998

---

① 详见朱忠华、李建新：《云南大理五指山发现南诏官家寺庙》，微信公众号"云南考古"，2021年1月12日。

三、藏在山里的"王妃"

我一直记着彝族朋友阿赫告诉我们的那句话："要看真正的彝族文化，应该去僻远些的东山或西山。"

2012 年，阿赫带我去了东山一个彝村。这个村子在巍山东北部山里，属大仓乡，彝话叫"啄木郎"。走近了，才看出好大。清一色土木结构的瓦房，层层叠叠依坡而建（图 5-28）。

图 5-28　清晨的啄木郎彝村。2012

进村只有人马便道，我们弃车步行。一路上，我们屡屡和黑色的山羊及牛群相遇(图 5-29)。还有一些衣着艳丽的女人，牵马或背负柴火、蔬菜和苞谷秆，在山路上来来去去（图 5-30、图 5-31）。大清早，她们就已经从山地里回来了。路太窄，我们不得不赶忙抓住山坡上的树枝

图 5-29 牧羊人赶着黑山羊去村外山坡放羊。2012

图 5-30、图 5-31 巍山农民的日常生活，常常和这样的背负相伴随。她们劳作时的衣服尚如此，节日盛装更为夺目。2012

或石头，趴在一旁，好避让负重的她们。

我惊叹她们劳作时怎么也穿这样漂亮的衣服，阿赫说，平时就这样的，习惯了。被称为"东山彝"的妇女服饰，是巍山彝族的代表性款式，也是云南少数民族中最华丽的一种。有人猜她们是南诏末年躲进深山避祸的王妃，难说呢。她们漂亮的高包头，与南诏时代王室喜戴高冠的风尚一脉相承（图5-32）。"椎髻跣足"的装扮，和开襟坎肩等服饰，是到近代才逐渐变异的。东山离南诏王的老家不远，彝族姑娘的服饰，艳得和王妃一样，而且一直对城里流行的式样不屑一顾，让人不得不肃然起敬。

图5-32 《张胜温梵像卷》上，王公贵族都戴高冠。取自李霖灿《南诏大理国新资料的综合研究》，台湾故宫博物院1982年版。

"东山彝"女孩从小就要学缝衣刺绣，俗话说："一学剪、二学裁、三学绣花缝布鞋。"她们的服饰以绿色为底，从包头、帽子、围腰、马甲、衣服、裙子到挎包，绣满大红的日月、花卉和鸟兽。她得为自己准备二三十套这样的华服做嫁妆。出嫁前，还要绣鞋垫给丈夫和公婆。

图 5-33　两代人，两种服饰。2012

"东山彝"妇女走在山林里，十分惹眼。高高的包头，满身通红的服饰，穿绿色大脚裤，裤腿边缘不折缝，毛边（图5-33、图5-34）。这种毛边裤，据说和古代一次祸乱有关。除了红衣绿裤，"东山彝"妇女背后那个白团毡（裹背）也很醒目（图5-35）。传说，当年南诏王族被追杀，走投无路，躲进一个山洞。追兵搜山将至，这时，忽然出现许多蜘蛛，把洞口用蛛网结满。追杀者看洞口有完好的蜘蛛网，认为人不可能躲在里面，就此作罢。族人躲过一劫，把蜘蛛奉为救命恩人，在白团毡上绣两个蜘蛛，背在身上。也有传说，彝族生活在山林，鬼魅很多。人防得了前面，难顾后面，所以要背一个白团毡，上面绣两只大眼睛和两条眉毛，像个大脸挂在身后，吓退邪灵。所以，当地彝族对白团毡又有"眼睛裹背"的说法。当然，从实用角度看，山区寒冷，白团毡可护腰保暖；彝族妇女常年走山路背东西，白团毡也能分散一些压力，

图 5-34　两代人，两种服饰。2012

图 5-35　老妇身后的白团毡是传统的样式，姑娘们却已经不太在乎这个背饰了。2012

减少绣衣和背篓的摩擦。但现在姑娘们，好像已经不太相信那些传说了。她们在上面绣花，把它绣成一个漂亮的背饰；或者根本就不再戴它（图5-36、图5-37、图5-38）。

图5-36 在离南诏王老家几里地的山村里，彝族姑娘的服饰，艳得和王妃的一样。2012

图5-37、图5-38 "东山"青年妇女服饰为：头缠高而后倾的青布头帕，外面加缠缀满彩缨和珠链的绣花饰带，上装内层为窄袖衬衣，中层为半臂绣边长衣，外套右襟齐脐短坎肩；胸前挂饰两条长及膝的缀缨连珠饰带，腹前围一绣花围腰。2012

这些绣品，过去是女子贤惠灵巧的标志，现在则成为服饰类非物质文化遗产项目，在各种民俗文化活动中大出风头。我有一年应邀参加云南永仁县举办的彝族"赛装节"，各地彝族服饰争奇斗艳，令人眼花缭乱。但来自巍山的"东山彝"姑娘一出场，像王妃一样的华服和气场，立刻引起观众的一片惊叹（图5-39、图5-40）。

近年来，"东山彝"服饰刺绣工艺，也被有心人进行了扶贫创收和产业化推广。据说，光啄木郎村彝族刺绣的年产值，就可达几百万元。

图 5-39、图 5-40　在彝族"赛装节"上获奖的巍山东山彝服饰。摄于云南永仁，2011

四、打猎将军与南诏王巡狩

巍山最初引起我们注意的是红河源、鸟道雄关、南诏发祥地"自然人文三源同在"和佛教、道教、伊斯兰教、天主教、基督教及民族民间信仰多元并存的奇观。

红河源和南诏发祥地——都城垅于图城遗址，均在巍山坝子的西北方向，县里建议去看看。我以为可以一次观两景，当然不会放过这个机会。

由于来访的有美中艺术交流中心派来的专家、中心秘书长、社会学家郝光明教授，美国运河走廊计划总裁艾德曼教授和城市规划专家肯德尔博士，县里专派了工作人员陪同，驱车前往。

从巍山县城北行，过庙街后向左岔入一条乡间便道，向西行驶。越野车走了一段山路，终于停下，说要步行走一段路。

一行人七前八后往山上走。县里人介绍，我们走的这条山路，就是以前马帮走的古道，可以和博南古道会合。听说如此，急忙前后打量一阵。这路一头消失在晨雾笼罩的坝子里，一头连向西边山岭迷茫青黛处，传说中的古道，就这样弯弯曲曲地延伸到山外，延伸到天边。至于我们脚下的路面，其实就是云南山里常见的那种红土路，低凹处随意垫些石头，已经镶牢在摹印有马蹄印的坚硬干泥里，这应该是雨季时的产物。石头光滑，看来有些年头。其他就普普通通，看不出什么名堂了。

不一会儿，见前面山腰有一片规模很大的寺庙群，忙问是何方神圣？答：西边大寺（图5-41），我们要去的。渐渐走近，忽见崭新的屋顶刺眼地从红土山坡中跳出，我们不禁一愣，如同赶马人遇到意外。

图5-41　建在旧址上的西边大寺，过去赶马的路过这里，都要进去烧几炷香。

艾德曼等止住脚步，一脸迷惑地看着眼前的景象。见有老外到来，已有守庙的斋奶招手叫大家过去，那是游客在所有旅游景点见烦了的那种身体语言。熟悉国内情况的郝教授反应迅速，忙问县里的人："这是新的还是老的？"得知是最近才建的，他立刻说："那就不进了，我们还是去看遗址。"县里的人有些委屈："这也是遗址。过去赶马的路过这里，都要进去烧几炷香的。后来毁了，最近几年老百姓各方集资，才刚刚恢复，是新庙建在旧址上，想作为新开发的旅游景点。"我赶忙打圆场道："我们这次主要是看老的，新的以后看。"路上，免不了又讨论些古建筑"修旧如旧"以及如何开发的话题。

后来查古文献知道，其实，南诏国早期的王室内佛教道场，就在这一带。据成于南诏中兴二年（899 年）的《南诏图传》载，梵僧显圣后，对其"钵盂锡杖，王乐差部下外券赴奏于巄屿（于）山上，留着内道场供养顶礼"。① 这是关于巍山地区寺院最早的记录。明正德《云南志·山川》载："龙宇（巄于）图山在府城西北三十五里。蒙化龙伽独自哀牢，将其子细奴逻居其上，筑龙宇（巄于）图城。自立为奇王。今上有浮图（屠）及云隐寺。"② 明《徐霞客游记·滇游日记十二》也记载："其寺东向，殿宇在北，僧房在南。山门内有古坊曰'云隐寺'。按《一统志》，巄于图山在城西北三十五里，蒙氏龙伽独居其上，筑巄于图城，自立为奇王，号蒙舍诏，今上有浮图（屠）及云隐寺。始知天姥岩即云隐寺，而其山实名巄于图也。其浮屠在寺北回冈上，殿宇昔极整丽……"③ 可知

---

① 李霖灿：《南诏大理国新资料的综合研究》，台湾故宫博物院 1982 年版，第 143 页。

② （明）周季凤纂修：正德《云南志》卷六志六"蒙化府"。见方国瑜主编，徐文德、木芹、郑志惠纂录校订：《云南史料丛刊》第六卷，云南大学出版社 2000 年版，第 167 页。

③ （明）徐宏祖著，朱惠荣校注：《徐霞客游记》，云南人民出版社 1985 年版，第 1162 页。

此寺在明崇祯十二年（1639年）徐霞客游云南时还存在。清代以后此寺毁弃，仅从后来的记录和当今的考古发掘中可得一二。[1] 在民间，则有仙翁帮忙，从枯井里拉出木料盖西边大寺"天摩牙寺"的传说。[2]

走过一个红土垒筑的小庙，它没有像西边大寺佛教寺庙群一样修整得光鲜气派，反而朴实可爱（图5-42），于是我们进去看了看。守庙的老婆婆告诉我们，这是祭祀"打猎将军"的庙。这位将军是奉令通知邓赕诏诏主参加六诏之会的信使，后来得知诏主在松明楼被烧死，悔恨难当，也跟着自尽了。这位有情有义的将军便被人们祀为佑护赶马人的土主，地方的保护神，被人立庙祭祀。过去赶马的路过西边大寺和"打猎

图5-42 红土垒筑的"打猎将军庙"。2001

---

[1] 张锡禄著：《大理白族佛教密宗》，云南民族出版社1999年版，第186—187页。

[2] 宗师纪讲述，段有鉴收集：《天摩牙寺》，大理州地名办公室编：《大理地名故事》，云南民族出版社1991年版，第120—122页。

将军庙"，都要进去烧几炷香的。守庙的老婆婆，把南诏时代的历史，演绎成为一段故事。

火烧松明楼是当地人熟知的故事，说的是蒙舍诏诏主皮逻阁为了统一六诏，精心建造了一座用易燃物松明做的楼，邀请其他五个兄弟诏诏主祭祖赴宴。席间，皮逻阁借故离开，叫人点燃了松明楼，烧死了五诏诏主。另说，南诏统一六诏，不是一把火就解决的，而是长期武力解决的结果。

五、放马村依旧，王城片瓦无存

可是真到了南诏王的都城遗址，情况又不如想象的了。

从红河源附近的西边大寺佛教寺庙群和"打猎将军庙"再往前走，爬上一个顶上平平的小山头，县里人说，这就是南诏王的都城遗址了。

我怎么也想象不出，声名赫赫的南诏建国都城巄屽图城遗址，就是眼前的这个样子——在光秃秃的小山包上，只有一片犁开的山地，一间石头垒的地棚（图5-43）。还有一位放牛的老人孤零零站在地边，背景是一堆高原的云。如果没有那块水泥修砌的标志，说明这儿就是著名的"南诏巄屽图城遗址"，我们就是路过了也不会注意。王都遗址只剩下一个小小的纪念碑和守庄稼的地棚。这些石头中的某几块，一千年前或许也很了不得的吧。毕竟，从拥有千年历史的瓦砾堆中，考古学家找出了属于南诏时代的重要物证。故都蒙舍城旧址早被简陋的瓷砖卷帘门填满。新都巄屽图城和太和城亦已复归为土，荒坡上我们再也见不到那个伟大王国的踪影。大自然很容易就抹平了英雄豪杰千年营造的伟业丰功。一个曾经让强盛的大唐和吐蕃都感到头疼的南诏国开国国都，竟然消失得片瓦不留！

图5-43　这里据说便是南诏开国初王细奴逻王都遗址。著名的南诏巃屿图都城，只剩下满坡红土。

　　1958 年及 1992—1993 年，云南省博物馆对巃屿图城遗址进行了考古发掘。前一次证明了都城的存在，后一次发现了大批佛教文物。在巃屿图寺的遗址上，出土了红砂石雕佛像和筒瓦、板瓦、瓦当、滴水等，还发现了一批过去没有发现过的完整的有字瓦。[1] 看着满坡红土，搞古城保护的美国专家们几分钟就没有了感觉，礼节性地听县里的人滔滔不绝地讲述南诏国的故事，表情迟钝，一副任人宰割的样子。充当翻译的郝教授心猿意马地尽着义务，不好意思扫主人的兴。坚持了一会儿，突然瞅个空子用中文插进一句话："美国人缺乏想象力，看不到实在的东

---

　　[1]　黄德荣执笔，云南省博物馆巍山考古队：《巍山龙于山南诏遗址 91—93 年度发掘综述》，载《云南文物》第 36 期，1993 年 12 月，第 42 页。

西跟他们讲也是白讲。我们要不到处看看，看能不能看到些具体的东西？"于是大家散开。老外们如释重负，看风景的，闲聊的，各得其所。我看他们似乎对山下弯弯红河边的土墙青瓦的村庄更有兴趣，指指点点，一个劲儿地说漂亮。

只有陪同者还记得此行的目的，是看王城而不是看民居。有人尽职地弯着腰到处搜寻，有人指点江山，分析风水，像学过考古当过八卦先生一样。我随他们的指头看去，红河水九曲八弯地横陈在青绿色的狭长坝子里，围出一个个半圆形的河滩，早晨的阳光迎面射来，河水闪闪发亮（图5-44）。这是红河的上游。不远处一个彝话叫"额骨阿宝"的山箐，就是红河的源头。当地人称这一段河叫"阳瓜江"，或许是看着有点像阳光之藤串起一些瓜一样的河滩吧。但这样推测实在煞风景，赶忙学习古人尽量往远处瞭望。

图5-44　站在巍于图城荒坡上眺望红河源。红河源头附近的这一段河、当代人叫阳瓜江。2001

南边雾霭迷茫处升起一块高地，那就是南诏的另一都城蒙舍城的旧址，现在叫庙街镇，遗址在今庙街镇古城村公所古城村，还存留着一点城墙土埂，也出土了一些和㟖于图山类似的有字瓦和瓦砾。从㟖于图山放眼望去，眼前景色确是极佳。那么，我们站立之处，应该是"王气"大冒的地方吧。这里当地人叫"大平地"，海拔 1700 米，前有阳瓜江阻挡，后有大黑山做屏障，据专家分析，在使用冷兵器的中古时代，选择这样的地方做都城是很有战略眼光的。只是我有一点不懂，既如此好的一个地方，南诏王为什么还要迁都大理呢？看来进城的诱惑还是大于安全的考虑。南诏王迁都大理，也依这个模式建都——西靠苍山，东临洱海，南北龙头龙尾的峡谷一卡，就是一个天然的大城池。如此战略要地，难怪大唐十万大军都无可奈何。料不到的是，500 年后，忽必烈从苍山俯攻了大理。

图 5-45　在南诏故都巍山㟖于图山遗址出土的南诏时代石雕佛像。看到这些菩萨，我笑了，我想起古城下手持镰刀候工的农民——一千多年前的石匠，大约是与同伴互为模特儿的吧！

有人在地边农民犁地扔出来的碎石瓦砾堆上翻找，拾起几片瓦砾，说这是南诏时代的东西。大家转过眼看看，好像也没有谁激动。当然，所有人都知道，这里是真发现过东西的。除了那些漂亮的红砂石佛像，还发现一些有彝文文字的瓦片、花砖和石础之类的遗物。（图 5-45）而更重要的是，确定了南诏开国都城的位置。只是由于巄于图城多为泥土筑垒，易筑也易毁。千年风雨，抹平了这一切。

我对地下埋藏的特别是有些年头的东西，历来比较敬畏，不愿多碰。转两圈拍几张照片，便没事做了。于是习惯性地想找个人聊聊。

山坡上蹲着一个男人，脚边扔了一把十字镐(图5-46)。见我走近，说道："早就翻过几遍啦，巴掌大的烂瓦片都拾走了。"

图5-46　一锄头挖出南诏王时代文物的彝族农民李如松。2001

"谁拾走的?"我问。

"县上。还是我告诉他们的呢!"见我有兴趣听，他接着说，"我来挖石材，挖着几处是空的。心里奇怪，再挖下去，挖到石佛。不敢挖了，回好土，就去报告陈老师，他退休了，懂这些。他赶快报告县上。几天不见来，怕出事，又报告给管这口的小刘。他带公家的人来了，挖下一米，就见到了地砖……"

我心里暗笑。云南人说不得，一说就到——才说挖宝的，就真碰上一位一锄头挖出南诏王时代文物的人。他告诉我他叫李如松，彝族，寺脚底巃于山村的人，没有水田，就盘盘山地种点苞谷、辣子和烟草，换了钱到下面庙街买米给娃娃吃。他的娃娃有四个，家庭困难，供不起他们上学。

正谈着，放牛的老人也过来了，他披件蓑衣，刚才正远远地看着我们这伙寻宝的家伙。

"大爹，放牛？"明知故问地搭讪。

老人笑笑，单刀直入："你们领老外来寻宝？"

我们好不尴尬。这成什么话？县里同伴赶快解释："不是不是！这是县里的客人，来做古城保护和古道考察的项目。"

"哦！"老人表示理解。递上香烟，老人也不谦让，点起，慢慢说道："巃于图古城早就毁了，就剩这些瓦渣渣喽。听老人款（讲），这点原来旺得很呢！一坡都是村子，密扎扎的，煮饭闻得着香，放屁听得见响，你说人烟有多密！你们来的那边有个山箐叫米汤箐，就是巃于图山的人淘米煮饭滗出来的米汤，都淌成了山箐。那个时候，山上树又高又密，家家屋前的树头上歇着孔雀。水泉高，到处都是清丝丝的山泉水，哪像现在那么干。现在这块山地是团山村的，种点苞谷还要看老天的脸色。"

"大爹也是这里的人吗？"

"不是。我是下面放马村的。我们村南诏时候专门给南诏王放马，整整一个村！就只为南诏王放马，你晓得马有多少！"

"您赶过马吗？"

"笑话！我年轻时就是赶马的。你看南边那个山垭口（图5-47），我以前经常走的，从山垭口翻过，四日到昌宁。拉盐去，驮茶来。然后往北边走，把茶卖给古宗人，也就是现在喊的藏族。好卖得很！我赶马

图 5-47　放牛的杨大爹因为自己的祖先和南诏王有些瓜葛，也喜好进行历史性的讲述。
作为放马村的村民，他们在南诏时候专门给南诏王放马。2001

图 5-48　南诏都城左下方的村落，就是南诏王时的放马村。2001

最远到过中甸，再走就不熟了。如果往西去，就是老古辈款的博南道，翻高黎贡山到缅甸。要款马道的事，"老人不用"古道"这个词，"我熟了！几天几夜款不完。"

访谈刚到位，下面的人叫了，说汽车已经开过来，时间不早，要赶回县上和领导座谈。无奈，只好匆匆离去。问得大爹姓杨，准备下次再访。

"记好！"杨大爹指着山下的坝子（图5-48），"对面，是东山，山上住彝族，山脚住回族。九曲红河源旁边，左边是团山村，右边是放马村，我家就住在那里。"

第六章　叱咤风云的赶马哥

1995 年，在一次步行穿越哈巴雪山探险考察的途中，我意外地在一个荒无人烟的山麓上看到一户人家。她们穿藏族服装，却自称回族，是清代回族英雄杜文秀起义失败以后，逃到这里避祸的。她们的屋子用木头随便地搭建，马就在屋后拴着，要走就可以走，好像还没有安定下来的样子。杜文秀在大理曾建立反清政权十余年，失败后起义的回民和其他民族遭清军大肆屠戮追杀，我遇到的藏装回民即与这段历史有关。然而，正像许多被正史忽略的历史一样，无数创造历史的主角就这样消失在群山之中了。对于杜文秀，滇西一带还流传着不少关于他的民间传说，但对于成千上万的追随者，无论是书面文本的记载还是口述的传说，都没有留下他们的只言片语。你只有在这样的深山老林偶遇这些活生生的"历史"面孔的时候，才会明白什么是可触摸的历史和被复述的历史。

一、可触摸的历史

在滇西巍山县东山脚下，我们常常会遇到一些有深眼窝、浅色眼珠、高鼻梁、大胡子的回民，他们的体质特征明显不同于当地彝族和汉族，让人不禁联想起大理剑川石宝山石窟中著名的波斯人造像。

巍山县的全称是巍山彝族回族自治县，回族与彝族一样同为这里的主体民族。巍山旧称蒙化，是因为需要"蒙化"，正像不安宁的地方要叫安宁一样。在金庸的武侠小说里，遇有超然于所有"正宗"门派的"化外之地"奇人，多半会是从这一带出山的。唐时以彝族为主体的南诏在此发祥，后来在大理建都，大唐帝国几次以武力"化"之，皆全军覆没，拿它一点办法都没有；清时以回族为主体的杜文秀起义军在此揭竿誓师并占领大理十余年，不受"蒙化"，也让清廷伤透脑筋。

几乎每次到巍山，我都会到坝子北边的几个回族村看看。除了对伊斯兰文化的敬畏，还有就是对这地方一段历史的关注。

巍山县狭长坝子北头东山脚下的永建乡，是回族聚居之地。到永建乡回族村子十分方便，就在去巍山县城那条纵贯坝子的公路的两边。从县城往北，随便搭上一辆响着铜铃的载客小马车，便可以很容易地到达你想去的任何村子。在巍山，这是至今还能与三轮"摩的"竞争的交通工具。

对于我们来说，只要不赶时间，坐马车当然比坐那种又挤又吵又悬乎的三轮"摩的"要好。不知怎么，我看到马的那双眼睛就会很放心：圆圆的，又大又亮，琥珀一样，没有一点邪气。坐在它拉的车上，除了马蹄声和铜铃声，便没有多余的嘈杂。这时你就会很想说话，赶马的大爹便会天一句地一句地和你闲聊。说到高兴处，马也会来凑热闹，打几个响鼻配合。

赶马的大爹也姓马。"不是因为赶马才姓马！"马大爹调侃道，"我们回族马姓是大姓，比较多。换句话说，姓马的多半是回族。除了马姓，在永建乡，还有姓忽的，忽必烈的忽；姓赛的，赛典赤的赛。"当我听到历史名人忽必烈、赛典赤的大名从赶马大爹的嘴里说出来时，不禁有一种异样的感觉。我不知道赶马大爹口述的历史，和书本上的历史，能在多大程度上重合。

后来在村子里，我们还真遇到姓忽的人家，问起缘故，他们均自称是忽必烈、赛典赤·赡思丁的后人。如回辉登1200多户，姓忽的就有300多家，其余为姓马、朱和米。巍山回族还有姓赛、纳、沙、丁等姓氏的，据说多为元代为云南做了不少好事的咸阳王赛典赤·赡思丁的后裔。

回去查询史料和相关文献，始知在唐代，回民就已进入大理地区了。据说，"天宝战争"中，唐王朝曾向回纥借兵三千，征伐南诏国。后来唐十万大军全军覆没，流散的回纥兵落籍大理，和当地八百妇女婚配，其子孙繁衍成为大理地区的回族。滇西一带由此而有"三千换八百"的传说。①

元代是大量战争移民入滇的时期。清康熙《蒙化府志·风俗》记载：蒙化境内的民族"一曰回回，本西域回回国之遗种，元世祖掠徙至滇，因占籍于蒙，入里甲，有差徭。凡所居皆建寺，聚族礼拜。"②说的是元宪宗三年（1253年），元世祖忽必烈征大理的史实。忽必烈派兀良合台率领蒙军、汉军、畏吾儿（维吾尔）军、回军等各民族军团精兵十万，于冬天翻越苍山，奇兵下袭大理城成功，兀良合台留守，称"探马赤军"，实行"上马备战，下马聚屯牧"的军队编制，亦军亦农亦牧。其中来自西域阿拉伯和波斯的回军驻扎在红河上游阳瓜江岸边的大土堆上，围土筑寨，屯垦防守，人称"回回墩"和大小"围埂"。但云南二十年间局势一直不稳定。至元十年（1273年），忽必烈为了改变这个

---

① 参见马绍雄等编著：《巍山回族简史》，云南民族出版社2000年版。

② （清）蒋旭纂：《康熙蒙化府志》，德宏民族出版社1998年版，第48页。

局面，在亲信大臣中挑选了回人赛典赤主持云南行政，要他以"谨厚"的方针，把云南局势稳定下来。① 赛典赤来到云南，着手建立行省。他缓和与代镇云南的宗王脱忽鲁的紧张关系，把管理云南行政的"宣慰司"，置于行省领导之下，还"兼行都元帅府事"，逐步集中了军政权力。同时，他改变了军事统治时期的无限度搜刮财赋和民族屠杀政策，而代之以初定赋税和改善民族关系的政策，兴民屯，修水利，建孔庙，兴儒学。赛典赤治滇六年，死于任上。忽必烈要求"云南省臣尽守赛典赤成规，不得辄改"。但是云南省臣没有听他的话，依旧"贪求财货"。至元十六年（1279 年），忽必烈调赛典赤的儿子纳速剌丁赴云南继续父亲的事业。他除在行政上继续革除积弊，还"开云南驿路"，"弛道路之禁，通民往来"，规定云南地方货币与全国通用货币金、银的比值，促进了云南的对外贸易和文化交流。②

到明洪武年间（1368—1398 年），朱元璋派傅友德、蓝玉、沐英出兵讨伐自在于新建的明王朝之外 13 年之久，仍为元朝领地的云南，回族兵再次随征。胜利后作为回报，回族兵依然"留屯"："回族，其先阿拉伯人，元初从世祖取云南，遂占籍。及明洪武中，傅友德、沐英平蒙化，随征来者留屯田。厥后历年既多，种族箕蕃盛。……最盛莫如乾嘉间，计大小一十八寨，与城外之人文巷、公郎之回营，以及零星散处，约三千余户，二万余丁口。"③ 也是军队性质的卫所编制，亦军亦农

---

① （明）宋濂：《元史·世祖本纪》《元史·赛典赤·赡思丁传》，参见马曜主编：《云南简史》，云南人民出版社 1983 年版，第 111—112 页。

② （明）宋濂：《元史·世祖本纪》《元史·纳速剌丁传》，参见马曜主编：《云南简史》，云南人民出版社 1983 年版，第 111—112 页。

③ （清）梁友檍：《蒙化志稿》卷十六"人类志"，德宏民族出版社 1996 年版，第 125 页。

亦商，渐渐成为滇西回族的大本营。现在，凡带有"厂"字、"营"字的回村，如晏旗厂、马米厂、丁家厂、甸中回营等，都是明军的屯营。

清顺治十六年（1659年），裁革蒙化卫所指挥、千百户等官佐，在此屯田戍守的全部回族军变服为民籍。官变地主，兵成农民。军人转业下海，一手抓农业，一手抓商业和手工业，两手都硬得起来。特别是商业，以马帮形式进行的跨国贸易，被这些来自西域的回族兵做得有声有色。由于赶马经商，巍山回族与外界商贸和文化交流频繁，清以后因经商和传教又进来定居了一部分，生活富裕，人口激增。至咸丰年间，回族村寨已发展到大小28村，近万户，5万余人，主要分布在今永建、大仓两乡和文华镇，以及今南涧彝族自治县(1963年9月划出新成立县)和漾濞彝族自治县（民国元年划出另成立县）的部分地区。①

在巍山，说起赶马人，各民族都承认，回族马帮皆特别吃得苦。他们既能养马喂马，又可抬枪抗盗，一个人赶四五匹以上的马算是小菜一碟；而且他们有共同的信仰，人心齐，能抱团。如需扩大规模，可以大手笔地集资购买骡马组成巨型马帮，少则百匹，多至几百上千地运输，有需要时，万匹也可招至。一旦"啸聚山林"，立刻一呼百应。这是一般马帮或商人做不到的。

抗日战争时期，中国几乎所有对外通道都被日本人切断，仅有从滇西通往缅甸的滇缅公路，成为中国获得军事外援的唯一通道。不可一世的日本鬼子，到了怒江，就再也走不过来了。在这条关系到国家民族安危的大动脉上，回民以"为国家民族的生存应有牺牲精神"来发动马帮，积极参加抗日军用物资的运输，为滇西抗战做出重要贡献。直到现在，

---

① 参见薛琳编纂：《巍山彝族回族自治县民族宗教志》，云南人民出版社1992年版，第138—139页。

巍山本地的马帮，主要指的还是回族的马帮，整个巍山马帮的历史正是以巍山回族马帮为代表的。

看来，我们在永建乡接触的回族，的确有不凡来历。

二、回族村的"穿衣"典礼

随意地跟着马大爹走进一个回族村。这个村与巍山常见的那种瓦顶土坯、土木结构的民居大致相似，但走进去，却又似乎有些不同。墙好像高很多，厚很多，村道很窄，两边的高墙更加强了一种压迫的力量，有点进入城堡的感觉。它们蓦然使我想起元明的军屯、杜文秀起义之类的故事。再走，路边、村里房屋的墙壁上，竟赫然刷着一些禁毒的大标语，诸如"吸毒是自杀，贩毒是杀人"等等。虽然我早有心理准备，但还是暗暗吃惊，突然产生一种误闯禁区的恐慌。说实话，当初对于是否选择巍山作为我们的考察地，是有些顾虑的，因为听说这里贩毒比较厉害。记得来时，我们的越野车翻过最后一个山口，巍山坝子刚进入视野，一个有武装警察把守的检查站也同时出现。这不在边境上的毒品检查站，已经提示我们这里与众不同。曾经对毒品问题做过一些调查的考察群成员、记者徐冶和巍山县的朋友告诉我们，滇西一带的某些地区，由于和缅甸接壤，历史上就有贩运毒品的传统。过去靠马帮驮运鸦片（当地叫大烟或烟土），称"黑货"；现在变成海洛因，改称"白货"或"运白的"。最近还流行一种用麻黄素制造的新型毒品，叫"马药"，又叫"疯药"，源自美国，给赛马吃了后会提高成绩，后来逐渐在强劳力中流行，以提高工作效率，如长途汽车司机服后，人处于一种亢奋状态，提神多拉快跑，有"勤快药"之说。

　　贩毒者不管运黑的还是白的，都是一种暴利生意，当然也是一种提着脑袋玩命的买卖。在过去，虽有厚利，一般人却是不敢做这种买卖的。在匪盗横行的山林里驮运值钱的货物，光有商人的脑袋不行，还得有军人的机敏和强悍以及严密的纪律。祖上随军落籍于此的回族赶马人正好在这方面得天独厚。行伍出身的"回族帮"因为兵强马壮，人心又齐，所以在这个道上常有惊人之举。贩运烟土的马帮最要防的主要是土匪抢，武装押运的"镖局"便成为马帮组织的伴生物，而武功高强的镖手，也就成为这种马帮的核心人物。由于贩运鸦片的马帮均有较强的武装，敢去抢的土匪也就特别凶。为那冒险的买卖，打起来都拼了命的，你死我活。

　　现在毒品种类升级了，贩毒的方式也升级了。边境贸易放开以后，善于经商的回族最先活跃在昔日的赶马路上。一些不法分子发现做毒品生意获利最大，致富最快，便干起了这桩买卖。有经验的人，每每指点

图6-1　刷有禁毒标语的村子。1992

图6-2　巍山县大围埂回族村。1999

一些在土木结构的村庄中鹤立鸡群的洋楼，说如果这户人家没有可以证明来源的合法收入，那多半与贩毒有关。在当地，甚至流传这样一句话："杀了我一个，幸福全家人。"为断此念，巍山政府制定强硬措施，一旦确定犯罪事实，认定了不明财产的来源，即把这类可能留给"后人"的涉毒资产强行销毁。

　　忐忑不安地走进大围埂回族村，见许多头戴白帽、衣着整齐的人全往一个方向走，似乎是要到什么地方聚会。我不安地问马大爹，他们去哪里？干什么？马大爹道，往常这个时候，是做礼拜；今天有一些经堂学生毕业，阿訇要给他们穿衣。我松了口气，问，像我这种既不是回族，又不懂伊斯兰教义的外人，可以去看看吗？马大爹爽快地回答，当然可以，只要你守我们的规矩，不要进礼拜大殿就行。说着，马大爹简单介绍了一些穆斯林的规矩。

　　我随马大爹回到他家，用铜壶洗了手，整理一下衣着，便随着人流进入了村里的清真寺。

这座清真寺的建筑风格，不是我们常见的那种阿拉伯圆顶的样式，而是垂椽叠瓦、拱斗飞檐，典型的汉式风格。

寺里早已聚集了许多来参加仪式的穆斯林，我的出现没有引起任何不安或好奇。我按照人们的指点，找了个既可以观察，又不妨碍别人的地方待着。仪式还没有开始，见墙壁上贴着一些东西，便走过去看。除了一些经文语录，有一份由本地伊斯兰教机构发布的告示，

图6-3　巍山大仓乡甸中村公所回营村汉式建筑风格的清真寺。1992

引起我的注意。这是一份专门针对"少数害群之马"进行贩毒活动的禁令。告示引述《古兰经》和穆斯林严禁一切酒类和麻醉品的戒律，指出吸毒贩毒是违背伊斯兰教义的严重罪行，希望所有穆斯林遵纪守法，配合政府打击吸毒贩毒的行动。

我开始明白那些大标语是怎么一回事了，心也渐渐安了下来。

仪式开始之前，一位阿訇神态肃穆地用我听不懂的话讲了一阵，所有人都静静地听着。讲完，我悄悄问旁边一位小伙子，阿訇说什么？小伙子有些腼腆地告诉我，阿訇骂那些做毒品生意的人是我们穆斯林的败类。现在政府要查办犯罪分子，也是伊斯兰教会要做的事，希望大家配合。

随后的仪式，由于缺乏这方面的知识，我无法复述。但让我一见

难忘的，是年长的阿訇们给一些年轻人换绿色长袍的仪式。他们头戴的"海力发"，是一顶紫红色高帽，垂一金黄色丝缕。看他们的神色，显出一种正在经历重大人生转折的凝重。旁边戴白帽的年轻人，毫不掩饰地流露出钦慕的表情。据他们介绍，这相当于大学毕业了（图6-4）。

图6-4　准备好绿色长袍和金色的帽子，参加穿衣典礼的孩子们肃立以待。1992

　　为了了解回族的生活习俗和经堂教育，2001年寒假，我带中山大学人类学系学生来巍山考察时，特意让我的回族学生杨美健到这一带回族村子里住下，做了为期一月的调查。在她提交的调查报告里，这样写道：

　　回族是一个十分重视宗教教育的民族，在《古兰经》中便有说"求知是每个男女穆斯林的天职"，反对非理性的信仰，强调知识对信仰的作用，十分重视宗教文化的传承和宗教人才的培养。

一个回族人最初获得的宗教教育是从家庭开始的。从孩子稍稍懂事开始，长辈便会通过言传身教，在有意识和无意识中，向其讲解和灌输伊斯兰教的常识，教会并敦促他们严格遵守伊斯兰教的习俗。稍长大一些，传统上是四岁零四个月，长辈又会送他们到清真寺接受专门的"经堂教育"，敦促他们大段大段地背诵《古兰经》文。在宗教节日和重大活动时，又会带孩子们参加。在耳濡目染、日积月累之下，伊斯兰教不知不觉地成为孩子生活中不可或缺的一部分，使他们顺利地完成从"自然人"到伊斯兰教信徒的过渡。

经堂教育是指以清真寺为基地，宗教职业人员通过各种宗教活动和宗教仪式，诠释伊斯兰教经典，传授伊斯兰教习俗，以及协调解决宗教内部事务等的一种教育类型，其办学形式还参考了中国书院的办学形式（图6-5）。经堂教育的源头可以追溯到明代。中华人民共和国成立后，由于历史的原因，巍山回族的经堂教育曾停办。但改革开放以来，其经堂教育却有越来越兴盛的趋势，开展得如火如荼。接受经堂教育的任何人都不需要交纳学费，外地来求学的穆斯林学子更无需担心食宿费，一切均由清真寺和穆斯林群众供给。

近年来，巍山回族大量聘请甘肃、青海、陕西等外地老师来清真寺执教，这批人大都

图6-5　站在巍山县永建镇回族村清真寺前的小孩。1999

经过经学院或阿拉伯语专业学校的正规教育，普遍具有较高的汉文化和伊斯兰文化素养。

　　参加了"穿衣"仪式之后，我和周围的人已经有些熟了。他们邀请我到家里坐坐，我当然求之不得，马上跟着他们回家了。

　　走在这些土坯筑墙，用红土和赭土抹面的暖色调村子里，心情不知不觉变得柔和起来。如果不是一些白盖头和白帽不断醒目地闪过，这个村子和巍山汉族、彝族和大理白族的村子几乎没有什么两样。门是白族式的飞檐斗阁式大门，院是"三房一照壁"的庭院，院里种满花草，地面铺着青砖（图6-6至图6-13）。只有门阁上雕刻着绿色的阿拉伯字，屋里贴的"麦加天房"，还有满院子挂的牛肉干，才再次提示主人的信仰和生活习惯与你不同（图6-14至6-15）。

图6-6、图6-7　巍山县永建镇回族村村景。1999

图6-8、图6-9　巍山县永建镇回族村的回族小孩。1999

图6-10　在宽敞的院子里用自制乒乓球桌打球的孩子。1999

图 6-11　站在"女儿也是传后人"标语前的回族女孩。1999

图 6-12　参加穿衣礼的回族长者。1999

图 6-13　回族小孩也戴着彝族式的帽子。
1992

图 6-14　晒满牛肉干的回族院子。1999

图 6-15　巍山县永建镇回族村小卖部。1999

三、回族马帮的名头

"再不同，都有同。都是人嘛，都是中国人嘛！"马大爹为客人倒上茶，端出一碟松子和炒豆，一碟冬瓜蜜饯，向我们摆起古来："我们是成吉思汗第五代孙带的回军，宋末到的大理，回军在巍山双桥村落籍。当年的事件引发杜文秀起义，起因是民族矛盾，但杜文秀有见识，提出'三教同心，联为一体'，联合汉、彝各族，搞得皇帝也莫奈何。回族帮的名头大着呢！"

回族马帮的"名头"，除了宋末元初忽必烈征大理及明洪武年间傅友德、蓝玉、沐英平云南，随军征伐的西域回兵留屯巍山，占籍永建乡的不凡来历，还有就是他们精明、强悍、齐心的民族性格，以及他们迅速在滇西站稳脚跟，向外发展的势头。

回族马帮在滇西名头一直很响。他们的名头，我看有点类似犹太人在欧洲的境遇。

那时候，来自西域的回民有阿拉伯血统，原来就善于经商，西北丝绸之路早就留下了他们的足迹。落籍云南之后，那些隐藏在深山峡谷里的古道，很快被他们熟悉并利用起来。这些祖上为经商走惯远路，自己因战争从老远地方走来的回兵，从西南再走一次回"乡"的路，也算是驾轻就熟了。只是入乡随俗，把骆驼换成了骡马，以茶叶代替了丝绸，胆子大的贩烟土和盐。除了赶马做买卖，在家的就发展手工业，把自己生产的石磺、铁器远销缅甸，换回棉纱；又在近30家作坊里加工成皂染土布、扎花布和漂白布，卖给还只会靛染粗麻的山区老乡。至于那10多家加工金银首饰的作坊，更是供不应求，统统卖给那些赶马哥。他们为那些爱装饰灿烂的滇南少数民族采茶姑娘，带回远方时尚的玩意。

马帮规模大了，马具上的套索皮鞍之类需求量大，光做皮革制品的皮革作坊就有 7 家。一时间，巍山回族的马帮，巍山回族的石磺厂、铁厂、皂染作坊、制革作坊、金属首饰作坊等民族手工业，滇中闻名，连巍山这个地方，也似乎一下子成了迅速致富的"淘金之地"。这一切，相较于陶醉在"男耕女织""鸡犬之声相闻，老死不相往来"农家乐的满汉主流社会，算是十分冒进了。直到现在，我们在巍山回族的任何一个村子，都见得着不同类型的家庭作坊，加工金银首饰、金属器皿、皮革制品、印染花布；而公路边的马具店，也和补胎加气修底盘的汽车修理铺一起，各领风骚好多年。

也许是这些熟悉跨国贸易和市场经济，剽悍而且心齐的"外来户"发得太快，习惯均平的当地土著和不及回族"暴发"速度的汉人，便有些心理不平衡；而占籍滇西的"南下官兵"的后裔们，自恃祖上打江山有功，经商发了财，气比别人粗，又人多势众，不大买那些当地士绅和官员的账。于是，到清道光年间，滇西一带爆发了多次由当地士绅和官员挑起的屠杀回民事件。

事件发生于清道光二十五年九月（1845 年），事由说来也简单，不过是永昌（今保山）一些回族和汉族青年因斗山歌、开玩笑引起斗殴的一桩普通民事纠纷。清廷永昌府官吏在乘机挑动扩大事态后，又以防卫为名，派兵大肆屠杀回民。《清史稿·宣宗本纪》记载："（道光）二十六年……二月己丑，云南永昌……作乱，命提督张必禄剿之。……夏四月辛丑，以云南永昌回民藉端寻衅，命贺长龄查办。……以上年杀永昌内应回民过多，贺长龄下部议处。""（道光）二十七年……二月……乙未，……以林则徐为云贵总督。……秋七月己卯，命林则徐谳云南回民控诉香匪杀无辜一万余人之狱。乙未，命林则徐谳云南回民杜文秀控诉被诬从逆之狱。"①"香匪"即当时永昌汉族聚居地出现的一种叫"香把会"的恶势力组织，其"总太爷"号称会邪术，以屠灭回族为事。回汉青年开玩笑弄出来的一桩小小民事纠纷，经这种恶势力组织一插手，竟导致屠杀无辜回民一万余人！而官府本来也是很烦他们的，却偏偏认定是"永昌回民藉端寻衅"，派官查办，又"杀永昌内应回民过多"，不知搞的什么名堂。据回族转述的清代伊斯兰教文献所言，当时清政府甚至制定了回族杀死汉族，要十个回族人偿命的规定。② 清廷的昏庸腐败和当时恶化的民族矛盾，由此可见一斑。

永昌屠杀回民惨案发生后，杜文秀、丁灿庭等上京告御状，清朝廷于道光二十七年（1847 年）派林则徐以云贵总督身份赴滇西处理所谓"汉回械斗"案（图 6-16）。由于林则徐受当地官吏、乡绅愚弄，杀回多于汉，引起双方不满，被迫草草结案，于第三年（1849 年）回京复旨。

而那些在屠回事件侥幸逃生的回民，事件之后也没有得到妥善安置。死的白死了，活下来的犹如罪人，被清廷迁到离永昌一百多里，人们视为畏途的"烟瘴之地"官乃山垦荒。许多人流离失所，在荒山野岭之中自生自灭。

事情到此并没有了结。1856 年 4 月 16 日，云南巡抚舒兴阿等再次挑起民族冲突，在省城昆明"屠回"三天，制造了杀死三万余人的大血案。巡抚舒兴阿等还下达横直屠回八百里的"滚单"（上级官府下达给下级衙门的缉捕缉杀命令）。滇西官绅也发动"灭回"，在鹤庆贴出"净剿回子八百里"的告示，屠至大理。

---

① 参见李春龙主编：《云南史料选编》，云南民族出版社 1997 年版，第 764 页。
② 参见田野考察群在巍山县收集的巍山民间故事残本。

图 6-16　巍山古城蒙阳公园明伦堂前林则徐联："苟利国家生死以，不因祸福避趋之"。

　　此时，巍山永建乡小围埂村的马锅头马朝珍等人，和避难于此的杜文秀一起，被迫起义，带领巍山回民打到大理。攻占大理城之后，建立了与清廷分庭抗礼的大理政权。

　　大、小围埂村，是杜文秀当年首举义旗的大本营。大、小围埂村出去的人，都是那次起义的骨干。攻下大理后，杜文秀派得力干将回巍山，巩固根据地，把包括巍山古城在内的城市和村落，都变成反清的军事堡垒。18 年后大理失守，巍山便成为义军和清军对抗的最后一块阵地。从大理逃出的义军，和巍山守军会合，修筑工事，加固城堡，使整个巍山变成一个连环的系列城堡和村堡。清军攻打巍山时，义军和百姓环环相扣，城自为战，村自为战，在他们熟悉的城堡村堡里顽强抵抗。清军久攻不克，损失惨重。要不是义军中出现投降叛变的人，使清军得以撕破缺口，这些泥土和石头筑起的堡垒还会让清军继续伤透脑筋呢！

起义失败后，清军大屠杀，同时把那些让他们头痛的碉堡式房子拆毁。当时，蒙化直隶厅（巍山县）五万回民只剩五千余人，房屋大多被毁。幸存的人或流亡在外，无家可归，或与幸存的房子、田地一起，被当作"叛产"罚卖或赏赐。直到 20 世纪初，回族才招安复业，重建家园。但人口再没恢复到历史最高人数。巍山大仓乡甸中村公所回营村的老人告诉我们："清末，红白旗闹事，清廷屠回，双桥村 100 多户人家，男的只剩了五六人，女的剩了九十一人。坟地冤气不散，凡过那里的人，都得恭敬。文官下轿，武官下马，不然就有奇事出现。"

关于一百多年前的"回回事件"，一些老云南人还说得出个子丑寅卯。我小时候在昆明就听老人谈及此事，"从昆明至滇西'净剿回子八百里'，听说死了三四万人呢！后来杜文秀杀回来围昆明，更是血流漂杵。"他们现在提起来还一脸的唏嘘。

说起这些事这些人，大、小围埂村的回民，几乎每个人都有一肚子的故事。僵死的历史由于民间的叙述，变得生动具体起来。

四、赶马人收留的大元帅

杜文秀的故事，在巍山一带已是家喻户晓，因为巍山就是那次事件的核心之地，而巍山永建乡回族村子里的许多人家，则直接与百年前朝野震惊的事件有关。

杜文秀原是一介书生，永昌府（今保山）人，做过清朝的秀才，会些气功，曾因为打死人差点被杀头。杜文秀的祖上赶过马（又说是医生和开茶馆的），他的自传，总以此为荣："祖父杨锅头……祖籍双碑村回回，以赶马著名。……外祖父杜锅头，永昌杜家村汉人，以赶马便，善唱小曲，常唱曰：'男要欢乐赶马去，小曲唱到满天星'，'不走山路脚板痒，不唱小曲嘴皮酸'。"祖父和外祖父一起赶马，回汉同锅 30 年，交情很好。"道光三年五月，马帮驮缅，往瓦城、八莫、新街，杜第四子怀诚随马帮赴缅观景……返途中瘴，亡之。"两年后，杜锅头将第四子的童养媳"易过杨门"，成了杜文秀的母亲。① 杜文秀少时即以文才和为人仗义而在乡里小有名气。巍山民间广为流传着他为永昌戏台写的一副不要成语不要典故的对联：

　　　　不大点地方，可家可国可天下；
　　　　这几个角色，能文能武能圣贤。②

　　虽为言戏，却非戏言，可见心气很高。其雄心抱负，从他自巍山永建乡大、小围埂村这样一个"不大点地方"起事，由一个秀才文书变为总统兵马大元帅，同扮文武圣贤几个角色并称雄一方的生平看，此联倒也不是虚文。

　　杜文秀在清道光年间永昌杀回事件中家破人亡，上京告御状（1847年），回来后以"控词不实"获罪下狱，后又"查明无罪"释放。③ 杜文秀反感这种"抓也是对的，放也是对的"逻辑，更不愿无错还要被清廷迁到人们视为畏途的"烟瘴之地"官乃山垦荒，便举家流落巍山小围埂村，以教书为生。在此期间，他结交了当地帮会"忠义堂"的大爷——

---

① 参见《杜文秀自传》，见张世庆、赵大宏、欧阳常贵编注：《杜文秀帅府秘录》（上卷），四川人民出版社 1995 年版，第 20 页。

② 巍山县永建乡大仓街老人讲述，马尚文 1987 年 11 月收集：《杜文秀写联服众士》。

③ 《清史稿·宣宗本纪》，参见李春龙主编：《云南史料选编》，云南民族出版社1997 年版，第 764 页。

四大马帮帮主马朝珍等人，被封五爷，掌管文书。

本来，杜文秀以及帮会的马锅头们，大概也就和中国到处都是的行会一样，不过拉个帮结个伙，互相关照，赶赶马做做买卖罢了。没想到这样的日子依然容不得马锅头们过。十年后云南巡抚舒兴阿等在省城昆明"屠回"，滇西官绅纷纷响应，各地先后开刀。带着大屠杀密令的快马沿商道传送"滚单"，接到命令的军队沿商道一直屠至大理，集散货物的商城变成腥风弥漫的城堡。

昆明回民发书告急，鹤庆回民发书告急，大理回民发书告急……眼看烽火马上烧到巍山，马朝珍、杜文秀等星夜在大围埂村马锅头马天有家集会，积蓄已久的怨气终于爆发出来。那年头不管谁振臂一呼，立刻应者四起，"呼啦"一声暴动了。马锅头们农民们仓促在小围埂村后鸡心山宣誓起义。"忠义堂"为起义的发起和组织者，马朝珍依然是大爷，马天有等当先锋，兰金喜等为后卫。有文墨的五爷杜文秀被推掌黑令，为军法官，和马朝珍一起居中（一说马朝珍打头阵）。

参加起义的人马仅有千余，从小围埂村出发，直奔大理而去。如此规模的队伍，虽不太大，但也远非一般马帮行会组织所能控制。为使义军不致成为散漫盲目的"乌合之众"，身为军法官的杜文秀及时发布了一系列严格的军纪号令。如：一、上阵退缩者斩，二、不遵号令者斩，三、金鼓失鸣者斩，四、旌旗糜乱者斩，五，妄报军情者斩，六、妖言惑众者斩，七、乱取军财者斩，八、克扣军粮者斩，九、奸淫妇女者斩，十、泄漏军情者斩。杜文秀应该是读过些史书的，随便学几招，便让耿直的马锅头和农民们服服帖帖。

更让马锅头和农民们意想不到的是，这样一支不过千人的老百姓队伍，不仅打败拦堵的团练，在大理城内汉族的配合下，居然还攻下了原以为很不得了的大理城。原来往日不可一世的正规军不过如此！原来坚不可摧的神话不过如此!

对于这个结局,可能所有人都没有料到,所以也没有什么思想准备。这个时候,有准备的读书人立刻起了作用。杜文秀及时提出一系列构想和口号,这正是兴奋而茫然的马大哥和农民们迫切需要的。加上他由于上京告状,见过一般人见不着的大场面,和当时赫赫有名的太平天国有交往,后来又坐过清政府的大牢,起义时军法官当得像模像样,军纪严明,把一群扶犁荷锄、贩夫赶马之徒变为打败正规军的战士。于是,攻下大理后,迫切需要领袖的义军在大理军校场筑坛,共推杜文秀为总统兵马大元帅,成立大理政权,以大理提督旧府为帅府(图6-17)。

图6-17 杜文秀当年帅府遗址——大理总统兵马大元帅府。2015

当上总统兵马大元帅的杜文秀和新的大理政府没有在敏感的民族矛盾上纠缠,而是顺应时代潮流,巧借太平天国之势,公开打出了"遥奉太平天国南京之号召，革命满清。""连回汉为一体，竖立义旗，驱逐鞑虏，恢复中华，蠲除贪污，出民水火"的纲领，矛头直指清政府。针对屠回事件牵涉民族较多，杜文秀提出"族别三教，各行其是，切宜一视同仁"。这正是杜文秀起义不同凡响之处。杜文秀的大理政权得以坚持18年之久，并深得回、汉、彝、白、苗、傈僳等民族的拥护，这是根本原因。

义军攻下大理后，为避免各族内部再起杀戮，及时发布如下《安民告示》：[①]

自隋开皇七年，唐贞观七年，两个七年以来，回人已入华籍安居，回汉相处已一千二百三十二年。同饮淅水，共植良田。休戚与共，福祸相关。同胞手足之义随时光而增厚，弟兄姊妹之情与日月之共存。长矣，久矣。

不幸者，满清王朝妄图永远管辖中国，锁链人民，唯恐人民觉醒合力革命，推翻其黑皇统。遂暗下圣旨密令各级官吏无中生有，编造谣言，传播是非，挑动干戈，点燃烈火，谤我各族同胞互相残杀，自行消耗。至能者绝、贤者尽之时，它出兵剿灭，达到其世袭中国皇帝之野心目的。

希我各族同胞切勿上当，停止屠杀，一切仇恨归于满清。为维持世道安定事，特订下列规章：

一、自即日起，严禁相杀。违者，回先动手则杀回，汉先动手则杀汉。

---

① 此布告的抄稿大理乌索张学仁珍藏多年。见大理市政协文史组编：《大理市文史资料》第一辑，1987年内部印行，第121—123页。

二、生易（意）买卖往来如常，严禁强买强卖。违者，立斩。

三、凡满清各级所散布之相互侮辱、互相克薄之流言恶语，严禁谈论。有意违反者，立斩。

四、田地房屋产业维持原有，不论回汉原主死者归其子嗣，无子嗣者归其亲属，亲属死者归贫寒者享受。受业者到辖登记册籍，以免后患。

五、读书、盘田、赶马、栽桑种茶、织布，各有所权，严禁阻挠殴打谩骂，违者，立斩。

切切此布望各遵行。

白旗军统领部告谕

丙辰年五月初七日

（注）值此乱世之时非斩不足以压邪恶

丙辰年五月初七日

从这份用毛笔白绵纸书写、密藏于民间百年的义军告示上，我有些明白，为什么仅千人的起义军，能在可屠万人的强敌和复杂的民族矛盾面前，迅速站住脚跟，就靠这份处乱不乱的清醒和坚决，由此获得人心。而"读书、盘田、赶马、栽桑种茶、织布，各有所权"，"生意买卖往来如常，严禁强买强卖"，"田地房屋产业维持原有"等措施，也是不堪清朝苛政和地区动乱的老百姓迫切期待的。巍山文笔楼是像印章一样的"印把子"，原建筑在明代已毁，杜文秀部将重建，显然也是看重它所具有的起义军执掌政权的象征意义（图6-18）。杜文秀的大理政权能生存于此18年，这些都是重要因素。

同治六年（1867年），杜文秀派18大司率20万大军攻打昆明，打了两年打不下，损失惨重，18大司中的首义元老几乎全部阵亡。同治

图6-18 巍山文笔楼是像印章一样的"印把子"，原建筑在明代已毁，清咸丰年间杜文秀回民起义时由杜文秀部将重建，显然也是看重它所具有的执掌政权的象征意义。1998

十一年（1872年），清军反攻大理城，守城大都督和重要将领叛变，城将失陷。此时的大元帅杜文秀却犯文人的迂，和全家人一起服毒后出降，希望清军不要屠城。但清军砍下他的头去报功之后，依然屠城，血流漂杵。不甘白死者乘清军忙于掳掠临时集合成队，约五六千人拼杀至巍山根据地时，只剩三千余人（一说只剩几百人）。他们会合当地回民，在小围埂坚持到第二年初。在清军的强攻下，小围埂义军和百姓除突围逃出300多人，其余全部被杀，这一带回村也几乎全毁于战火。据文献记载，蒙化直隶厅（巍山县）28个大小村寨除个别村寨降清外，都遭到了清军的血洗，先后有小麦庄、双桥村、柏枝园、五道河、马二锅村、县城北门外回营、城西莲花村、西北部山区的贝贝禄、瓦怒巴等回族村寨被毁，仅存遗址。清代人口最多的小围埂村由1400多户、7000多人减到300余人；有500多户、3000多人的大围梗村只剩100多人，且多是妇孺。全县回族人口由5万多人减至5000多人，真是十室九空。被清军俘获的妇女儿童和掠夺品或被官兵占有，或当街出售。少数幸存者或离乡背井，或改名换姓，有的甚至改属汉、彝、傣、藏等族。如现今巍山庙街乡古城村、大鹅村冯姓汉族，就是侥幸逃生的马姓回族改的；普洱、景东交界的江边有一个傣族村子，则是由当年从巍山小围埂逃出去的回族和当地傣族通婚后发展起来的。他们自称祖籍是"蒙化小围埂的回族"。① 像这类族属变了，但信仰和习俗依然不变的"汉回""彝回""傣回"（有的地方叫"帕西傣"）和"藏回"等的回族，在云南还有不少。

五、马锅头将军的悲剧

要述说这段不过百余年的历史，不用太费劲。上了年纪的人，都能绘声绘色地重复爷爷辈亲历或口述的历史。但不知怎么的，我对已经神化起来的杜文秀故事不是那么在意，而对在那个事件中起到关键作用的几位马锅头将军更感兴趣。

据大、小围埂村回族老人讲述，杜文秀起义军的前将军马天有和后将军马朝珍，是巍山大、小围埂回族有名的马帮帮主和马锅头，常年赶马走夷方。在杜文秀的白旗军起义以前，大、小围埂有近 2000 户人家，是当时巍山最大的两个回族村。因为这一带人稠地密，又地处巍山坝子通往大理的出山"瓶颈"的坝子口上，与外界的经济交往较为频繁，所以多数人以赶马为业。

大围埂有一个马帮，马帮锅头叫马天有。他和缅甸亲王"打老友"（铁哥们），来往于滇缅之间经商，受缅甸亲王保护。他本人养着二十匹驮马，两匹大紫骑骡，整个马帮有驮马一百多匹，赶马人四十多人。这

---

① 参见薛琳编纂：《巍山彝族回族自治县民族宗教志》，云南人民出版社 1992 年版，第 468—478 页。

个马帮走缅甸出口以石磺、茶叶、大理弓鱼、油鱼为大宗；进口以洋纱为大宗。每匹马从蒙化出发到缅甸回来，一转可获利三四十两银子。他不仅有马帮，还开有铁厂，产品远销滇西各县和缅甸。他又是忠义堂的二爷，会武艺，为人豪爽。大围埂百姓的经济比较活跃，文化教育办得比较好，与他这个带头人有很大关系。

在一次赶马到永昌的路上，马天有因救助路边的病人，结识了杜文秀做医生的爷爷。后来马天有赶马从缅甸回巍山途中，过永昌时染上"瘴毒摆"（即恶性疟疾），人事不省。赶马人把他背到杜文秀的爷爷那儿，捡回一条命。由于这层关系，两家结了干亲。杜文秀有难，即到巍山大、小围埂，寄住在拜把兄弟和干亲家里。回民起义前夕，也是在马天有家共谋的大事。马天有能征战，善安抚，不嗜杀，在那个时代是位极为难得的领袖人才。同治三年（1864 年）马天有升任起义军丽江知府，同治六年（1867 年）七月在丽江石鼓战死。[①]据考证，在杜文秀建政 18 年中，巍山是起义军财政收入的主要支柱。除正常的农业税收和回族集资支持义军外，杜文秀在巍山依靠回族绅士开办厂矿，作为义军经费的主要来源。其中马维凉的石磺厂、马天有的铁厂等，均为义军的重要经济支柱。特别是由于马天有和缅甸亲王是朋友，出入缅甸受到保护，为义军筹集军饷起到关键作用。

那时巍山的回族普遍都养有骡马，少者一匹，多者上百匹。仅小围埂一村就有厚义锅头、石磺龙锅头、马朝珍、蔡发春四大马帮，四百多匹骡马，加上村中的马帮，共有二千多匹骡马，来往永昌、腾越、缅甸、昆明驮运物资、做生意，资助大理政权。正如传说所述，当时巍山

---

① 参见马尚文（回族）1987 年 11 月在永建乡大、小围埂村收集的民间故事《杜文秀跟随干爹到蒙化》。

的石磺、生铁、烟丝、土碱，像以往一样源源不断地用马帮驮运到缅甸，换回布匹、棉花、缅刀、铓锣等军需物资，供应义军。巍山回族的铁厂和各种手工业作坊，自然成为义军的兵工厂和后勤部。当时巍山的回族已把生死系在杜文秀起义军上，把收入大部分无偿支援义军。[①] 留存在民间的杜文秀撰写的大理楹联，专有一联咏马帮：

一条黑龙跨南北

十方驮马运东西

（黑龙桥丙辰年五月六日）[②]

小围埂另一位马锅头将军马朝珍，是一位悲剧性的人物。他的祖上也是赶马的。由于赶马外出，家中女人代服劳役，惹了祸：相传小围埂村外的围埂，是唐初南诏先祖所筑城墙的遗址。后来世道不宁，有地师说小围埂有一支金鸡，风水地脉好，适宜建城。官府处派捐抓夫，大兴土木，围地建城，城埂围到永济桥上下，巡检河、马水厂河就成了护城河。当时，小围埂有户姓马的贫苦回民，男的帮人赶马出远门去了，妻子马氏没有钱请工去服劳役，只好带着身孕去顶替丈夫，由于劳累过度，马氏不幸小产，血流在工地上。地师向监造官说妇人流产的血气"厌"走了金鸡，夜里有人看见它长啼三声向巍宝山飞去了。此地风水地脉已破，毫无价值。人们把怨气发在这个女人身上，从此，"厌物"成为当地咒骂女人最刻薄的话。但是，那位蒙冤的女人争气做人，

---

① 参见薛琳编纂：《巍山彝族回族自治县民族宗教志》，云南人民出版社 1992 年版，第 468—471 页。

② 大理市政协文史组编：《大理市文史资料》第一辑，1987 年内部印行，第 126 页。

教育孩子刻苦自立。到清末，马氏后代中出了一个见识超群、金钱富足的人，即马朝珍，他早年赶马走夷方，是当地四大马帮的帮主；后来在小围埂村清真寺任教长之职，人称"七依玛"①。在起义前，他与马金保等人秘密组织革命与反清的忠义堂，任首席大爷，密谋起义，一直是义军的掌旗人物。据说马朝珍原来赶马经商走夷方时，曾在永昌府杜文秀的家里歇宿过，早有交情。杜文秀落难，清兵四处搜查，马朝珍不仅收留了他，掩护了他，还在对杜文秀心存疑虑的回民群众中，宣扬杜的才干胆识，让他做忠义堂的五爷，委以重任。攻下大理之后，义军在大理军校场筑坛，不知何故五爷杜文秀却一跃而上，取而代之成为总统兵马大元帅；而马朝珍这位"文武双全"打头阵的义军元勋只授职开国军师，而且还是"代理"，后来又改授后军大将军。建立大理政权之后，马朝珍对杜文秀封官不公有所不满，看不起杜文秀，终被杜文秀所杀。②

我对这位马锅头将军的死有很多疑问。民间口述和史家文献讲其死因，除了"对杜文秀封官不满，看不起杜文秀"，还有"纪律涣散，常闯杜文秀帅府"几字。我们不知道，杜文秀封官招致不满，是杜文秀的原因（例如欠公平），还是马朝珍的原因（例如心理不平衡），但我们可以将心比心：因为成了"帅"，连一起闹革命的战友（且不说他是杜的长辈和恩人）到府上走动走动，就可置之于死地吗？含含糊糊的"纪律涣散"，就当得死罪吗？

我不由开始质疑杜文秀的掌权事件。

杜文秀登上权坛，是和他登上神坛同步的。

巍山永建乡一带，流传着杜文秀义军为什么打白龙旗的传说。大意

---

① 阿拉伯语的"依玛目"或"依玛母"，有"首领""表率""站在前列的人"的意思。
② 巍山县永建乡回族老农讲述，忽天倬（回族）1985 年 3 月搜集：《七依玛轶事》。

是，杜文秀上京告状，被江水阻隔，一位自称是杜文秀干爹马天有邻居的白衣青年，让他骑在身上，渡过大江，飞到京城：

　　杜文秀见了雷翰林，把御状呈了三天以后，丁灿庭和木联科才风尘仆仆地赶到雷翰林家。他们看见杜文秀，既喜又惊。喜的是三人在北京重聚，惊的是杜文秀为何只身先到。杜文秀把征途经过说了一遍，他们只感愕然。但在杜文秀心中是有底的，他想，这白衣青年能有那么大的神通，必定是龙的化身，是真主差它变人来助我的，但他没有说出口。

　　咸丰六年，杜文秀准备拜帅起义时，曾就打什么旗作了一番讨论。有人主张打红旗，杜文秀说："清军打的是红旗，我军和它应有区别。"有人主张打黄旗，杜文秀说："历来皇帝都穿黄袍，我们要推翻皇帝，不用黄色。"有人主张打黑旗，杜文秀说："刘永福黑旗军将领打过黑旗，我们不能再打。"这时有人说伊斯兰打的是绿旗，我们也打绿旗，杜文秀说："我们除了回族外，还有别的民族，不应该单打伊斯兰的旗号。"大家为难了，一时想不出更好的主意，还是七伊玛马朝珍聪明，他说："白色最纯洁，帮助文秀过江进京的也是白衣青年，打白旗最好！"杜文秀一听，正合心意，便说："白衣青年肯定是白龙，他说是我干爹的邻居，不正是大家所听说的大围埂白沙井的白龙吗？我们就顺应真主的指点，打白龙旗，好不好？"大家觉得杜文秀言之有理，起义时，就正式打起了白龙旗。这就是杜文秀义军叫白旗军，打白龙旗的来历。①

――――――――――

①　巍山县永建乡回族老农讲述，马少川（回族）、马尚文（回族）1987 年 11 月收集，见田野考察群在巍山县收集的巍山民间故事残本。

在这个传说的注释里谈到，和杜文秀一起赴京告状的两个人中，丁灿庭后来依附了朝廷，在杜文秀死后被朝廷任命为姚州僚佐；木联科告状回昆明后再没返乡，杜文秀起义18年，未露过面，不知踪迹。照理说，这位与杜文秀一起进京告状、敢拿脑袋去碰神圣"天朝"的人，应该和杜文秀站在一起的，却在"革命"胜利后完全消隐，这不能不让人觉得十分蹊跷。

关于杜文秀拜旗起义的事，在今巍山大、小围埂村回民中还有一则传说：

> 起义前，"忠义堂"领导马朝珍、马金保、马国春、蓝金喜（陕西回民义士）、杜文秀五人排座次。先用五根麻绳，每根顺次结一个疙瘩、两个疙瘩……至五个疙瘩，随各人拿，谁拿到的麻绳上结有几个疙瘩，就是忠义堂的几爷。马朝珍拿的麻绳结有一个疙瘩，称大爷；杜文秀拿的麻绳结有五个疙瘩，称五爷，回民又叫他五哥。然后拜旗。把白龙旗绑在一张八仙桌腿上，从大爷到五爷依次去拜。马朝珍、马金保、马国春、蓝金喜四人先后去拜，白龙旗纹丝不动，唯杜文秀去拜时，风吹白龙旗飞舞。马朝珍说是侥幸，再拜，仍旧如前。众回民欢呼，拥戴杜文秀为帅。当时还有一段民谣："大小围埂晏旗厂，就像一只金凤凰。尾子歇在凹家村，凤凰头在甘雨庄，丙辰年，扇翅膀，蒙化坝子烈火燃，五哥骑上凤凰背，飞到大理做人王。"[1]

---

[1] 该附记署名"编者"，写于1988年5月。见田野考察群在巍山县收集的巍山民间故事残本。

这些就是人们早已见惯的中国权力更换套路：真命天子或王者（无论大小，也无论出身草莽或圣贤之家）生有异相或有神灵相助——如南诏王被梵僧"授记"、众人祭铁柱时有鸟飞到肩膀，如白龙帮助杜文秀渡江和进京，关键时刻（危难或决定权力归属时）呈现异兆（拜旗旗飞舞）等，再加上异常出现的民谣童谣之类，"天授神权"的兆象，使权力的获得，成为毋庸置疑的证据。

还有攻下大理后的"筑坛"，是杜文秀获得最高权力的关键。对于如何"筑坛"，却缺乏详细的资料可供分析，它大约和"拜旗"一样，也是一种充满玄机的仪式行为。性质相同，只是比起在八仙桌腿上绑白龙旗祭拜的"规格"，要隆重许多。

还有许多疑问我搞不清楚：在乡里德高望重的"忠义堂"大爷马朝珍，是怎么被新来五年的五爷悄悄取代了的？一直无私地在各种场合举荐和赞美杜文秀的他，为什么在杜文秀登上神坛之后反而"看不起杜文秀"了？最先知道白龙显灵事件的赴京告状同伴，不但没有信心十足投身起义，反而一个"依附了朝廷"，一个"不知踪迹"，他们怕什么？……当然，对那些无法求证之事的追问似乎有些接近无聊。我们虽然不能说杜文秀渡江遇白龙、拜旗旗飞舞以及民谣之明示"五哥骑上凤凰背，飞到大理做人王"的种种"异常"表现，是陈胜吴广式的装神弄鬼或刘备刘邦式的故意炒作，但做过秀才，读过史书，到过京城的杜文秀应该知道历史上权场上的那些典故。有意无意地利用一下，对于与政治有缘的人来说，倒也正常。

只是领袖们到后来也相信了那些自造的或别人造的神话，把自己当成了半人半神的救世主，这才是悲剧的开始。特别是杜文秀和与之遥相呼应的太平天国，其迷信色彩，本是十分浓重的，有时极端到几乎和邪教类似了。洪秀全后来也在强烈的自我神化中众叛亲离，导致毁灭。

269

杜文秀跳得出这个俗套吗?

为什么中国几乎所有的王朝更迭,所有农民起义或农民式革命,都有这样大同小异的套路、过程和结局呢?

我不是史家,无法断那些无头公案。习惯了人类学的视角,我只忍不住对那些普通人的命运感叹。当我从文献上和口述史中知道杜文秀起义军的前后将军马天有和马朝珍,就是巍山大、小围埂回族有名的马帮帮主和马锅头的时候,仅仅只是在心里掠过一个有关这段历史的模糊念头而已。然而,在听到名震滇西的马锅头将军的故事片段和接触到回族马帮之后,我忽然觉得,对于一段已经尘封在历史中的往事,开始有些明白它的真实含义了。

不过百年,真实的故事转眼又变成疑窦重重、需要小心考证的历史。当我走进永建乡的回族村庄时,已是人烟繁盛,哪里还有劫后的余痕。大围埂村后的炮台和战壕遗址,也隐藏在稻黍万顷的绿浪中了。只

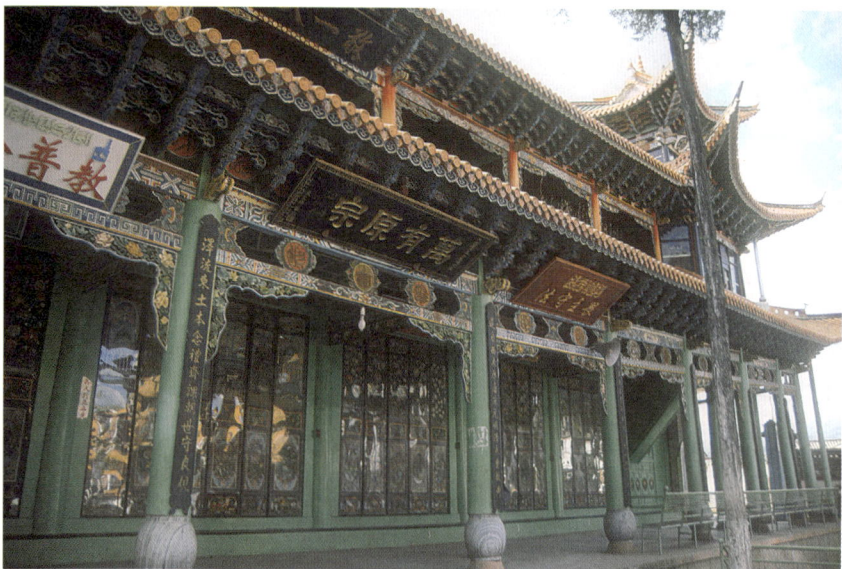

图6-19　回族村里的清真寺"醒梦楼",唤醒了人世间一切俗梦。1999

有城堡一样的村落，让人还记起那段往事。当然，城堡不再是往昔那种城堡了，城堡重新复归为城市和村落，战场复归为市场，碉堡一样的厚墙深院复归为富裕人家的大宅院。由于这一带经济条件比较好，从村边通过的公路北连大理、南达滇南、西出缅甸、东至昆明。巍山回族做生意的专长依然没变，只是他们对骡马畜力的依赖越来越少。昔日叱咤风云的赶马哥儿的后代，现在，都驾着屁股冒着一缕青烟的"铁马"，呼啸而行了。而回族村里的清真寺"醒梦楼"，似在唤醒人世间一切俗梦（图6-19）。

第七章　赶马人归苍莽外

　　大小寺的名气在巍山很响，但推动我前去的原因是听说那儿有个老和尚过去也是赶马人，还画过画，如今是大寺圆觉寺的住持。画家老刘回来说，一个老和尚，一个老革命，安安静静在一棵树下喝茶闲聊，什么样的画面！

一、70 岁出家，86 岁进藏礼佛的赶马人住持

　　画家老刘是我们中间最活跃健谈的人，在云南省群众艺术馆工作。有一天去拜访巍山城里从县文化馆离休的一位老革命，聊得高兴了，老人便拉他"到一个清静的地方喝茶"。两人来到圆觉寺，老和尚正睡午觉，听说老朋友来了，穿一身洗得干干净净的布衣迎出来。叫人沏了茶，端出一碟子炒花生，还有一些不知放了多少天的水果糖，"像齐白石一样，糖都化了，老倌也不知道，照样端出来招待客人。"画家补充道，"一个赶马的老倌，会画画，70 岁皈依佛门，现在是住持。80 多岁还进西藏，见了班禅。这是个很有意思的人，有戏呢！你该去和他聊聊。"

于是我就去了。

大小寺是大寺圆觉寺和小寺玄龙寺的简称。玄龙寺原名玄珠观，也曾名蒙化观。唐代为南诏蒙氏宗祠，宋元以后改为道教官观。明代天崇年间，殿宇毁于火灾。至永历年间，佛教参与合建，改玄珠观为玄龙寺。清同治己巳年（1869 年），又毁于兵燹，光绪年间再重修。寺内宫殿密集，有玉皇阁、三官殿、吕祖殿、关圣殿、财神殿等殿宇。圆觉寺为明代蒙化土司左琳之母张恭人所建，是县城附近最大的佛教寺庙。历经明成化、万历及清康熙年间三次扩建，庙宇更为壮观。寺前有双塔，为明代成化年间建筑，明洪武年间开始修建。明朝蒙化乡贤雷应龙亦在此苦读成名，官至都察院御史。雷应龙攻读于此的时候，将圆觉寺山光景色归纳为"溪流三叠""浮屠削玉"等十二景。① 现在，圆觉寺是巍山县佛教协会所在地。

大小寺离巍山县城不远（约 3 公里），但不通公路。离开乱哄哄的公路，灵应山山道幽静。经玄龙寺过玄灵桥，就到了圆觉寺。山门前引人注目的是两座九级密檐式实心方形砖塔，走近看，左塔基砖有字，标明是明成化十四年（1478 年）所造。周围是密林，在夏日也是阴凉爽快。静下心，入寺。踏进大门，正要进入内殿，忽见门槛上站着一条大黄狗，虎视眈眈望着陌生人。它立刻使我感觉到异样的气息，心里暗暗在揣摩那位出家的赶马人的容貌。

画家老刘已是熟门熟道，直奔"系风亭"，寻出一位弯腰驼背的老和尚。见我们是远客，问："给（云南方言，音 ge，意为"是否"）吃饭了？没吃我煮给你们吃。"一口滇西味的云南腔。拿"吃饭"打招呼，

① 参见薛琳编纂：《巍山彝族回族自治县民族宗教志》，云南人民出版社 1992 年版，第 239 页。

是云南人习惯的问候语。眼前的老和尚，顿时有了烟火气。老刘介绍，老人即圆觉寺的住持——能胜大师，是巍山县佛教协会的会长。

老人谦道："法名'能胜'而已，俗家名叫杨绪文。赶马不成，画画也不成，找个地方清静罢了。"他眉毛长长的，身穿普通的蓝布衬衫和一件暗蓝毛背心。来了客，就递过几个草墩，泡一壶茶，和人天一句地一句地闲聊。来这里的香客或游人也很随便，要拜佛就去大殿里拜拜，不上香的就来旁边的亭子里喝茶。老和尚不像一个住持，倒像谁家的老爷爷，随随便便地和所有人打招呼，说几句寒暄的话。来寺里的小孩子们，也都叫他爷爷。他亦像所有老爷爷一样，总要抓些糖果和饼干塞给这些孩子，笑眯眯看他们吃光。

由于不通公路，进山要走路，所以，除了做会（图7-1、图7-2），平时香客不多。

图7-1 在圆觉寺烧表的信众。2015，陈达理摄

图7-2　圆觉寺大殿里的诵经。2015，陈达理摄

我们刚坐下，有一个村民来进香，老人起身问："最近给好?"村民说："不咋个好呀，婆娘爬楼梯，惯（跌）了一跤，伤了腰腿。这个怪不得哪个，楼梯拿层板做，不牢实。"老人问："给好了?"村民说："托菩萨的福，现在好了，所以来还还愿。"老人说："好了好了，这就好了。上了年纪，腰腿要注意。"村民点头称是，转身进大殿去了。

老人招呼了村民，转身又来坐下，步履蹒跚，行动有些迟缓，背也显驼。毕竟是87岁的人了——可是，如此高龄怎么去得西藏?

看着中堂那张与西藏僧人的合照，我们的话题也就从西藏说起。

我说："西藏我们前几年也去过，路很不容易走呀! 我们十几号年轻人都弄得皮塌嘴歪，您老人家86岁高龄，还能进藏礼佛，真是了不起!"

"也不咋个。我是赶过马的人，还怕什么路！以前拿脚都要走，现在坐车，舒舒服服，还能到不了？"老人说这话的时候声音似乎特别洪亮。

"没有高原反应？"

"我进藏已经两次了。最近一次是去年，从中甸那边坐车去的。个个讲喘不过气，笑人！好得很，咋个喘不过气？各地方也招呼得好，老远就拿车来接，伙食安排得妥妥当当。我们的文书拿过去，人家也认。藏传和汉传虽然不一样，但根是同一个，都晓得互相尊重。"

"那您老走的是茶马古道——老古辈的赶马路了！"

"老古辈哪里有这么舒服！连我那个时候都不行。我是二十多到三十多岁的时候当的锅头啊，那时候牲口是自己养的，养一匹马每年也要几百块，不赶马就没钱花，家里图个钱，所以就赶呗。"说时神色安详，吐字慢而清晰明白。而我们更加相信，他硬朗的身子骨，一定有来自早年马帮生涯的功劳。

赶马对于他来说已经是相当久远的事了。

"我自己的马帮有二十多匹牲口，一人三个马，请十来号帮手，都是走江边海边的路。我还到过太平洋呢，最多是贵州—云南—广西这样地跑。从巍山往东，到昆明有 12 个马站，走 12 天，一天走一个马站。巍山到昆明的不单是做生意，也有去读书的。带着锅碗，跟着马帮走，女人也走，只有有钱人才骑马。不单赶马，也推小鸡公车（独轮车）。中午'开稍'，晚上'开亮'，都在一起。昆明到昭通 12 个马站，昭通到遂府也是 12 个马站。如果到成都，要走 36 天。"要跑多少遍，才会对一路上有几个马站烂熟于心！老和尚接着数，"往西到保山 8 个马站，到腾冲 12 个马站，要翻高黎贡山。再过豆沙关，然后到盈江。"

我和老刘一起惊呼："您还到过盈江！"盈江是我们下乡当知青的

地方。

"盈江地界是摆夷（傣族旧称）、山头（景颇族旧称）。摆夷耍棍，山头使长刀。从盈江出铜壁关就到缅甸了。"越说越亲切了。我们当年跟傣族小伙子学的棍术，现在还记得一两套呢。

老和尚接着说道："别人是跑马'队'，由很多的小帮凑起来的，为了让大家服气，还得在马锅头里选一个'总头子'（总马锅头）啊。我的马队人人要带枪，我也有枪的，马锅头都带枪！因为路上有狼啊、虎啊、土匪啊，遇上了就真的打！过去在路上经常挨抢。土匪派探子来探，晓得你的东西多就会来抢。人有善恶，做贼盗也有善恶。有些贼盗杀人劫货还抢亲，有些只抢东西不杀人。遇到英雄强盗，还会留给你一点路费。有一次我的人马少，过一处山时听到动静不对，就把卖货的钱在路边埋了，果然在山垭口前遇到大队强盗。我说大哥，小弟运气不好，这一趟没找到钱。那强盗头拍拍我的肩膀说，没关系，下次吧。说完还给了我一点盘缠。我要谢，他说，不用啦，你们赶马人是我们的衣食父母，你们不发财，我们哪里有吃的。"

"看来各个行当都有自己的规矩呀！"我们叹道。

赶马绝对是苦活儿，可是大师没有多说赶马的苦处，也不知道是否修行所致，物我两忘，对于当年的艰苦不以为然，已经忘记得干干净净了。他娓娓地跟我们说起自己的赶马生活，十几年的经历只是短短几段话。

"马帮么，现在就没有了嘛，都有车了嘛。那时候赶马危险，要精灵、生活艰难才会去做的。以前住城里，很多人都赶马，家里也图个钱，所以就支持了。挣来的钱可以盖房子，给家里孩子读读书啊。驮皮条、毛线、衣料、茶叶都比较值钱的，可以赚几百块；驮米、盐巴就不值钱，最多几十块。生意好的时候就会快点回来，生意不好就慢点回来。想家了，也没有办法。"

二、西南联大毕业的马锅头为何出家？

走遍天涯路的赶马老人为什么他 70 岁才出家的呢？他在赶马之后又干了什么？是什么原因使其放弃赶马生涯的呢？赶马生涯到底对他的影响有多大呢？我等俗人遇到这样的尊者总忍不住想探个究竟。

想不到这些问题，又是要和那些书上不写的东西扯上关系。

"我家里祖祖辈辈是搞工商业的，我的命运自然要从赶马开始。可是我喜欢艺术，就去昆明读了西南联大艺校。"①

西南联大！听到这位老马锅头竟然是赫赫有名的西南联大毕业的学生，我不禁肃然起敬。而且还搞艺术！难怪画家老刘一下就耗上了他。

老和尚说当年报考，"到昆明也是随着马帮走，走 12 天到昆明。那时候兵荒马乱，一路上枪声不断，也不晓得是土匪的还是日本人的。从西南联大毕业后我重操祖业，到缅甸、泰国做生意。"赶马虽然辛苦，风险大，可是收入很不错。后来坐过牢，平反后以刺绣为生，在人世间沉浮转眼就老了。想到人忙忙碌碌、生生死死不过那么回事，就出了家。

老人指给我们看，系风亭左边墙上镜框里的几幅作品，就是他的刺绣作品。一幅是彩色丝线刺绣的花鸟画，有燕子、牡丹之类，折子画法，似有任伯年风格；另一幅是黑丝线白底的自绣联，左边云："开篇

---

① 但据西南联大研究专家张曼菱微信告知："西南联大编制里没有见过这个学院，估计他上的是师范学院。那个另有名册，考试标准不同。"（2021 年 8 月 19 日）

见新月，倚树听流泉。"右边云："太白云游作醉客，画家墨妙写诗仙。"虽醉心丹青，却已见禅意。

一时无话。我们喝茶的系风亭有风吹过。亭柱上有行书联曰：

系住清风两袖

招来明月三人

行书，落款 1997 年，邑人张文献书。还有一联，楷书，也是张文献，2000 年书：

山花动性鸟吹箫

水竹忘机鱼听月

张老我们拜访过，正是拉老刘来寺里喝茶的"老革命"——中华人民共和国成立前共产党的边疆武装纵队成员。50 年代后习文，写得一手好字。离休后，写一些回忆录和文史资料。80 多岁的人了，还常爬山来寺里，和能胜大师喝茶聊天。寺里的禅联，有不少出自他的手笔。

正赞联，碰巧张文献先生也来了。我们赶紧起身让座，张老却是熟门熟道，反手拖来一个草墩，取杯自饮。张老的加入，能胜大师话更多了。两位茶友 50 年前也许曾经势不两立，现在却一起谈论赶马、书法、茶道和禅，不时开个玩笑。张老知老刘是画家，揭发说，能胜大师年轻时长得帅，能写会画，又爱唱爱跳，家家的姑娘都喜欢他，整天围着他转。后来赶马，到处见世面，尽带些新鲜时尚的东西来逗小姑娘。

"还提它做什么，老都老了，落伍落到哪边天了！"能胜大师笑道，又解释说，"赶马人出门在外，总会吹些外面的事，人家也爱听。外面流行什么，有些什么家乡人没见过的东西，带些回来。山里人，封闭着呢。"

张老还告诉我们，能胜大师当上住持后，院子里栽满了花，在附近山上种了不少树，有许多果木，改善了寺庙的环境。他还集资修了这个系风亭，挂些画和书法作品，摆壶茶，游人有个坐处，所以喜欢来这里歇。他只要说一声，巍山县个个都会捐钱的。但老人家生活十分清苦简朴。

"苦嘛，也苦不过赶马。"老人最终还是把话收在赶马上。

在他旁边真如殿的柱子上也有一联：

非穷非达非高尚

自修自了自安排

三、喧嚷的黄昏

我们与能胜大师闲聊多时，还在寺里吃了一顿斋饭。完全新鲜的蔬菜和道地农家口味的咸菜，尤其是巍山特产的腌萝卜条，辣而清香鲜脆，我从长眼睫毛起，就没吃过如此令人难忘的东西。咸菜能够做到这一步，硬是绝了。大黄狗和两只虎灰斑纹的猫，各自守着自己的盘子，也吃素。"这两个小家伙怪可怜，是我捡来的。"大师说。

吃完饭，一杯清茶在握，凝住山林之气。

阳光渐渐从树梢上退去，鸟儿在夕阳和阴影中来来去去，拿不定主意地吵吵嚷嚷。寺院一下凉起来。张老离去，老人去加衣服，我便在寺里闲逛。

走出系风亭，下几级台阶，是一些大同小异的寺院院落和殿堂。好在此时所有殿堂都清静无人，便可以走得慢些，随意读一两句闯入眼中的文字。

　　一水抱孤城，烟渺有无，拄杖僧归苍莽外；

　　群峰朝叠阁，雨晴浓淡，倚栏人在画图中。

主殿里的这副楹联有些意思。看落款，竟是才子杨慎——云南人老爱挂在嘴上的明代状元杨升庵。他也挺会找地方的，名山大川都有他留下的痕迹。想想走遍天涯路的赶马人和风流才子殊途同归，都归于苍莽之外，不觉世事还真有些说不清，道不明。碰巧，他二位都姓杨，五百年前是一家。

在一个有些幽暗的侧殿里，两位女人正在吃饭，一位年纪稍长，尼姑打扮，另一位约 30 岁上下，穿着时髦，尤其是黑色涤纶套脚紧身裤配高跟鞋，正是巍山城里的流行款式，只是与多数当地时尚女人一样，不是腿太粗，就是膝盖太弯，搞得紧身裤在膝盖前总凸出一团，在膝弯后总拉扯出过多的空间。

我正纳闷穿高跟鞋怎么走山路的时候，她们说话了。

"你们是记者吗？我们看你拿本子记老和尚的事呢。"没等回答，老尼便抢着说，"那个老和尚要小心呢！以前就犯过事，劳改犯！现在又手脚不干净。"

我一听问题严重："怎么不干净呢？"

年轻女人说："我们这里的玉佛，被偷了。"

"是他偷的？"

"当然！"两人一起回答。

"有证据吗?"

"除了他,还会是哪个!"她们话说得很肯定,却不提供任何证据。"寺庙里除了我们,就只有他们。"

"你们不是一起的?!"我这才感到诧异。

"不是。我们是××局,他们是佛教协会。"

这就难办了。一个庙里两个主,难怪不清静。四下环顾,我才注意到两个主的作风显然大不一样。此地邋邋遢遢,不像寺庙,倒似一处很临时的居民住宅。往上走半个院子是"老和尚"的领地,却拾掇得干干净净,来烧香来喝茶的人也多,不像这儿那么冷清。

两个女人还在喋喋不休地数落着"老和尚"的不是,我已经没有兴趣再听了。我客客气气退出这个叽叽喳喳的院子,两个女人还在圆圆的门洞侧面伸长了脖子,压低声音喊道:

"莫忘了帮我们向上面反映啊!"

这事我没有跟能胜大师讲。他让我们自己走动自己倒茶,说寒气下来了,要回屋歇息了。我一边喝茶,一边打量在黄昏中静静卧在殿堂里的玉佛,它在烛光下安详垂目,像是看尽了世间万象一样不动声色。这是圆觉寺的镇寺之宝,一位祖籍是巍山的女侨商赠送的。她经历坎坷,幼年时父亲被杀,母亲自杀,孤身一人逃到大理,被一位教师收留。长大后出缅甸做生意,发了。想为故乡做点事,又不愿送钱给乡人,便"请"了玉佛送来,希望这世上的人多善良一点。

我突然很俗气地计算起玉佛的价值,同时想象87岁的老和尚怎么蹒蹒跚跚,从两个眼尖嘴利的女人眼皮底下,"偷"走本属他管理的东西,自己却放放心心地去睡觉,让几个来路不明的外地陌生人坐在"值钱"的玉佛旁边喝茶。

世道人心真不能猜想,一想就会忍不住笑起来。

大殿前，一联在晚鸦流影中寂然不动：

无我无人永世有因观自在

非空非色诸天无相见菩萨

图 7-3　我们和能胜法师合影。2001，学生摄

第八章　遗城与遗产

　　谁也无法预料，那些汇集在巍山的古道，也汇集了来自四面八方的物流、财流和人流。马帮缓慢而稳定地为巍山人驮来了丰厚的财富，这些财富积累起一间间、一院院青砖大宅，积累起古城恢宏的城池和街巷。

　　同样，谁也无法预料，一千多年后，这个因"路"而盛的古城也会因路而衰。20世纪中叶以后，公路运输逐渐取代了畜力运输。新修的公路或覆盖了马帮走的古道，或另辟蹊径自成体系。除了侥幸成为新公路必经之地而继续往日繁荣的地方，原在茶马古道主道交汇处的驿马重镇巍山等地，由于远离内陆贸易的主要公路干线，退隐于深山一隅。新的金线重新选择"珍珠"。于是，博南古道和茶马古道系统的"珍珠"被重组了，有的继续穿连在线，如思茅、大理、丽江、中甸、昌都、芒康、拉萨、日喀则、巴葛、普兰等地，继续成为地方性经济文化中心；有的却被公路干道绕开，如巍山、剑川等地，于是，这些被时代的车轮绕开和遗漏的地方，老街冷寂，古城荒废，往日的繁华只留在老人的记忆中。

　　古道上赶马的大哥也许没有想到，这些他们为讨生活而走出来的路，会成为一种"文化"，他们驻足、倒货、交易、发生浪漫故事并生儿育女的地方，会成为一座城市。而这座由于马帮的衰落被人遗忘的老城，到 21 世纪突然又变成一种"遗产"，如同马锅头的过期执照，突然变成文物一样。

一、由于遗忘变成遗产

一条道路的兴衰直接影响一座城池的命运。

由于公路绕开了这个古城，昔日人马喧哗的"中心"城市巍山冷落起来，冻结在它停止时的状态，孤零零偏处一隅。茶马古道上原来繁华一时的许多古镇、驿站、老街似乎都被人遗忘了。古道荒草丛生，青石上长满青苔。苍老的赶马哥蹲在家门口晒太阳（图 8-1），再也听

图 8-1 老街冷寂，古城荒废，往日的繁华只留在老人的记忆中。苍老的赶马哥蹲在家门口晒太阳，再也听不到上百骡马踏过青石板时气势磅礴的蹄声。1998

不到上百骡马踏过青石板时气势磅礴的蹄声。偶尔有附近的山民牵着几匹骡马走过他家门口，也只在丑陋的水泥路上，留下稀稀拉拉的几声闷响。没有人要赶马走超过三天的路，更没有人听那些荒野中的英雄往事。

风云一时的茶马古道，就这样消失在人们的视线里了吗？

然而，谁也无法预料，被淘汰的古镇会成为宝贵的"遗产"，过时的故事会突然流行起来。

正是由于这些古镇、驿站和老街与新的公路主干道偏离了，错开了一次次"被发展"的机会，而得以较多地保存了原来的面貌。这反而使一座古城在过去几十年免受"开发"的毁灭。于是，"落后"于工业化步伐的"民族文化"，才有可能在现代成为一种资源。正如县政协的杨光良先生所说："巍山处于虚拟边陲的盲肠地带，因祸得福，保留了祖先的文化。"①

20世纪90年代以后，被各种浪潮弄得筋疲力尽的人们，在"失忆"的迷茫中，渴望寻找和回归文化的稳定。被工业化遗弃的边地，人们拾起几缕历史文化的记忆。与"老"字搭边的文化旅游，忽然热了起来。瓷砖包装的"现代"城市遭人鄙弃，原来的遗弃之地却突受青睐。一度曾遭遗弃的传统文化和民族文化，突然成为一种文化遗产资源受到重视。许多隐没的历史，特别是那些活在真实中而非概念里的历史，普通人当下的历史，渐渐浮出水面。"口说无凭"的民间传说，也被赋予了"史"（口述史）的意义而登上大雅之堂，多学科专家解读出无数让人惊讶的秘密。

---

① 2001年7月20日笔者在巍山县政府会议室对杨先生的访谈。

　　由于新产业的促动，往日的遗地，现在可能变成遗产——可能被迅速挥霍，也可能被珍惜并可持续升值。自从云南丽江、山西平遥等古城古镇被列为世界历史文化遗产，创造出惊人的经济效益之后，以建筑形式出现的传统遗留物受到空前的关注，纷纷列入各级政府的旅游开发规划中，群众也对此寄予厚望。

　　从遗弃、破坏，到保护、开发，这是好事，但也可能变成坏事，如果"开发"不当的话。

　　巍山是一个在马帮时代红火而在汽车时代被"工业化"遗弃的地方，它的一切辉煌都是建立在马帮文化及其茶马古道上的。显然，巍山不可能再退回到那个时代。

　　被人遗忘的巍山，渴望再次崛起（图8-2）。

　　我们重点分析的是那些正在规划的地方，如巍山。

图8-2　"弘扬民族优秀文化，促进巍山经济发展"，这是巍山的发展战略之一。1998

自 1994 年起，一个以"民族文化的自我传习和保护"为主体项目的多学科研究群体"民族文化田野考察群"①，有幸和美国哥伦比亚大学美中艺术交流中心②合作并获资助，得以把巍山列入以茶马古道为轴心的滇藏文化带重点考察的文化点之一。自此，项目组成员频繁到巍山，对这一茶马古道的重要枢纽地和诞生了南诏古国的历史文化名城进行综合考察，带去各方专家，特别是国际专家的意见。

经过几年工作，田野考察群专家的意见逐渐引起关注。当美中艺术交流中心希望向世界文化遗产保护基金会推荐保护项目时，我们立即推荐了巍山古城、巍宝山古建筑群及其民族文化等项目。

为了使巍山的古城保护计划得到国际社会的支持和帮助，我们多次带美国哥伦比亚大学美中艺术交流中心委派的城市规划专家、旅游开发专家、博物馆学家、民族学家、社会学家和国外有关文化遗产保护基金会的官员考察巍山。

2000 年 6 月，70 多岁的美中艺术交流中心主任周文中教授，率中心秘书长郝光明教授、美国运河走廊计划总裁艾德曼教授、城市规划专家肯德尔博士、美国芝加哥费尔德博物馆馆长麦卡德一行等，亲赴巍山考察（图 8-3），我和考察群成员范建华等陪同。他们在巍宝山古建筑群和巍山古城里流连忘返，十分兴奋。他们认为，巍山是一座活态保

①　"民族文化田野考察群"项目之一"民族文化的自我传习和保护"（邓启耀设计并主持），1995 年提交美国哥伦比亚大学美中艺术交流中心，获资助。巍山被列入以茶马古道为轴心的滇藏文化带重点考察的文化点之一。详见周文中、邓启耀：《民族文化的自我传习和保护》，"民族文化田野考察群"项目丛书"民族文化文库文化史论丛书"总序，云南大学出版社 1999—2002 年版。

②　美国哥伦比亚大学美中艺术交流中心是一个致力于中国传统文化保护的学术机构。1992 年起开始关注多民族地区民族文化保护问题并与云南学者及有关方面进行了持续 10 年的合作。

护中的古城，不是僵化的化石，老百姓生活在古老文化积淀的环境中，南诏文明的深远背景在许多场所中出现。他们强调，巍山古城古建筑群及其他历史文化遗存，是世界少有的文化遗产，不仅是县里的，省里的，中国的，也是世界的，是一种极其宝贵的有形文化和无形文化合为一体的文化遗产。经过几次比较性考察，周文中先生认为，巍山由于未及"开发"，保留了较多原生形态的东西，应该趁那些破坏性建设的旅游浪潮还没有把它毁坏之前，做一些具有前瞻性的工作。

2001 年 1 月，为了对把巍山列入"世界文化遗产保护"

图 8-3　周文中教授（右二）和云南专家考察巍山古城。修缮过的穿心鼓楼仍然成为信息发布的中心：海报、讣告、喜讯、广告……按老规矩全在这儿汇集。2000

项目的申报书做进一步的细化，云南著名白族学者杨德鋆教授、《光明日报》记者徐冶、云南省对外文化交流协会的老曹、田野考察群的范建华和我，再次陪郝光明教授、艾德曼教授和肯德尔博士考察古城。同年11 月，我们陪美国芝加哥费尔德博物馆馆长麦卡德一行和郝光明、艾德曼等到巍山考察（图 8-4）。美中艺术交流中心聘请的专家，是在可持续性旅游及生态、文化协调发展方面很有经验的美国著名旅游规划专家和城市规划专家。比如艾德曼教授，他由于把一条废弃的运河工业区，改造为美国著名的艺术和文化旅游走廊，获得里根颁发的总统奖。我们希望利用他们的经验，为巍山古城的保护和巍山旅游的综合治理及其开发提供一些意见。对巍山能否成功申报世界文化遗产项目，他们也可能发挥重要的作用。

图 8-4　考察组成员与巍山有关领导讨论保护及合作的问题（右三艾德曼，右四麦卡德，右六郝光明，右七杨德鋆，右八笔者）。2001

　　在调查中，我们走访了县人大、政府、党委、政协、建设局、古街办、文化局、旅游局、报社等等不下十个机关单位。党政部门的意图与做法固然是我们调查的重点，但是，我们显然不可以只满足于仅仅来自官方的单方信息。于是，我们走访了一些普通居民家庭，还听取了不少游客的意见。在我们走访的几十名访问对象中，有退休教师、个体户、家庭主妇等等。面对巍山政府和群众保护古城的决心和行动，中外专家深受感动；对于开发中碰到的问题，大家也很关心，诚恳地提出一些意见和建议，希望巍山做得更好。

　　通过考察和与县有关部门的接触，我们获知，在巍山古城的改造中，县党委和政府起着决定性作用。古城的改造，基本上是一种与县发展规划联系在一起的"政府行为"。因此，政府将有什么样的规划和行为，决定着古城保护和开发的命运。实事求是地说，巍山县党委和政府在巍山古城的保护和重建中功不可没，尽管他们同时也面临着很多现实问题。比如要拆除古城中的瓷砖贴面建筑，涉及的都是发了财的住户，还有不少高层建筑是不同单位的公房，协调工作难度很大。

　　一个最基本的事实是，巍山古城保护与开发是一项艰巨、长期、需耗费大量人力、物力的大事，而作为边疆、民族、山区、贫困四位一体的民族自治县，贫困人口之多、贫困面之大、贫困度之深仍是一个严峻异常的现实。长期以来，作为一个国家贫困县，巍山一直以来的经济支柱是农业，而光靠农业收入，就连对巍山古城进行基本维护与修缮，也是无法实施的。经费缺乏，特别是没有固定的资金来源，使得古城的保护与开发工作，始终处于被动的位置，许多文物濒于毁坏边缘，亟待投入资金维修。大笔的资金从何而来？在民间经济力量薄弱的情况下，政府作为投资、引资的主体是必然选择。

　　但怎么引？以什么资源优势和政策优势开源引流，是个很实际的问题。

二、古城的兴衰

　　县里很重视这类可能的合作，派了分管古城保护、旅游规划、文化和宣传等方面的人员陪同考察，不厌其烦地介绍情况，并赠送了我们一些当地编撰的志书和文史资料。从这些资料中，我们了解了古城建设的基本历史。

为了听听专家的意见，县里专门安排了座谈，县主要领导都参加，介绍规划，听取意见和建议。他们说，争取申报成功，以吸引外资固然是目的，但通过与中外专家的交流，开阔眼界，调整观念，有利于今后的工作，争取少犯错误，这也是目的之一。

在县招待所会议室，县领导挂起规划图，详细介绍了巍山的现状、巍山古城的历史沿革和县里的一些打算。

对于巍山的旅游业和以此为契机的古城保护与开发工作而言，1994年是一个具有里程碑意义的年份。因为在这一年，巍山发生了两件大事：首先，巍山被国务院批准为国家级历史文化名城，这最让巍山人自豪和激动；其次，同年的 12 月份，成立了巍山县旅游局。

1996 年 4 月，自治县人大常委会做出了起草《云南省巍山彝族回族自治县历史文化名城保护和管理条例》的决定，成立了工作班子。在县十二届人民代表大会第五次会议上，讨论通过了该《条例》，报省人大批准。在《条例》里，巍山县政府明确指出县城 2.8 平方公里古城区内的古建筑、民居风貌、街道格局必须受到严格保护，设立"三级"保护区：一级保护区是拱辰楼（含四方街）至星拱楼街道边沿外侧各 30 米；二级保护区是东、南、西街，学旁街、大水沟街、雷祖殿街、关圣街、后所街、日升街以及月华街；三级保护是其他街区。对于如何保护这些"三级"保护区，条例都做了详尽的规定，为巍山的保护和发展提供了法律的依据。

巍山政府在积极制定相关保护法规的同时，对保证法规的执行也给予足够重视，成立了专业执法部门巍山县城建监察大队和文华镇市容市貌监察队。这两支专业队伍，对县城的规划、建设、园林绿化、工商、交通、环境卫生、市容市貌以及公共设施等实行了综合管理，使县城规划区内的违章建筑及以街代市、乱摆摊点、交通混乱、不讲卫生的脏、乱、差、挤现象得到了有效控制。

依据《中华人民共和国城市规划法》和《文物保护法》，1997 年起，县里对原有保护规划进行了修订，先后制定了《巍山县历史文化名城保护规划》《巍山古城总体规划》《巍山县国家级历史文化名城保护一期旅游项目详规》等规划书。修订后的规划仍然按照三个级别保护：一级保护区、二级保护区和环境协调区。新的三级别保护区别的确定扩大了保护范围，使得每个级别的覆盖对象更加明确，较原规划的三级保护级别更具有操作性。"九五"计划以来，在新区建设上开发了 240 亩的文华小区、打通了连接新老城区的南北通道，至此，新区建成面积达到 17.2 公顷，有效地缓解了老城区的人口承载能力。

1998 年，巍山新一届的县委、县政府把旅游业提到本地的四项支柱产业之一的战略地位，在政府上下达成了抓好旅游业的共识。这一招很快便看到了成效，巍山的旅游事业以一种前所未有的速度发展。在新领导班子推动下，1998 年 9 月巍山招待所向大理州旅游局申办"旅游涉外定点单位"获得初步通过。10 月，县内的第一家旅行社宏源旅行社结束了一年多的筹办，正式挂牌营业。1999 年，全县共接待国内游客 12.37 万人，比上年增长 69.21%，旅游的社会总收入 3200 万元，营业收入 217.47 万元，创税收 10.26 万元。①

关于古城改造，县里简化为几个"一"：建好一条路（修建大理—巍山—南涧的等级路面），保护一座城（保护古城，开辟新区），开发一座山（巍宝山人文与历史名胜），发现一条道（鸟道雄关的季节性科考与生态旅游），畅游一条河（红河源综合考察与探险旅游）。

---

① 巍山县统计局：《巍山 1999 年统计年鉴·外事旅游》。

美国专家不会欣赏这些漂亮的排比句，只会单刀直入针对问题说话。他们问：保护古城有什么措施？县领导说，一是修旧如旧，恢复古城原貌，恢复石板路，把杂乱电线改为埋设电缆；再是归行归市，就是靠行政命令，清理古城原有无序状态，要求古城里的居民按划定的地段集中经营，统一门面，搞"传统手工艺一条街""传统商贸一条街"或分门别类的"彝族街""回族街""白族街""马市"之类，"像大理、丽江一样"……听到"归行归市"的规划，艾德曼教授马上叫起来："No！No！"认为不应该由政府这样统一规划，而应该尊重民生原有生态和自然形成的布局。不要为旅游把老百姓的日常生活改掉，活生生的民居生活就是你们的财富。

肯德尔博士说，我第一次到中国，看到中国味那么足的城市，感到很兴奋。我的专业是建筑和城市规划，我常向客户指出，什么是你那个城市的特点，是和其他城市不同的精神气质和文化特点？不要建千篇一律的城市。在巍山，我看到和纽约、昆明不同的东西，和大理、丽江也不同的东西。巍山古城给我很深的印象是，店铺的分布是按居民的需求综合分布的，市井生活很活跃，完全不必"归行归市"。

郝光明教授是中国通，他说话更会斟酌一些。他首先肯定，巍山古城不仅仅是巍山县、云南省、中国的文化财宝，也是全世界少有的文化财宝。但是（他也很善用"但是"），作为一种文化和精神上的遗产，有很大的脆弱性。特别是在转型期，一方面要保护，一方面要发展经济，处于这样的矛盾中，需要谨慎地开发。比如，北门城楼，拆除了周围房屋，移走了原生树木，显得孤零零的。星拱楼周边没拆就很好，周边居民的生活状态还保留着，这对文化旅游很重要。古城生态，不是"清理干净"就好。对于"像大理、丽江一样"，这要慎重考虑。巍山的古城保护和开发模式，是否应该走大理、丽江的路，需要慎之又慎。巍山有与大理、丽江不同的交通、经济和文化背景，有不同的长处和短处，一味模仿，可能丧失自己的特色。而丧失特色也就意味着丧失资源，丧失客源。很简单，谁会绕几十公里路，去看一个在交通中转处就可以很容易看到的东西呢！

纸上的规划和古城的现实存在什么差距？需要怎样调适？这是主人和客人都共同关心的问题。为此，我们在县里有关部门的陪同下，对古城的代表性建筑进行了多次考察。

三、古城的公共空间

拱辰楼和文笔楼是巍山古城的地标性建筑，高耸于古城中轴线上。

在调查过程中，我们多次听到这样一个事件：八十年代末期，巍山时任的县委书记曾提出意见，要求拆除拱辰楼，在原址新建一栋高层百货大楼，以此成为城市的标志性建筑。据说这位一把手的提议很快就力排众议，已经被县里"通过"，提上了议事日程。但是这个决议遭到在巍山视察工作的大理州委书记坚决否定，并斥之为"败家子"工程。这一事件在古城当地广为流传，可谓家喻户晓。这一事件本身的真实性如何，我们无意去找寻当事人求证，但是这件事本身所折射出来的道理却让人回味。提及此事的被访者几乎都提及一个假设：当时的书记要是动作快一点，工程尽早上马，又或者干脆大胆一点，不向上级汇报此事，那么今天拱辰楼就只能在照片中追忆了。

于是，加快立法步伐，使古城保护和管理走上法制化轨道便成了当务之急。只有建立健全完备的法律保障体系，配以严格认真的执法工作才能真正地使古城保护工作得到政府和民众的充分尊重。唯其如此，巍山古城的保护才能杜绝历届政府"口头重视，实际忽略"的现象，才能避免古城保护因为主要领导的变动而产生变故的可能，才能制止政府部门之间的相互扯皮的事情……实践证明，在名城保护工作上许多重大问题必须以法律的形式固定下来，不因个人的意志而随意变更，使之纳入有法可依、依法保护管理的法制化轨道。巍山县是个少数民族县，依照《中华人民共和国少数民族自治条例》享有一定程度的立法权力。当地及时意识到这一点，并对这一法律资源加以充分利用。

古城的东南西三个城门、城墙都早已在不同时期被一一拆除，唯一幸存下来的北门也仅仅剩下拱辰楼而已，城墙、月城早已灰飞烟灭。拱辰楼，就是那个差点被拆了盖"80年代标志性建筑"百货大楼的北门楼。幸好没拆，因为可以肯定的是，20年过去，那个在全中国几乎全部雷同、贴着刺眼马赛克或瓷砖的百货大楼一定不会成为巍山的标志。虽然作为城门楼的拱辰楼立了几百年，修了又修，但那种厚重的质感是其他

图8-5　城楼总希望人们仰视，所以建造得像圣坛一样。2009

建筑所无法替代的。站在有城垛的古城楼上，古城的街巷一览无遗，古镇青瓦在苍烟暮霭中显得凝重而朦胧，忍不住就会冒出些怀古的念头。想起清人孙髯翁纵观古今的著名长联："汉习楼船、唐标铁柱、宋挥玉斧、元跨革囊"，① 竟大多与这片土地有关。可如今"衮衮英雄安在"？

古城内古建筑物众多，保存较为完好。除拱辰楼和文笔楼外，城内还保存着明清以来的一大批古建筑群落。如明志书院、文昌书院、文华书院、南社学、北社学、学宫等明清时期的书院学府；尊孔祭孔的以文庙大成殿为中心的明伦堂、崇圣祠、雁塔坊、尊经阁、琴棋社、柏苑坊等古建筑群；还有等觉寺、西寺、弥勒寺、南耳寺、玉皇阁、古皇宫、太阳宫、东岳宫、文昌宫、关圣殿、三清殿、西竺庵、城隍庙等佛道二教的古建筑群；以及各种名目的祠堂和各家族宗祠等古建筑。这些古建筑都错落有致地分布在巍山古城之中，早起唐宋，晚至明清，建造得相当精致。除巍山古城之外，巍山县还有许多古建筑群落分布在各地，如魏宝山古建筑群、永建乡清真寺建筑群、庙街乡土主庙等。

听县里人说，想利用被遗弃或占用的古建筑做一个博物馆，考虑在东岳庙、东岳宫和等觉寺、太阳宫中选一个。这个设想令大家都很兴奋，马上赶去看场地。

东岳庙，据《蒙化志稿·祠庙志》载："凡庙之由民崇奉者，曰东岳，在城东门外，明末，陕人梁好德捐金铸像，后金逢泰重修。道光间陈遵德重修，咸丰间毁。光绪间重修太保殿、十王殿在其右。"② 内祀金像东岳大帝等道教神灵。历史上经几毁几建，今东岳宫等殿宇保存完好，已列为县级文物保护单位，由借用单位县副食品糕点厂负责保护使用。我

---

① （清）孙髯翁大观楼长联，悬挂于昆明大观公园大观楼门侧。
② （清）梁友檍纂：《蒙化志稿·祠庙志》，德宏民族出版社 1996 年版，第 112 页。

图 8-6　被占用的古建筑东岳宫主殿，县里准备规划改做博物馆。2001

图 8-7　东岳宫侧房，做博物馆办公楼绰绰有余。2001

图 8-8　东岳宫柱头雕刻。2001

们去时，天已黄昏，主殿东岳宫紧锁着（图 8-6）。从门缝里望进去，只见殿堂里堆了些杂物，看得出是长久没有香火了。殿堂外是一片开阔的场地，四周有一些稍低矮的建筑（图 8-7），皆有讲究的木雕门窗，古香古色的（图 8-8、图 8-9）。仅从现有建筑格局看，做一个县级博物馆，空间够，关键是特色足。大家看了，都觉得是个合适的地方。几年后，美中艺术交流中心捐赠了 5 万美元，

图 8-9　东岳宫侧殿的雕花圆窗 .2001

用于东岳宫古建筑群的修复。

在巍山县人民医院的后院，我们找到等觉寺。《蒙化志稿·祠庙志》载："等觉寺，俗名报国寺，在城内东隅，蒙段古刹也。自明及清，修建者不一，门外有双塔，内有太阳宫、三教庵、毗卢阁、轮藏殿、观音殿、燃灯殿。为祝厘习仪之所，今仅存太阳宫。"①清光绪年间，等觉寺改建成昭忠祠、禄位祠；民国时那位黄埔军校毕业的宋县长将等觉寺、冷泉庵、三教庵合并为县医院址；20世纪50年代后仍做县医院。② 如

图8-10 明代双塔之一。这个被扒掉一半，砌了医院的水塔。2001

图8-11 另一个剩下的更少，墙内部分缩在各种垃圾之间。2001

---

① （清）梁友檍纂：《蒙化志稿·祠庙志》，德宏民族出版社1996年版，第112页。
② 参见薛琳编：《巍山彝族回族自治县民族宗教志》，云南人民出版社1992年版，第274页。

果不是有人带路，我们很难找到这个淹没在各式建筑中的南诏名刹和明代蒙化僧纲司的所在地。太阳宫这个州级文保单位，目前还被县医院占用着，太阳宫的主殿成了医院的药品仓库。而太阳宫的重要建筑之一——明代蒙化土知府左琳、左瑛及母张恭人建的双塔，更不知是谁的发明，一个竟然被扒掉一半，在半截古塔上砌了医院的水塔（图8-10）！另一个水塔下是医院的垃圾堆，污秽的针头棉球满地都是，令人作呕（图8-11）。

其他古建筑的处境也各不一样，孔庙被巍山一中占用，文华书院被巍宝中学占用，大致也还算"专业对口"；那些被用来做仓库、工厂、作坊或办公室的，则"转型"得厉害，难以得到应有的保护与妥善的维修，有的已经面目全非。在城边，我们见到一些古建筑，大都破败不

图8-12 改做仓库的魁星阁"转产"转得太离谱，以致面对一堆包装袋的魁星，尴尬地举着他的毛笔，不知道如何下笔点魁。

堪。有一次，我们见一个院落建筑很是特别，走进去，看到院中堆满机械和各种杂物，不知是作坊还是仓库。寻到楼上一看，昏暗的角落里遗留了一尊神像，落满灰尘。它用很别扭的姿势单脚站立，抬起的一只脚杂耍一样托着个宝贝，两只手也没闲着，拿着纸和笔。原来是魁星。但改做作坊或仓库的魁星阁"转产"转得太离谱，以致面对一堆包装袋的魁星，尴尬地举着他的毛笔，不知道如何下笔点魁（图8-12）。像这样的地方，巍山还有不少。

四、与城市共生的村庄

有一天，我们从巍宝山下来，行至半坡，在一个可以看到巍山城全貌的地方停下来。这时，夕阳斜射，古城周围的村落炊烟缭绕，土木结构的村舍被阳光照得金灿灿的（图8-13）。对于这类景色，我们司空见惯，不以为然，而国外专家却兴奋异常。艾德曼教授激动地说："我全世界都跑过，没有任何一处是可以和我们从巍宝山向下看到的美丽风光相比，这是世界级的风景。巍宝山更令人惊叹，这也是世界级的宝地。加上巍山古城，三者加起来就是巍山文化生态旅游的核心点。它们需要整体性的保护，而且要将文化、生态完美地结合在一起，将传统农业和现代旅游结合在一起，而不是搞一些在哪儿都有的商业区。只有这样，人们才会坐16小时飞机，再搭乘6小时的汽车到这儿来。"肯德尔博士也说："古城的建筑物最好能够坚持传统风格，包括造型、材料、尺寸，以及各个建筑物之间的关系。不仅在古城内，还应该和新区保持一种较好的和平共处关系。另外，古城外的田园风光，这都是很好的资源。它们和古城形成一种非常融洽的生态关系，是互补，不要互犯。比如用高

图 8-13　考察组从巍宝山看巍山坝子。2001

大树木形成绿带，在古城和新城之间做一些比较自然的分隔。"具体到公路的修筑，国外专家建议不要侵犯农田，尽量沿山边走，建成绿带公路。

2012 年一个初春的早晨，我从巍宝山长春洞道观出发，沿"长龙吸水"的"龙体"山脉步行下山，再次从巍宝山北望巍山坝子。坝子里麦田正绿，村庄紧靠山脚，把宝贵的肥土让给庄稼（图 8-14）。坝子最南头是一座小山，叫封川山，山顶有一座建于清代的封川塔(图 8-15)，是保佑红河源流畅通，留住巍山坝子好风水的象征。想起美国专家说的人与自然共生的"生态"，和巍山古人说的"风水"，从根本上看，原是一个意思。

23 年前，美国专家把我们熟视无睹的村庄，当作与巍山古城、巍宝山古建筑群同列的"田园风光"，推荐给县里，对文化保护和可持续发展的旅游规划，提出了许多建设性的建议。同时，在提交国际有关机

图 8-14　黄昏，黄泥青瓦的村落，与巍山古城形成天然的互补。2001

图 8-15　从巍宝山山腰看巍山坝子南部。红河从左边山谷南去，远方小山上的封川塔，据民间传说具有关锁风水、镇妖辟邪的作用。2012

构的报告里，他们把巍山古城文化和周边生态，整合为一个"巍山谷"的概念。通过美中艺术交流中心向世界文化遗产保护基金会推荐巍山古城、巍宝山古建筑群等项目，对巍山古城的宣传和走向世界，起到了很好的作用。

国外专家将人与自然、古城保护和开发，放在一种整体生态关系中设计的观念，对我们启发很大。我想，巍山古城的确是泥土堆筑、马帮走出的城市，它与农村至今还维持着一种天然的联系，这是巍山古城的生命所在，也是中国广大农村在城市化进程中的一个普遍现象。按照国务院对历史文化名城保护的规定，巍山被列入保护的主要内容有：道教名山巍宝山和古建筑群，南诏国发祥地及遗址，巍山古城传统街区及其古朴风貌，民间信仰、道教、佛教、伊斯兰教、天主教、基督教等多元宗教文化，回族聚居地历史遗存、风貌及文化，彝族文化等。可见"规定"也是把对巍山历史文化名城的保护放在一种整体的关系中来考虑的。从更开阔的人天关系看，与古城紧密联系的，不仅是古建筑、名胜遗址和历史文化传统，还有田园和民生，那些与自然人文生态水乳交融的老百姓日常生活。

他们说，巍山好就好在它的自然状态，这是千百年形成的格局，是它的本色！

五、看得见星星的城市

专家们对古城的街道和店铺极有兴趣，在那些大宅院和老店铺里钻出钻进，问这问那。

一天夜晚，艾德曼等人想去逛一逛古城夜市。当时，古城正实施改造工程，到处挖得坑坑洼洼的，又没路灯，只有临街人家和店铺透出一些微弱的光线，刚好照亮道路。不过，就在没有灯光的地段，路面也依

图8-16　古城的夜晚，温馨而随意。三五好友，漫步走进一家小吃店，来几瓶啤酒，点一堆烧烤，天南海北，不亦乐乎！ 2012

稀可见（图8-16）。

走这样的路，没人快得起来。路面看与不看，似乎也关系不大，都是一片朦胧。大家正晃悠悠地走着，忽听艾德曼在那自言自语赞叹："Beautiful！ Beautiful！"头抬着，自顾看天。

随他看去，古城上空星光灿烂，翘起的瓦檐在深黑的天边留下一座古城的轮廓。

突然明白，路面之依稀可见，是因为星星很亮。由于没有路灯压住视线，高原的夜空显得很高，很广，很明朗，也很神秘。没有灯光晃眼，大家突然发现古城的星空相当美丽。

这是一个看得见星星的城市。所有在中国或外国大城市里生活惯了的人，早已对夜晚散步能欣赏星星的事久违了，因此印象特深。

这也是一个对星星有特殊感情的城市。彝族朋友告诉我们，如果到了农历六月二十五日，北斗星斗柄旋回，星回于天，是彝族的星回节。这天晚上要燃许多火把，与星空相映照，所以俗称火把节。

火把节那天，太阳刚落，到处的火把都点燃了。个人举的火把用麻秆，家用的火把用长而直的松树，村用的火把用楠木。临街的人家，要在家门口举火示吉（图8-17）。古城或彝村，也在各自广场上竖起巨大的火把。平常扎12台，闰年扎13台。还要安放升斗、火纸灯。以鼓楼和拱辰楼为中心，到处都是卖火把和香面的。那一夜，如果站在高处，看地上暖色的火把闪闪烁烁，天上冷

图8-17 古城的火把节，太阳刚落，街道上的火把就点燃了。1999

色的星空斑斑点点，你忽然会明白，在彝族创世神话史诗中，宇宙万物都分阴阳；彝族天文学，也把时空分为阴阳两半。星回节，就是一年阴阳转化的时间节点。地上的火把和天空的星星，橙色暖光和银白冷光交相辉映，在辽阔天地间，呈现了一个阴阳互动的古老意象。

大家因此想到，如果巍山古城不安装高高的新式路灯，而是尽可能和彝族传统接近一点，会不会更好？作为一座马走出来的城市，是不是

可以考虑挂马灯来照明？在店铺门口挂着类似马灯一样的照明设施，那一定是别有风味的。这个建议，我们马上贡献给了巍山的有关部门。艾德曼还算了一笔账：这样做，可以省掉好几笔钱。这不仅符合古城的风味，而且能够成为宣传文化、生态旅游的一个广告——一座奇妙的、看得见星星的城市！

第九章 古城不古？

　　通过考察，大家形成了一个共识：在古城的保护与建设过程中，始终要明确的是"活态古城"的真正含义。活态古城的可贵之处就在于一个"活"字，古城不"古"，古城不是僵死的化石。爱笑的艾德曼说，这个古城住的不是古人，不像皇宫一样冷冷冰冰。白天在城楼边的小店铺里看到晒麦子、做面条，晚饭就吃到了。这些面粉就来自周边的村庄。还可以看着工匠一点一点打出我想要的银戒指。这在博物馆是得不到的。古城整体的价值不单是文物的相加，还包括街道和民间生活：小贩怎么做生意、工匠怎么做手艺、市民怎么过日子。对此我印象很深，这是文化旅游的价值所在，对提升古城的价值更有意义。巍山的旅游要真正搞出特色，重要的一点是在保护古城旧貌的基础上，改善居住和生活条件，让居民继续住在古城，做他们的事，过他们的日子。

一、古城再造

　　自从云南丽江、山西平遥等古城古镇被列为世界历史文化遗产，创造出惊人的经济效益之后，以建筑形式出现的传统遗留物受到空前的关注，纷纷列入各级政府的旅游开发规划中，群众也对此寄予厚望。

巍山被列为中国历史文化名城，离最近的样板大理仅有几十公里。大理的成功，给巍山人鼓了劲。他们从背包客寻觅古道、端详古城的眼睛里，看到一种可能：马大哥留下的破旧遗城很可能变成一笔巨大的遗产！"落后"于工业化步伐的"民族文化"，有可能在现代成为一种资源。特别是附近大理旅游的兴盛，使同为大理州的巍山人激动起来。一直在农业小县的艰难中徘徊、失去道路之便、没有像样工业的巍山，提出了发展旅游、加快第三产业建设的设想。

大理、丽江已经形成自己保护和开发古城的模式，巍山应该怎么做呢？

也许，我们可以在大理、丽江找到一些灵感，但巍山如果成为另一个大理或丽江，那不是巍山最大的悲哀吗？

2000年4月，巍山县成立了以县长为主任的巍山县历史文化名城保护管理委员会（简称城管会），负责对古城保护、建设实施统一管理。这项决定起到了积极的作用主要体现在两个方面：一是向社会表明县委、县政府对古城保护、建设、管理工作的重视，以及把古城保护好、建设好、管理好的决心。二是强化了对涉及古城保护、建设、管理职能部门之间的协调，一定程度上解决了各职能部门各行其是的倾向，发挥了整体优势。在城管会的统一领导下，城建、工商、交警、文华镇政府等单位，对古城脏、乱、差问题进行了集中整治，整治工作中充分发挥了各自的职能，注重了联合的整体威力，使得脏、乱、差问题基本得以解决，并一直保持下来。事实证明，城管会的成立，把古城保护、建设、管理工作推向了新的阶段。巍山县历史文化名城保护管理委员会在古城保护上的绝对权威，最大限度地促进工作的展开，杜绝各部门之间的各行其是，有利于工作扎实高效地运转。到下半年，县里还将进行县城总体规划的修订，要把名城保护规划进一步完善，纳入"总规"，并成为修订后的县城总体规划的重要组成部分。

改造南诏古街成为政府最大的动作。2001 年 11 月，由云南省设计院负责设计的"巍山南诏古街（北街、四方街段）路面改造工程"正式上马。政府共投入资金 1507 万元，将总长 1955 米的市中心主街——北街首先进行抢救保护。年初我们去时，巍山古城正全面施工：首先是"三线一管下地"，即拆了缠在古楼和老房子上蛛网一样的电线、电话线和有线电视天线，拔掉电线杆，将电线、水管等管线埋入地下管道暗敷；其次是完善供排水系统，开挖下水道，建立主干排水系统，改善古城的供排水；三是拆新补旧，风格整治：拆除所有与古城风格不协调的

图 9-1 正在恢复石板路面。2001

瓷砖贴面小洋楼（县里按总造价40%—70%进行补助）、钢筋混凝土建筑和铁铝合金门窗，拆除所有现代广告招牌，修缮古楼和明清时代的老房子，古街的北端按原址重新竖立起一座比原来牌坊略小的青麻石榜眼牌坊；四是美化环境，在街道两侧，每隔一定距离设置一个青砖花墩，放置陶土青釉花盆，种养花草；特别让我们高兴的是第五点，撬开坑坑洼洼的水泥路面，从拱辰楼到鼓楼的街道以及古城楼周边，都要恢复石板的路面（图9-1）！

因为实行了交通管制和搬迁了集市，北古街已经严禁马匹的进入，但是照样还是每天人头攒动，热闹非常。古街的尽头就是城市的标志——拱辰楼，这座古楼所在地现在是一个小广场，平整的石板路面，东西两边的花坛里种植着鲜花和一行整齐的扁柏树，城楼的南端则是左右各一株高大的柏树。

经过将近一年的紧张施工，古街改造工程于2002年9月份竣工。

图9-2　夹在古建筑中的新式房屋，将按传统样式装修。2001

图9-3 改造工程完成后的古城，右下角原水泥构件房仿造传统建筑风格进行了改造。
2002

　　古城改造工程，主旨是整体恢复传统建筑样式。那些夹杂在明清古建筑中的瓷砖贴面水泥房，能拆的尽量拆，不能拆的也必须重新装修为仿古的模样。所以，一时间带动砖瓦窑的生意也很红火。

　　其实，在巍山，乡村建筑一般还是沿袭传统的砖瓦结构或土墙瓦顶的样式（图9-4），砖瓦生意一直有得做。在进入巍山的公路两侧，随时都可看到一些砖瓦窑或卖砖瓦的店铺，一辆辆马车拉着砖瓦，从公路上分岔到乡间便道。

　　庙街乡顾旗厂村一位方姓窑工告诉我，他的砖瓦窑属于家庭式手工作坊，在巍山有不少，做的年代都很久了。泥料是买的，30元一车，一窑需要5车，主要制作筒瓦、板瓦和用于屋顶装饰的瓦雀、瓦当。瓦当的花纹有菊花、莲花、龙和小雀等很多种。做泥坯是手工制作，一个人一天可以做300筒筒瓦；用机器做就快得多，6个人一天能生产七八千片，不过机器比手工费泥。釉用草灰釉，也就是用草木灰、黄泥和水调成浆，涂在瓦坯上，就可以烧出很好看的釉。草灰釉用柴烧，一窑6000筒，需两车柴，烧的时间比化学釉长，要足足一整天，可以烧出不同的颜色。草灰釉没有化学釉那么刺眼，而且便宜，没有催化剂，搞古建筑的和老百姓都喜欢传统的釉色。烧出的筒瓦一分为二，现敲现卖。沿路的小店都有的卖，筒瓦0.34元一片，板瓦0.2元一片，上过釉就可以卖到1元，钩头七八角一片，瓦雀0.1元一个……老方说，除去5车泥150元、两车柴1200到1300元成本，一窑瓦可以卖得四五千元。这笔钱，对于只有两亩水田的四口之家来说，是十分要紧的。而他们的这份产业，对于古城保护和建设来说，也必不可少（图9-5—图9-8）。

巍山古城的改造工程已经结束，各路商家攻城略地，占领有利地

图9-4　巍山民居建筑主要是砖瓦结构和土墙瓦顶样式，山村和城镇的民居有很多仍是土墙瓦顶。要换成全砖瓦结构，砖瓦窑还有许多年的生意可做。2012

图 9-5　泥用牛踩匀、和好，保持一定湿度，就可以用来拉坯了。拉坯前，用手再揉一下，使泥料更黏和，然后用转轮拉坯成型。2001

图 9-6　成型的瓦坯在晾干前还要再做修整，手工制作的瓦片才会规矩整洁。这是产品的一个质量关。2001

图 9-7　晾干的瓦坯一分为四，即是板瓦，码起来备烧。2001

图 9-8　除了柴、煤也是烧窑的燃料。背后的圆形"山包"，其实是烧砖瓦的窑子。2001

形。商铺当街高挂大红灯笼和古式旗幡招牌。巍山果如其愿，旅游渐热。

巍山古城的商业店铺，有不少仍延续传统，如马店、马具店、杂货店、纸扎店、小食店、面条店、理发店、药店、棺材店、写字店等等，它们是巍山传统文化及其日常生活的一部分。近几年，一些发廊、卡拉OK店和录像厅也进入了古城，招牌亮丽，与古城很不协调。妥善转移这部分新业人口，自然成为古城改造无法回避的事。

前面已经介绍过，县政府一方面在保护古城，另一方面也在建设新区。毫无疑问，新区的建设有助于转移新业，缓解古城的人口、就业和居住条件的压力。古城和新区的协调发展，是巍山县党政部门要努力达到的目标。这些事都是十分具体的。比如，为了改善交通，县政府决定在古城和新区之间开一条新的公路。新公路如何绕开古城，不破坏古城的整体景观，就是一个需要综合考虑的问题。

二、享清福，不是所有人都有这个福报

离开云南后，我还是一有空就往云南跑。而巍山，是我常选之地。有时做田野考察，有时什么都不为，只想找找老朋友，喝茶聊天。二十年来隔三岔五，来来往往，有时也会不打招呼独自小住几天。一是希望在不同时段看到生活在古城中的当代人的真实状况，二是确实喜欢这地方。有朋友烦了那些旅游景点，就带他们来巍山，像是自己密藏的老巢。

我有一帮搞探险的朋友，一有空就自驾游，喜欢去人少的地方。听说我要去巍山，说跟我跑好玩，就开了几辆车，呼朋唤友随我去了。

没有田野考察的工作，大家漫无目的地走。或者上巍宝山去道观和道长喝茶谈玄，或者找乡村私房菜大快朵颐，要不就在古城街头闲逛，找同样闲散的市民闲聊。因为有巍山朋友带路，发现好吃好玩的地方，藏在这里不少。

我不习惯和人挤，所以之后几年，都是往山上跑，直接住到长春洞，跟道长学太极拳，夜里到大殿，静候道长召唤狐仙。熬到道长也要下山了，再随他一起四处游荡。

有一年得空，我独自在长春洞道观小住。早晨，与外国来的两个小伙子，随道长练功夫，然后喝茶，然后聊天，或者听道长吹箫，看他为偶尔来的香客做些仪式。有崇拜者为道长做饭，我便也沾光，像道长一样，不用操心家务，只专注于身体感受和心灵觉知。夜晚，踏着咯吱响的楼梯入客房，整幢木楼就我一个人，万籁俱寂，偶有风吹树叶的声音。卡了木头门销睡觉，发现门的上方，所有梁架都是空的。想起那些会在梁柱间门缝里穿行的精灵，暗笑这门有何作用。于是关了灯，眼不见心不烦。但耳朵还是不由自主竖着，听楼梯和房梁的动静。直到在访谈狐仙或鬼魅攻楼的梦中，熬到被尿憋醒。

道长十天半月下山一次，我自然紧随。下得山来，有些渴了，道长带我到一家大院喝茶。大院是个茶庄，庄名"德善"。院内扔了一大块树疙瘩，可能想做根雕。庄门是圆的，雨棚下挂着晒旧的灯笼，玻璃门上贴"好事好景好运气"的条幅。墙上是"锦绣山河""富水长流"之类的画。和艺术无关，像是为风水而作，沿海地区商铺常见之物（图9-9）。房子虽经打理，却仍然显得比较临时。上得楼，倒是清幽之地。庄主姓郑，从台湾到此投资做茶生意。听道长带一位搞人类学的来，立刻谈兴大增，带我们四处看。

从楼上窗户往外望过去，景色尚可。道长指着窗外茶园说，有一块地，茶就是种不活，地气不对。郑先生解释，茶庄原址是对面，但那是三角形菜刀地，不吉利，也太小，不够用，就选了这里。才来的时候，有工人问我："晚上睡得好不好?"我奇怪，你关心我私生活干嘛！3个月后，还有人这样问。我觉得有异，追问，他们才说，这块地是巍山尾部的甸尾，旧为刑场。在这里最后毙掉的是副书记的儿子，流氓罪。罪不当死，但碰上"严打"，杀鸡儆猴。毙了后，书记才知道。每逢雨雾天，有人听到鬼哭。所以，在此工作的茶场工人，天不黑就走人，绝不多留。

郑先生领我们看客厅供奉的神佛。有十几尊不认识，他说，这是大众老爷，南诏细奴逻等13代王，合称大众老爷。靠山吃山，靠水吃水，海边供妈祖，山上人家地盘，就得供他老祖。说起南诏王，郑先生忍不住讨论南诏王宝藏的事，他推测应该藏在巍山西北边的紫金一带。我不懂，只好打哈哈。

图 9-9　德善茶庄。2012

319

道长在巍山有很多好去处，跟社会各界都打得很熟。有一天他带我到一个藏在巷子深处的会馆喝茶。馆名"云溪"，装修古雅。突然记得几年前来过，随行的是另外一位善画牡丹的道长。看来道长们都喜欢这地方。馆长姓孙，退休后居此，画画，写书法，日子过得像神仙，也喜欢和半仙们交往。我不由赞叹，市井之中，也有如此雅静之地。

世俗的日子，道长也很会享受。一天晚饭时分，他带我到城外乡村一户人家，吃私家菜。趁做菜的工夫，我们在周边逛逛。许多人家门开着，却像是无人。探头望望，引来狗叫。路边的树，有果子挂着。顺手摘下，擦都不用擦，就往嘴里送。不一会儿，菜好了，电话来叫。道长荤素不忌，我们自然得尽饱口福。印象最深的是凉拌烧茄子灯笼辣，加上姜、蒜、酱油、醋、麻油之类佐料，爽口之极。这菜，让我豁然记起小时候的味道。那时小学生学农劳动，在学校空地摘菜，收获后全班自助聚餐。烤苞谷，煎洋芋，刚摘的茄子、肥厚多肉的灯笼辣（当时叫"洋辣子"），火炭上烧了，撕去皮，拌上佐料。那味觉记忆，竟然在这里被唤醒。之后我到巍山，有机会就点这道菜。

饭饱酒足，我们慢悠悠步行回城。过一村中小庙，听有乐声，便走了进去。村民都认识道长，告知是做盂兰法会，超度亡灵，要做四天。我看了一会儿，决定做个调查。①道长看我又"人类学"起来，笑笑，自顾走了。他是全真派专业道人，和这些业余在乡村做做法事的正一派"先生"，不在一个档次。

还有一天，我和项目组做长春洞古建数字化采集的朋友，随道长

---

① 调查内容详见笔者：《符像的仪式场域及表述语境——民间法事祭祀用符像的视觉人类学考察》，载《民族艺术》2016年第五期。

在巍山古城散步。先是钻进一家做酱油的作坊，老板说祖传的酱油作坊，有百年了。遇到一个理发店，我摸摸脑壳，很久没理发了，就走进去。待交钱时，老板死活不收，说是道长的朋友，免费。弄得很不好意思。转到背街一个小铺，道长进去和店主打招呼。这是一个专卖各种圣像的店铺，佛、观音、财神、各届领袖像，一应俱全。店主原是鸡足山金顶寺的和尚，住持跳崖自杀后，众僧四散。他改信道教，在巍宝山另外一个道观做当家的。由于信众需要，就在古城开了这个圣像店。我向他请教"像"的问题，他说："立像是为表尊敬。所以，不能说买，要说'请'。"我猜，这样专业的一条龙服务，他的生意一定不错。

夜暗下来了，各种店铺渐渐灭灯关门，古镇的街巷冷清起来，抬头可见天空的星星。信步漫游间，一间茶铺的灯光孤单单横在街面，传出古琴乐曲。探头望望，有人招手，竟是茶场的郑先生，在他那里喝过茶，居然这里又遇到。我们走进去，寻凳坐下再酌（图9-10）。茶铺是临街的老房子，装修得古香古色，连天花板都悬挂了大幅的书法，像徐冰或者别人的天书。要杯茶，听那曲子。琴声清雅空灵，颇有禅韵。一曲终了，聆听余音飘向不可知处，感到宁静、超脱。琴曲是宋代佛曲《普庵咒》，弹琴的是一位四十来岁的李姓男子。他是工程师，从外地来这里旅游，在古城住了几天，不想走了，想租个铺面做茶室。他说，夜晚，在看得见星星的小城，与三五个朋友一起喝喝茶，弹弹琴，是一种很好的享受。他特别喜欢在夜静人寂的时候，一个人轻轻拨弄古琴。普庵禅师的音乐，有13节，18分钟。原为驱虫，但曲子体现的意境，与出家人追求的清净淡然特别吻合。他说，人最好的状态其实是孤独的状态，没有外界的干扰，这个时候你是自由的，也就是佛教里讲的清静。享洪福，一般人都会，但是享清福，不是所有人都有这福报的。通俗艺术，所有人都能感受，节奏一起就带起来了，比较靠近本能的、动物性的层次。但佛教音乐就不这样，那内在的精神性，受众很小，不到一定阶段体会不了。人到四十，经历人生很多事，想不开，佛教让你想开、放下。想明白就没什么忧惧了，大致可以做到不惑、不忧、不惧。

看坐在一边的郑先生，应该也属于想明白的人。他今夜归山，要过他那片有鬼哭的茶园。如果有惧，恐怕不会还坐在这里。

巍山城里城外，藏着很多有趣的地方，也藏着许多高人。

忽然想到，茶马古道，茶马茶马，马帮衰落了，茶，不是还在饮嘛！

图9-10　在古城茶室品茶弹奏宋代佛曲《普庵咒》的游客。2012

三、一言难尽的路

在广州，每天走的都是平展展、硬邦邦的路，每晚见的都是耀眼的灯。有时，难免会怀念青石板或土路按摩脚板心的感觉，想看有星星的天空。在中山大学人类学系上课，田野考察是必讲的内容。说起田野点，我忍不住就吹巍山，说那是一个青石板铺路的古城，一个可以望得见星星的城市。说得那些城里长大的孩子，一脸渴望。第一个寒假我刚说要"回"云南，立刻有几个学生和一个年轻老师报名，连哲学系一个来蹭课的学生也坚决要参加。

到昆明遇到一个苏州大学学社会学的学生，自费来做田野考察。他读过我的一本田野考察手记，写信说想来，问我到云南田野考察该注意的事。我回信说，云南环境复杂，民族多，文化习俗差异大，不可知因素太多。我也都是在一种不知道的状态下进入田野的，没有放之四海而皆准的方法。如果硬要说，那一个字就够了：诚。这是跨语言跨族群都懂的。没想到他真来了，独自一人。怕他人生地不熟，索性收编了，一起去巍山，多一双筷子而已。那一次，由于巍山古城正在整治施工，所以我们的活动范围多在周边乡村和巍宝山。先是我和大家一起调查，看差不多摸熟了，就放马，让大家根据各人兴趣，自己跑。

这些学生，一跑跑上瘾了。半年后，暑假刚到，约了再次回到巍山。

县里的老朋友知道我们要来，早候在县招待所。安顿住下，吃完饭，天已黑尽。

我惦记着那个看得见星星的古城。现在，不知灯光工程做得怎么样了。于是鼓动大家不忙休息，先去逛逛巍山夜古城。

才出招待所的大门，已见一排排彩灯勾勒出古城楼的轮廓。楼下人声喧哗，循声寻去，原来是一些彝族大妈在那儿打跳（图9-11）。拱辰楼周边的房子已经拆除，改建为一个有射灯和彩灯的广场。拱辰楼两层的楼檐和城垛都安装了彩灯，广场上西式花坛里射灯发出刺眼的强光。这些灯，是县上为配合旅游开发，从紧巴巴的财政中拿出30万元，进行古楼亮化工程新安装的。经此一拆一装，古城楼焕然一新，就像刚刚穿起西装扎上领带还抹了点增白粉的老农，失去往日的随和，增加了几许俗艳。我突然产生了一种拉客导游的内疚，我不知道被我领来这里的学生，会不会质疑我过去关于古城的描述。这已经不像我经历和描述的那个随和的老城。我茫然地看着那个半年前还朴朴实实、和老房子们打成一片的古城楼，现在孤零零地被推到一个抢眼的位置，如同在舞台上刻意亮相的主角，在追光灯的照射下显出几分尴尬。

图9-11　古城楼装了时髦的彩灯，老百姓"借光"跳传统的打歌。

　　我没有预料到古城会这样时髦打扮。趁大家和那些彝族大妈跳舞的时候，我绕到拱辰楼南面，看那条看得见星星的老街被改造成什么样了。

　　即使在夜晚，也明显可以感觉到，老街变了。街面灯光明亮，路灯不高，式样是仿古的，看得出设计者是想强调某种风格（图9-12）。遗憾的是，不知那儿没到位，怪怪的，找不到原来的感觉了。走近了琢磨，突然明白，这路灯好像是欧洲古典式的，它们和定位为"南诏古街"的老街似乎不是一回事。我问了许多人，他们也不知道古城过去用什么做路灯，灯笼？马灯？还是店铺的烛光？

图9-12　星拱楼也装了彩灯。2012

　　不过，有一点却是明白无误的，就是，走在这样的街上，在四周灯光的干扰下，你再也不会看到或想起什么星星。我不知怎么，有点失落，想自己要是聪明一点，就不应该在不知道改造装修结果的时候，向人吹什么"看得见星星的城市"。如果再见到艾德曼，我不知道怎么回避这个话题。

这似乎只是一个十分微小的"星星事件"，但是，无数这样的事件合在一起，已经可以消解掉细致的人文精神，消解掉古城的魅力了。至少，那些舞台化的射灯、彩灯和仿洋的路灯，已经消解并让人忽视了古城的星空。

由于被头上和眼前的灯光抢了眼，对脚下的路便没注意。回到房间，脱了鞋，才想起脚的感觉也有些怪怪的。以往走过古城的路，脚的感觉很明显，那些因为走惯平路而某些功能有点"退化"的肌肉，走了石头铺的路就会酸酸的，被石头路面"按摩"出异样的感觉。今夜走一圈回来，好像和压广州的马路差别不大。

已经熄了灯，不便神经兮兮地爬起来出门，只好躺在床上想巍山的路。

在巍山，山里的古驿道，其实多半是一些土路，在方便走路的地方形成一些散散漫漫的小道。只有在人马比较集中的要道、隘口和驿站，才会有石头铺的几尺宽的路，免得雨水天时路被马踏成稀泥。到了城镇，路就宽多了，可以交会马车。路面也用比较规整的条石铺就，马蹄踏在上面脆生生地响。

古城街道的青石板路面原来走马。马蹄踏那青石板路，几百斤的力，用的是磨功，磨滑了青石板，但怎么也踏不坏。1950年，关（下关）蒙（蒙阳）公路通车后，来往巍山县城的车辆日多，几吨十几吨的载重卡车，几下就把平整的青石板路面压得七凸八凹的。明清时代的县城街道，能够并行两驾马车已经是很气派的了。汽车一到，它们狭窄、丑陋的样子，自然成为阻挡历史车轮的象征。于是，1970年，日升、月华等街的石头被撬了起来，翻修成水泥路面。这是当时县财政拿得出手的最能紧跟时代步伐的一项举措了。

由于资金窘迫，可以想见路的基础。那年头的建设速度和筑路质量，自是没有多少人敢恭维的。水泥路平坦了没多久，便皱巴巴地老了，留下永远在填却永远填不平的疤痕，奇丑无比。

正当人们急急忙忙撬了青石板、铺上水泥或柏油路，拆了老房子、贴上瓷砖片以追赶时代步伐，增加点"现代化"感觉的时候，"时代"又开起玩笑来了——没有撬石板路拆老房子的丽江古镇，突然成为走惯平滑水泥路、住烦钢混高楼的城里人趋之若鹜的地方；大理撬掉水泥路，重新买来青石板铺回去，还要打凿糙些，把新的"做旧"。瓷砖包装的"现代"城市遭人鄙弃，原来的遗弃之地却突受青睐。大理、丽江的古城古镇，成为当地旅游的主干性资源，财源滚滚。最近起步的中甸等地，也因古道秘境和桃花源似的"香格里拉"而人气大旺。那些在农业和工业上步履维艰的欠发达民族地区，看到了新产业的希望。这一切的好处是显而易见的，旅游成为一种产业，地方财政收入直线上升——在田地里活得很辛苦的农民骇然发现：吃喝玩乐那种"二流子"的事，竟然比种田做工赶马跑生意钱来得快、来得容易、来得多！农民们越来越搞不懂：我们刚刚找着点城市的感觉，城里人却花钱专往山上和乡下跑；我们刚刚有钱把土里吧唧的家拿瓷砖贴起来，城里人却满世界赞美砖石老房子；我们刚刚吃上白米大肉，城里人却尽捡野菜杂粮吃……

说归说，能挣到钱就是硬道理。

巍山是一个在马帮时代红火而在汽车时代被"工业化"遗弃的地方。它的一切辉煌都是建立在马帮文化及其茶马古道上的。十分显然，巍山不可能再退回到那个时代。

但"进"到什么位置呢？

对于不知道的、无法预料的事，还是免想吧，便闭眼睡了。

一早起来，忐忑不安地走进老街。老街真变了。街道整洁，房顶上屋檐下蛛网一样的电线不见了，店铺门口的杂物没有了，代之以规格一致的花坛，种植着鲜花和一行整齐的扁柏树。原来生硬地夹在老房子中间的瓷砖贴面"洋楼"拆掉了，各式铁门和铝合金门窗拆掉了，恢复了老式的木扇子门窗，而且一律刷上"板栗色"油漆。

我差点又忽略了脚下的路。在丽江，这样的事是不会发生的，因为那些石板不平，你得低头不时看路，你的脚也得随不同石板的坑凹倾斜程度，脚腕做上下左右的运动；低下你高贵的头，你会发现脚下的石头很漂亮，人的脚把它们内里的斑纹都磨了出来，你知道几千年来参与这种创造的有你一"脚"。

我低下头看巍山古城的路面。不看则罢，一看吃了一惊：不是说要铺回石板路面的吗？怎么又弄成水泥的了？县里的同志急忙解释：你再仔细看看，是石板路。我不信，蹲下去，那些砌在地上的东西方方正正、平平整整，和水泥一模一样的灰色，仍然拿不准它们到底是石板还是水泥模块（图9-13）。想找个断面琢磨一下，人家天衣无缝，地道标准化的产物。终于找到城楼下的广场，似乎像石头了，有一些人工凿出的道道。不用蹲下去，已经看得出来，或许是因为它们平整得太像水泥板了，所以让人故意做了一下"糙"。但这和公园里常见的在水泥板上做糙以冒充石头的做法不就一样了吗？

几乎要和人打赌，忽然发现荒诞：就算是石板路吧，只是一条石板路到了让人争论它们的材质到底是石头还是水泥的时候，是不是太滑稽了一点？

等我们走到要立牌坊的施工现场，答案似乎出来了——一位四川石匠，正用凿子雕那石牌坊的花纹（图9-14）。石匠说这是青砂石。我用手掰了一块碎片，质地很松，如同机械加工出来的东西，不像是天然

图 9-13 为了搞清楚地上铺的是水泥还是石头，我们一行人茫然起来。2001

形成的石头。即使真的是石头，也太像水泥了，老天！

后来我们获知，古城建设中争议最大的问题，就是路面石料选择的事。

为这个事，我们对古城居民和政府官员进行了访谈。说起路，老百姓有人夸，表扬政府为巍山人做了一件好事，古城换新貌，行人好走路；有人骂，说破坏了古城的感觉，甚至怀疑用比本地石料高很多的价钱大老远进货，是不是有"吃回扣"的腐败问题存在？干部的态度也很有意思，有说开拓创新，有骂"烂摊子"工程，也有保持沉默，一言不发……

照理说，我们这样的外来人是没有什么发言权的，作为人类学研究者，习惯上也应该保持中立、冷静的姿态。但也许是我没有这个修养，

图 9-14　这个正在加工的石牌坊，虽然中止了我们的争论，心中的疑惑却依然挥之不去。2001

人家也没把我当外人，所以对这个事，我一直态度明确，毫不隐讳地把我的看法倾倒出来，喋喋不休地把我的恼火向县里的领导发泄。我拉明了说，巍山本地并不缺乏石料，实在犯不着老远花大钱从四川运来那些极像水泥的机制灰砂石板。利用当地的石料，一可省钱；二可带动本地石料加工业的发展，把这一大单生意给巍山的石匠，算是扶贫的一种方式；最重要的是三：可以相对还原古城传统的风貌并与当地生态及其出产保持一致。巍山既然要谈保护文化遗产并希望通过"南诏古街"发展旅游，就应该做地道一点。去过丽江的人都难忘它那十分人性化的石条路——丽江的历史，丽江的味道仿佛都浓缩在上面了。游人踏在那些个性很强的石条路上，就像和丽江做了最亲密的接触。巍山，当然也希望南诏古街能成为游客流连忘返的所在。可是从一开始，错误就发生了。人们把平整呆板的廉价水泥地撬起来，换上了同样平整呆板的高价灰砂石板（而且真像水泥），古城的一点点的古意便从这些仿水泥的石板间消失了，从那切割整齐、打磨光滑的细细的缝里消失了。连那牌坊，也因为石质和制作工艺原因而显得很假。巍山古城路面那些石料材质，很惋惜地成为古城重建中的败笔。

赶工期？都等了几十年、几百年了，就不能再等一年半载，让巍山的石匠有点敲敲打打的时间？

更要命的是，很多机会可能就被那些仿水泥的机制石板路面给毁了。

从遗弃、破坏，到保护、开发，这是好事，但也可能变成坏事，如果"开发"不当的话。

由于新产业的促进，往日的遗地，现在可能变成遗产——可能被迅速挥霍，也可能成为被珍惜并可持续升值的遗产——一笔很有价值但很脆弱的遗产。

古城保护的灵魂是文化，古城开发的价值也在文化。属于保护范围的房屋建筑、道路铺设、灯光配置乃至店铺招牌，都必须服从于古城文化的基本精神和风格。

新任县领导的老朋友恭敬地听着我发牢骚，一言不发。

我忽然觉得自己是不是过分了一点？站在他的角度，会不会也有这样的问题：你以为你是谁？你以为你的说法就有道理？你有什么权力在这儿指手画脚、大放厥词？你说说就走人了，知道县里的苦衷是什么吗？你要巍山古城维持一种古色古香的面貌，自己却在现代都市中活得滋滋润润；巍山人为了恢复古街的明清风貌，耗费了大量的金钱与时间。要知道，这些都是他们从牙缝中节省出来的……

我突然也无言了。

因为我再不知道自己还可以说什么。

2003 年 3 月，我到昆明参加云南省博物馆主办的"云之南人类学影像展"，见到不少老朋友，互相免不了要打听一些各自牵挂的事。说起巍山古城，刚从巍山考察回来的建华告诉我，我们一直耿耿于怀的石板路有了根本的改观。县里在完成北街规划的时候，吸取了各方的意见，再没铺那种仿水泥的机制石板，而是铺上了真的石条，感觉好极了。州里还计划，在合适的时候，要把仿水泥机制石板也换了。

我想，为了这个好消息，我也要挤个时间，专门跑一趟巍山，和巍山的兄弟们，举杯庆贺一下！

四、古城楼的火

巍山古城的古代建筑，首推明代建的北城楼拱辰楼。它属于省级重点文物保护单位，国家历史文化名城的标志性建筑，所以维护得较好，经过几次修缮和周边环境的整治（图 9-15）。县政府为了突出拱辰楼的雄伟英姿，要在拱辰楼下四周隔离出一定的开阔空间。为此，拱辰楼下的小公园被拆除，当时全市最大的集市——四方街市，也整体搬迁到新区，腾出的空间建了一个小型广场。2001 年 4 月，为配合旅游开发，政府投资 30 万元进行古楼亮化工程，在古楼两层的楼檐和城垛安装彩灯、遍插彩旗。

现在楼高 23.4 米，长 47.1 米，宽 24.6 米，由 28 根合抱圆木柱支撑，四面出厦，南北两檐分别悬挂"魁雄六诏""万里瞻天"巨匾，高度概括了巍山南诏王统一六诏的一代雄风。匾上字体气势雄浑，一气呵成，为清代遗物。城楼上的地面做了平整，但仍保留原有长条石的路面。东西两面砌了砖墙，重新粉饰并安装了彩色的玻璃窗；门楼南北两边则镶

图 9-15　古楼周边环境的整治工程。2001

嵌了木板墙，中间安了朱格木门，方便出入。门楼的廊柱、城墙由于采用了传统粉刷工艺，故仍保持原有的紫红色调，十分耐看。

古城楼位居古城核心位置，那么大一个地标性公共建筑，怎么使用，成为一个需要认真斟酌的问题。虽然巍山拱辰楼比北京天安门早建27 年，不过，由于天安门已经成为最高权力象征，长得有点像天安门的拱辰楼，或者说是天安门的原版拱辰楼，就成为一个微妙的存在物。因此，任何与政治性质相关的用途，对于拱辰楼来说都是犯忌的。听说拱辰楼二楼的厅堂，曾被布置成一个可容纳 150 人的小礼堂，但不知怎么又废弃了。或许是召集人在这样的地方开会，做一把手的心里不太踏实。且不论"魁雄六诏"这个话，大理等地有没有话想说，那"万里瞻天"口气太大，如果有谁上纲上线找个茬儿，也是吃不了兜着走的。

所以，在很长时间里，古城楼上那么宽敞漂亮的一个厅堂，竟然一直闲置，空荡荡只在边角堆放了一些杂物。城楼的东面建了四座小平房，其中两间被辟作一间小型博物馆，收藏了巍山境内出土和民间收集的部分文物，供游人参观；另外的房子成了文物管理所的办公室。西面也有三间平房。政府为城楼聘请了专职的管理员，负责治安和绿化。现在城楼栽植了上百种各色花草，环境整洁（图9-16）。

图9-16　被清空后的城楼北面。2009

说到古楼的修缮，城市规划专家肯德尔博士马上会问："维修古建筑用什么工艺？什么材料？"

"材料、工艺，都是传统的，工匠请的也是民间的。原则是修旧如旧。"县里熟悉这方面工作的饶老师和文管所老刘、城乡建设规划局老朱等回答，并建议如有时间，可以请承包工程的民间建筑工匠师傅来介绍一下。

县里还真请了承包古建筑维修工程的罗家俊老师傅，在拱辰楼上的会议厅里，专为我们讲解了巍山古城楼的修缮情况。十多年后，我有机

图 9-17　罗师傅在他的古建修复工场。2012

会到设于大仓的古建工场，再次拜访了罗家俊老师傅。罗师傅现在已经获云南省文化遗产传承人称号（图 9-17）。

罗师傅 1964 年跟祥云县的民间建筑艺人学手艺，先学盖民房，再学建寺庙，慢慢学会了古建筑修复的技术。民间都知道，禾甸（祥云县）善搭大梁，剑川善雕木雕。罗师傅两方面都行。在巍山，罗师傅修过的古建筑和寺庙很多，他说，要懂得历史，才可以修古建筑，要懂得各民族的传统文化，才可以修寺庙。

比如，明代建筑和清代建筑，是不一样的。明以前的建筑，整体厚重，粗犷大气，雕刻少，起翘平缓；清代和近代的建筑，小巧，轻薄，雕刻多，砖雕、木雕都有，工艺精湛。和现代建筑比，差别更大。现代建筑靠钢筋水泥，楼建得越来越高，横平竖直，不用收分。古代建筑就不能这样，柱不能直，底不能平（图 9-18）。四边压力大，中间压力小，为了上下呼应，就要有所曲，有所倾斜（图 9-19）。像拱辰楼上的这间

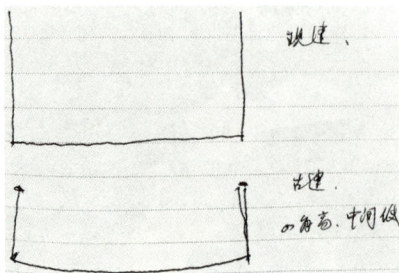

图9-18　现代建筑（上）横平竖直，与古建（下）不同。

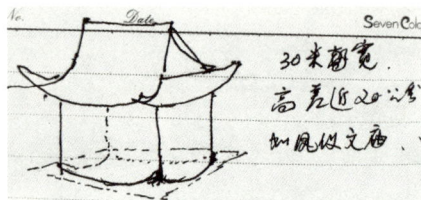

图9-19　古代建筑柱不能直，底不能平。

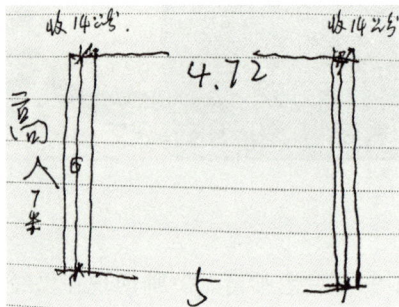

图9-20　拱辰楼楼柱收分示意图。

楼，你们注意看，柱子是直立的还是有些斜？你看它们的上端都微微往中间收，这叫柱子的收分。我们行当里有句话，叫"见尺收分"。过去用鲁班尺，一尺有9.8寸。每长一尺，收一分半，寺院柱子收一分，升子口，上小下大。按现在的尺度，相当于一米收分两厘米。拱辰楼上这间楼的柱子高7米，就需收分14厘米（图9-20）。这是木屋架结构的关键技术，做古建修复最要紧的事。特别是高层建筑，像城楼、塔、亭台楼阁的柱子，收分得好，有一种互相支撑的力，做得好的，可以抗8级地震。还有出檐，占柱高的三分之一，燕尾挂榫，讲究更多，说都说不完。几千年形成的东西，自有它的道理，不然历史上那么多地震，钢筋水泥的房子倒了一片，古塔、古寺和老房子却毫发无损，这就是工艺讲究。

为不同民族修建寺庙，不懂他们的习俗和信仰是不行的。比如，修汉庙很讲究看日子，因为它关系到今后的风水运势。动土、上房，必须测好时辰，举行仪式，而且道家和佛家各有不同。修清真寺也须看时间，要在星期五朝圣时，把房子盖好。清真寺的门要朝麦加方向，上梁请阿訇念经。开工时，请有威望的阿訇先锯一下做梁的圆木，别人才能动手。主梁做好后，必须在下午两点以前，由两个小阿訇把梁提上去，一概不要外人插手。修复古建筑更复杂。我们现在正在修鼓楼，就遇到很大的难题：鼓楼的石脚膨胀了 21 厘米，为什么？因为鼓楼基座内部填充的是土，遇水发胀，把石壁撑凸起来了。要拆了石料重新砌，但上面有房子，弄不好房子就塌了。所以得非常小心，先撑，后拆，再垒。传统方法砌墙，不用一般的泥灰，更不用水泥，而是用糯米稀饭兑生石灰，加白绵纸筋。这样砌出来的墙，子弹都打不穿。如果要加固，就用生猪血、生石灰，拌舂烂的白绵纸筋，调成泥灰。拿它批灰，批一层，蒙一层生麻皮，再批一层。如此三次，极其牢固，韧性也好。那时，由于大量使用生猪血，巍山的猪血，一下从四角钱一斤上涨到一块五一斤。如果建清真寺，就要用牛血。修缮古建筑，最要讲究使用传统工艺，这样才地道。

由于古城建设的需要，像罗师傅这样懂得传统手艺的工匠和古建筑工程队，生意好得做不完。

没有料到的是，2015 年 1 月 3 日凌晨 2 时 49 分，拱辰楼发生火灾（图 9-21），过火面积约 300 平方米，截至 4 时 48 分，明火已全部扑灭，没有造成人员伤亡，起火原因正在调查中。中国新闻网的这条简短消息，一时冲上微信头条。网络上，一片惋惜。看灭火后的现场，一片狼藉，正殿是基本毁了（图 9-22、图 9-23）。

图9-21 拱辰楼火灾现场。2015（中新网）

但是，什么原因起的火？对于这个所有人都关心的问题，报道却没有细节。古城楼我多次上去过，感觉古人建楼，已有防火的设计，没有非常厉害的导燃和易燃物，一般的用火，都是烧不起来的。传闻说，城楼失火，与承包给私人开茶馆有关，因为城楼上，一个牌子上写着服务内容：古乐欣赏、艺术传承、歌舞休闲、茶饮餐点。也有知情者披露，2010年4月，县

图9-22 一台工程机械在被火烧毁的云南巍山古城拱辰楼前施工。新华社记者 蔺以光摄

图 9-23　烧得只剩下框架的拱辰楼。新华社记者　蔺以光摄[①]

文化体育局未经审批，与民间团队"南诏古乐团"签订了《拱辰楼委托管理使用合同书》，将 2010 年前由文管所直接管理和使用的拱辰楼，"托管"了出去。2014 年 1 月，消防部门和文管所、文体局在对拱辰楼的检查中发现，作为南诏古乐展示场所的拱辰楼大厅顶棚是布类装饰，为易燃材料，同时多处电器线路直接敷设于木质构件之上，存在火灾隐患。这些部门对拱辰楼提出了整改意见，但 2014 年 6 月再去检查时，问题依然存在。火灾发生当晚，拱辰楼保安请假，古楼里只住着"南诏古乐团"团长殷某某一人。经云南云通司法鉴定中心实验鉴定，省、州公安消防专家组分析认定，此次火灾起火点为拱辰楼东南角夹层上方，直接原因为电气线路故障引燃周围可燃物，蔓延扩大

[①]　新华社：《云南大理巍山古城拱辰楼火灾被扑灭　600 多年历史的拱辰楼基本被烧毁》，来源：人民网。

造成火灾。①

十多天后，巍山县检察院检察委员会决定以涉嫌消防责任事故罪批准逮捕犯罪嫌疑人。此外，大理州政府新闻办还于1月15日通报了巍山县"1·03"拱辰楼火灾事故相关责任人调查处理情况，巍山县县长、文化体育广播电视局局长、原局长、文物管理所所长、分管文化体育广播电视局副县长、公安局局长等6名责任人分别被给予行政撤职、行政记过、行政警告等处分。②

看着那个烧成框架的古城楼，我不知怎么，会联想起古建修复传承人罗师傅给我画的城楼示意图。我打电话给罗师傅询问此事，他说："太心疼了，一辈子看着它的，突然烧成这个样!"

我问："看网络新闻，说是电线短路。具体情况是什么?"

罗师傅说："县文体局委托南诏古乐团管理，没要租金。古乐团在上面演奏洞经音乐，卖茶点水果。游客来了，听听洞经音乐，吃些茶点。那时过新年，人去得多，表演时间长，搞到半夜1点多才散。烧茶的电炉忘了关，电线短路，就烧起来了。那时上面只有团长一个人住，已经睡了，直到烧塌了一根柱子，砸到他睡的东厢房，才醒了。人差点跑不出来。等跑出来打了电话，消防车赶到，拱辰楼已经烧得差不多了。"

我问："修复又得请您吧?"

---

① 参见新华网记者吉哲鹏：《云南600年古城楼火灾原因查明　主体责任人被控制》，新华网，2015年1月6日；《大理古城楼火灾细节：城楼一寸一寸被大火吞噬》，凤凰网，2015年1月5日。

② 参见搜狐新闻（sohu.com）：《云南大理巍山古城拱辰楼火灾嫌犯被批捕》，载《云南信息报》，2015年2月2日；新华网记者吉哲鹏：《云南巍山拱辰楼火灾6名责任人被处理》，新华网，2015年1月15日。

罗师傅说："3 号烧，6 号县里就来我的工地了。说是政府工程，要马上开始修复。所以，我们 7、8 号开始搬料子，等调查、清理一妥，2 月 10 号开始动工。那么大的工程，按程序，要招标，可是招标程序弄妥当起码得 5 月。政府说，你们先干吧，你们对拱辰楼最熟，中标的可能性最大。万一没中，也不会白干的。"

我说："是啊，你们之前修缮过拱辰楼。"

罗师傅说："它是经我们的手'拉扯'过的。1996 年，发现拱辰楼歪了，我们做了把它扶正的工程。当时它整体往东歪，① 我们纠偏后，它又往西歪，过后还往北、往南歪过，像个大醉汉。经过分析，认为可能是太高，得到批准后，就把三层改为两层。修缮过程中，我们画了图纸。后来云南省文物管理处的专家来，又画了图纸。云南省博物馆也提供了数字化数据，复原起来就准确一些。"

我问："料子咋办？"

罗师傅说："柱础都烧裂了，台阶也烧断了，要重新做。柱子从澳大利亚进口铁杉和花旗松。铁杉密实，做柱子、领挂；最硬是花旗松，它生长的时间长嘛，可以和铁杉一起做柱子。"

我问："以前用什么料呢？"

罗师傅说："最早用的是巍宝山砍下来的土杉、柏木，后来用缅甸的红椿。"

我说："我看图片，有几棵柱子只烧了上半部分，下面还好，这些可以利用吗？"

罗师傅笑道："没用了，烧过的不吉利，不能用，丢到城南西河边

---

① 罗师傅所说的往东歪，与之前我们听说的往西南方向歪的说法不同，姑且保留两种说法。

341

码起。城砖倒是没丢，都用上了。城墙也变形了，北面墙砖涨了，鼓出四五十厘米。要很小心地，从两米处，一档一档往上拆，顶好，修整好再补上去。干到七八月才完工。"

五、古城如何在当代生存?

巍山古城楼失火，向我们所有人提出了一个严峻的问题：古城怎样保护？古城如何在当代生存？

最近几年，丽江、香格里拉、西盟佤寨等云南著名人文旅游景点，都发生了失火事故。这些事故，基本都与人的失误有关，说明这并非孤立事件。为此，人们不能不有所反省。

过去失火主要是雷电、用火不慎，现在除此之外，还多了一个用电问题。电、汽油，还有诸多易燃的化纤面料、塑料制品等，都是"当代"物品。古城，在这样的"当代"包围中，如何自存？

其实，这些可见的灾害，只要按照"现代"规则管理到位，也是可以避免的。出现问题，也可以在某种程度上补救。但是，还有一种不可见的灾害，未能引起足够的重视，它们对于古城、古村等文化遗产来说，毁灭程度更加彻底，其损伤几乎是不可逆转的。

这就是文脉的断裂，文化生态和文化精神的丧失。

如何避免或减损？我们先得了解，具体到巍山，它的文脉和文化生态，有哪些方面：

1. 文化特征

什么是与巍山古城有关的特征性历史文化？

首先是古道。如前所述，巍山古城的形成与古道驿站的扩大、商贸和文化交流的频繁相联系。所以，可以这样说，马帮及其相应的马帮民俗文化是巍山古城的一个灵魂。直到现在，马和马帮民俗文化依然存在于古城及其周边的人民之中，成为他们生活的一部分。过去马帮是可以进城的，马帮、马店、马具店和用马驮来的山货街与巍山古城是协调的；现在马帮不可以进城，噪声很大的"摩的"却可以"轰轰烈烈"大街小巷到处跑，它们与古城极不协调。实应反其道而行之：赶出"摩的"，允许马帮进城。

其次是文化。虽然巍山古城兴于明代，但有关南诏王的种种古迹、文献、口述材料和活的民风民俗（如彝族服饰、节日），却为古城古村增色不少；杜文秀的传奇，和回族马帮、回族村落、帅府等实物互证，著名的历史事件触手可及；遍布于巍宝山、古城和乡村的佛教、道教、伊斯兰教建筑群以及土主崇拜、祖先崇拜等民间信仰，和城乡百姓的日常生活联系密切，频繁的俗信活动使它们成为多模态展示民族文化的博物馆。

2. 文化生态

与特殊的自然生态相适应，巍山也形成了与之相适应的文化生态。

一是与古城共生的乡村田园。我们习惯的关注点是已经得到"命名"的文化遗产保护点，但这些文化遗产地不是孤立的存在。正如美国著名旅游规划专家、运河走廊计划总裁艾德曼教授所说，巍山古城周边美丽的田园风光，是巍山古城最好的生态背景。这些土木结构式村落，其实与古城是一个完整的有机体。建议通过这样一条田园走廊，将古城、村庄、农田和巍宝山连为一体。国外专家将古城保护和开发放在一种整体生态关系中的观念，对我们启发很大。

二是与古道同在的马帮、马店、马具店。由于马帮被汽车逐渐取代，这些马店和马具店的消失不可避免，但赶马人的开拓精神和探险故事，却不应该被湮灭。

3. 活态古城

巍山之所以成为国务院批准的历史文化名城的一个重要因素，就是巍山古城传统街区及其古朴风貌的保留。巍山古城，除了那些或多或少列入州县文物保护单位的名楼古刹，还有一种不可忽略的文化遗产，这便是古城中的传统街区、民居及其老百姓寻常日子的古朴风貌。老实说，如果孤立地看，拱辰楼再像天安门，毕竟永远无法跟天安门比，那些寺庙也是中国到处可见的，不足为奇。巍山古城的价值，在于它是古道上马帮走出来的高原城市，是一个在 21 世纪老百姓还保留了传统生活方式的遗城，是一座活态的古城。古城里居住的普通百姓，他们的衣食住行、婚丧嫁娶和日常生活，他们怎样种田，怎样赶马，怎样做手艺和做买卖，他们的生活状态和精神世界，是古城生命力的体现。

最关键的是：古城不能搬空，否则就成死城。最重要的是使古城活起来的人。那么，对于一个有人居住的古城，应该怎么保护？它不可能像紫禁城那样"清场"，成为一个有物没有人的大博物馆；也不可能通过"冻结""操纵"等方式，强行改变它的日常状态和居民的生活方式。古城里的社区居民是名城保护与建设理所当然的主体力量，只有依靠生于斯、长于斯的居民的参与才能真正使古城的保护与建设落到实处。生活在古城里的居民像生活在其他普通城镇的居民一样，同样有权利要求享受现代化的生活设施、便捷的商业服务。假如决策与咨询部门不考虑这一点，那么，有谁愿意在 21 世纪的今天，生活在一个这样的城市呢?！因此，任何的规划与建设都要以人为本，尊重居民的正当生活权利与需求。否则，再多的条例与规划只能流于形式。

在保护与建设过程中，始终要明确的是"活态古城"的真正含义。活态古城的可贵之处就在于一个"活"字。这个字的体现，我们可以从星拱楼下川流不息的人，家门前支起的凉棚、凉粉摊，蹲在路边就吃的扯扯面，还有临街房檐下如小瀑布般晾晒的新鲜面条……所有这些融入巍山人日常饮食起居的点点滴滴便勾勒出一座生机勃勃的古城风貌。

4. 古城的修复与人文精神建设

无论是一个民族还是某个地方，独特性和原创性是人文精神的核心。在巍山古城的修复和"开发"中，国内外专家反复强调，巍山必须走出一条自己的路，绝不能搞成大理、丽江的翻版。其中，人是最重要的资源。珍惜、利用本土的智力与人文资源，重视本土学者、传统文化传承人群体的存在价值，是巍山古城保护的希望所在，也是巍山人文精神建设的关键。

在巍山，常常令我们感动的，除了古建筑动人心魄的那份美感外，当地一大批默默耕耘、不争名利的本土学者专家和各类传统文化传承人更让我们折服，他们调查整理地方文献和口述史、修复古建筑、传承民俗雕版木刻、谈演洞经音乐。正是这些各有所长、堪称台柱的人们，担负起了挖掘、释放巍山古城深厚历史文化的重担。巍山当地的一批有识之士长期的努力和呼吁，对政府、民间提高保护意识、转变态度起了重大作用。他们对巍山古城感情很深，清楚古城的价值所在。正是这一批人的存在，巍山古城保护才充满了希望。

5. 古城保护与新区建设

古城里的社区居民，是名城保护与建设理所当然的主体力量。只有依靠他们的参与，才能真正使古城的保护与建设落到实处。

巍山古城的商业店铺，有不少仍延续传统，如杂货店、纸扎店、小食店、面条店、理发店、药店、棺材店、写字店等等。它们是巍山传统文化及其日常生活的一部分。马店、马具店基本已经消失或转营其他（图9-24）。纸火铺还在卖纸马，但一些纸马已经从5分钱一张涨价为2角一张，而且很多是机印或复印，手工刻制的不多了。开张最多的是古董店，收来的旧马具、旧门窗放在门口做广告。古城改造后，一些模仿外地旅游点的商家开始出现，全国卖一样旅游纪念品的情况值得警惕（图9-25）。

图9-24　马具店已经没有了的马镫、马铃等，马镫、马铃现在摆到古玩店卖了。2015

图9-25　在容宝斋买了古玩的游客，回家吹牛说是"rongbaozhai"买的，"荣宝斋"一点脾气都没有。2015

　　总而言之，巍山古城的保护，应该探讨切合巍山实际的可行性模式；而保护与开发的理念，应该是历史的和人性化的，是生态、文化和经济协调发展的，是可持续的保护和开发。

　　香港大学建筑系教授孙继先先生曾深入考察过巍山古城，他说过一段让人深思的话："巍山古城的保护与建设正处于一个关键的时期，就好比一颗钻石，如何切割？只有一次机会。切割成功，将是价值连城，反之则一文不值。"

　　真诚地希望巍山这颗尚待切割与打磨的钻石能在巍山当地政府和有识之士的共同努力下，大放异彩（图9-26、9-27）。

图 9-26　装修一新的星拱楼。2015

图 9-27　星拱楼门洞北面的步行街。2009

后　记

云南巍山是我持续跑了二十多年的地方。

大致算起来，1992 年，因为拍摄纪录片，我第一次见到巍山古城，留下深刻印象。之后几个阶段，在对巍山的考察中渐渐加深了对它的了解。

1994 年至 2001 年，是我跑巍山最频繁的时段。这段时间，我在美国哥伦比亚大学美中艺术交流中心主任、著名作曲家周文中教授的帮助下，和云南一些常跑野外的年轻学者和艺术家，成立了一个多学科结合的松散的项目群体——民族文化田野考察群。我们拟从三大文化带[①]角度考察和梳理多元民族文化。茶马古道是我们重点考察的对象之一，而

---

① 考虑到云南民族文化中，滇西北横断山及三江并流地带各族（如纳西、普米、怒、白、傈僳等）文化与藏文化，滇西滇南各族（如傣、哈尼、德昂、布朗、佤等）与东南亚文化，滇东滇东北各族与巴蜀文化及汉文化等有密切的关系，必须从一种较大的文化背景（如人类学所谓"文化带""文化圈"之类）来观察那些并非孤立存在的文化事象，以对云南民族文化的来源、传习和发展有较清晰的认识。所以，我们的初期总览性考察，采用"以线串点"的方式进行，即对基本反映云南民族文化主要面貌的三大"文化带"（滇藏文化带、滇—东南亚文化带、滇川黔桂文化带或金沙江—珠江流域文化带）进行结构性把握和选点。详见周文中、邓启耀：《民族文化的自我传习和保护》，"民族文化文库·文化史论丛书"总序，云南大学出版社 1998—2001 年版。

萃集了许多民族文化精华的巍山，自然成为我们特别关注的一个点。自此，项目组成员频繁到巍山，对这一茶马古道的重要枢纽地和诞生了南诏古国的历史文化名城进行综合考察。其间，我们在主办的《山茶·人文地理》杂志上，为大理、巍山这个"亚洲文化十字路口的古都"，编发了一期专号，得到当地彝、白、回、汉等民族的好评。原来我们只是来做田野考察的，但随着调查的深入，开始对巍山有了较多的认识，也渐渐有了感情。在巍山，我们交了一些朋友，他们对巍山的未来充满激情，这无形中也感染了我们，希望能有机会，为巍山的发展做点实事。所以，当周文中教授要我们向世界文化遗产基金会推荐一个在民族文化遗产保护方面做得不错的地方时，我们立即介绍了巍山古城、巍宝山古建筑群及其民族文化等项目。

2000年至2010年我在中山大学期间，人类学系国家重点学科建设和"211工程"的开展，使这个项目得以继续。我除了和云南的考察群成员继续推进巍山项目，还带学生和年轻老师到巍山开展多项田野考察，让研究生把巍山作为田野点。

2011年我获得国家社科基金重大项目"中国宗教艺术遗产调查与数字化保存整理研究"之后，巍山被列为项目示范点之一，其中，巍宝山寺观古建筑群、民间雕版木刻纸马、洞经音乐和相应文化传统及社会民俗，是我们工作的重点。至项目结项前，我们一直在跑巍山，除了专题调查，还对以上项目进行了数字采集、影像拍摄和全景扫描。

因为这些缘故，像回家一样，我几乎每年要跑云南几次，去我们民族文化田野考察群常去的一些地方，见见老朋友，追寻不同"老家"发展变化的踪迹，力所能及为各处的父老乡亲做点什么。即使离开，也和那里的朋友保持电话和微信联系。

而更主要的，是在这个过程中我受到的教育。在巍山的日子里，无论县领导还是普通群众，对我们的工作都给予了全力的、真诚的支持。他们自己在古城保护、古城改造中所做的工作，也是让人敬佩的。甚至在我们提出不同意见的时候，也宽容地听取。我知道，对一个还处于比较贫穷的山区县来说，要做到这些极不容易，每前进一步都要付出巨大的努力。尽管由于各种条件的限制，他们还面临着许多这样那样的问题和困惑，但是，因为他们的真诚和执着，我相信巍山一定会有一个更美好的未来。

古道、马帮和遗城，似乎都属于历史了，但似乎它们又不完全成为历史。通过叙述和倾听，叙述者和倾听者各自经历了、分享了历史，叙述者和倾听者更重构了历史事实后面的社会真实。也许，我们工作的意义在于，倾听和记录那些没有被倾听和记录的普通人的故事。而复现或重构普通人的历史，需要有更多人文的关怀、人性的关怀。对那些或许并不惊心动魄的日常生活进行关注，发现平凡故事之后的意义，就是我们工作的意义，因为这正是我们这个世界最普遍的社会真实和生活真实。

这些文字和图片记录的是 1992 年至 2015 年期间，我在云南巍山做人类学田野考察，涉及马帮古道和古城的部分所见所闻和所感，包括延续到今年的电话访谈。它们是我所接触的人们的某些片段记录，其实也是我个人生命经历的一些片段记录。本书是 2004 年旧作的集腋增订扩展版，汇集了与巍山马帮和古城有关的文字，增补了三分之二内容。其他关于巍山道教和约 50 万字 2500 多幅图的民俗雕版木刻纸马研究，已由台湾花木兰文化事业有限公司出版（2024）。所有图片，除署名者外，都是我拍摄的。

在写作中，我不回避自己的感觉和与之相融的情感，因为世界上永远不可能有所谓"纯客观"的叙述。作为一个人类学研究者，我关注不同人的生活和他们创造的历史和文化；作为一个人，我无法以一个生物学家面对他的"解剖"对象的态度来面对活生生的人。我希望做到的仅仅是尽可能接近我所感知的真实，包括作为观察者的我自己在观察中的内心真实。

但有一点是确定的：无论我们的活干得满意还是留有遗憾，无论我们是干了杯还是吵了架——我们只有这样的朋友，这样一起为民族文化的养护和发展，为不同文化的理解和交流劳力劳神、同心同德的朋友。这便是我们共同拥有的经历和财富。

借本书的出版，我还要再次感谢在本书的调查和写作上，一直给予我精神上指导、支持和物质上帮助的一些父老乡亲、师长朋友和一起调查的项目组同伴，他们是：

巍山的张文献先生、徐克鑫先生、茶崇亮先生、字开春先生、李家顺先生、赫振伟先生、罗家俊师傅、罗开亮先生、能胜法师、肖遥道长、元荣道长，以及接受我们访谈的各族父老乡亲；

美国的周文中院士、郝光明教授、艾德曼教授、肯德尔博士、麦卡德馆长；

昆明的杨德鋆教授、范建华教授、徐冶先生、于坚先生、申献杰先生、张学忠先生、王淑珍女士、先燕云女士、张宇丹教授、和渊先生、刘晓先生、罗云伟先生及《山茶·人文地理》杂志社同仁和田野考察群成员；

中山大学人类学系青年教师朱爱东副教授，学生杨美健、严丽君、李国权、叶茵茵、陈达理、潘宇萍，哲学系学生李文和江苏大学社会学系学生倪黎祥（后来考上中山大学人类学系研究生）。

感谢中山大学人类学系开放务实的作风，使田野考察成为我们系的优良传统；感谢广州美术学院，在我退休后邀我加盟，并使本系列丛书列入广州美术学院科研支持项目。我在充满乐趣的新的探索中，不觉老之已至。

当然，还有我的家人。和妻子一起探讨田野考察及学术研究的甘苦得失，已经成为我们家的一种生活方式。特别是我在云南期间，长年累月在外面跑，妻子，甚至我的父母和姐妹都承担了本来应该由我承担的家庭责任。连我的女儿，小时候也不得不跟着我满山遍野地跑，耐着性子听那些对于她这个年龄的孩子来说既陌生又麻烦的话题。唯一的安慰，是小家伙的赞叹："巍山的东西太好吃了！"

邓启耀

2021 年 8 月于广州美术学院

参考文献

古籍、方志、辞书：

（战国）《论语·八佾》（新世纪万有文库本），辽宁教育出版社 1997
年版。

（战国）《庄子·人间世》（新世纪万有文库本），辽宁教育出版社 1997
年版。

（汉）司马迁：《史记·大宛传》，中华书局标点本 1992 年版。

（北魏）郦道元：《水经注》，叶榆河、陈桥驿注释，中华书局 2009
年版。

（宋）宋祁、欧阳修、范镇、吕夏卿等合撰：《新唐书》，宋祁撰：《南蛮
传》，上海古籍出版社、上海书店编辑影印本。

（明）宋濂：《元史》。上海古籍出版社、上海书店编辑影印本。

（明）徐弘祖：《徐霞客游记·滇游日记二十五》，朱惠荣校注，云南人
民出版社 1985 年版。

方国瑜主编，徐文德、木芹、郑志惠纂录校订：《云南史料丛刊》第六
卷，云南大学出版社 2000 年版。

张世庆、赵大宏、欧阳常贵编注：《杜文秀帅府秘录》（上卷），四川人

民出版社 1995 年版。

（清）梁友檍纂：《蒙化志稿》，德宏民族出版社 1996 年版。

（清）蒋旭纂：《康熙蒙化府志》：巍山彝族回族自治县地方志办公室编，德宏民族出版社 1998 年版。

（清）吴蒲编纂：《乾隆续修蒙化直隶厅志》，德宏民族出版社 2000 年版。

著作：

巍山彝族回族自治县县志编纂委员会：《巍山彝族回族自治县志》，云南人民出版社 1993 年版。

巍山彝族回族自治县县志编委会办公室编：《巍宝山志》，云南人民出版社 1989 年版。

巍山彝族回族自治县彝学学会编：《南诏土主庙解说词》。内部资料，2015 年。

巍山县民间文学集成办公室编：《巍山民间故事集成》（内部资料），1988 年。

巍山县统计局：《巍山 1999 年统计年鉴》，2000 年内部印行本。

《巍山彝族回族自治县交通志》编写组：《巍山彝族回族自治县交通志》，云南人民出版社 1989 年版。

云南省对外文化交流协会、美中艺术交流中心、SOM 国际建筑设计有限公司芝加哥公司"开阔地项目"：《巍山文化谷——对文化遗产保护和未来发展的建议》，提交世界文化遗产基金会文本，云南大学出版社 2002 年版。

薛琳：《巍宝山道教调查》，见云南省编写组：《云南巍山彝族社会历史调查》，云南人民出版社 1986 年版。

薛琳编纂：《巍山彝族回族自治县民族宗教志》，云南人民出版社 1992 年版。

薛琳辑注:《巍山风景名胜碑刻楹联辑注》,云南人民出版社 1995 年版。

云南省编辑组:《云南巍山彝族社会历史调查》,云南人民出版社 1986 年版。

云南民族文化田野考察群:《滇藏文化带考察》,云南人民出版社 2000 年版。

政协巍山彝族回族自治县委员会编:《巍山名城保护》,云南美术出版社 2011 年版。

只廉清:《千年土主》,云南人民出版社 2014 年版。

字绍华、字开春:《独有巍山》,云南民族出版社 2006 年版。

中共巍山县委宣传部编:《爱我中华,爱我巍山》,人民日报出版社 1999 年版。

马长寿:《南诏国内的部族组成和奴隶制度》,上海人民出版社 1961 年版。

马绍雄等编著:《巍山回族简史》,云南民族出版社 2000 年版。

大理州文联编:《大理古佚书钞》,云南人民出版社 2002 年版。

大理州地名办公室编:《大理地名故事》,云南民族出版社 1991 年版。

大理市政协文史组编:《大理市文史资料》,1987 年内部印行。

李春龙主编:《云南史料选编》,云南民族出版社 1997 年版。

马曜主编:《云南简史》,云南人民出版社 1983 年版。

云南百科全书编纂委员会编:《云南百科全书》,中国大百科全书出版社 1999 年版。

木霁弘:《茶马古道考察纪事》,云南教育出版社 2001 年版。

木霁弘、陈保亚、李旭、徐涌涛、王晓松、李林:《滇藏川"大三角"文化探秘》,云南大学出版社 1992 年版。

芮增祥:《南诏王金冠》,云南省编辑组编:《云南巍山彝族社会历史调查》，云南人民出版社 1986 年版。

杨郁生：《云南甲马》，云南人民出版社 2002 年版。

邓启耀：《灵性高原——茶马古道寻访》，浙江人民出版社 1998 年版。

邓启耀：《古道遗城——茶马古道滇藏线巍山古城考察》，广西人民出版社 2004 年版。

邓启耀：《五尺道述古》，云南美术出版社 2008 年版。

［俄］顾彼得：《被遗忘的王国》，云南人民出版社 1992 年版。

李霖灿著：《南诏大理国新资料的综合研究》，台湾故宫博物院 1982 年版。

李旭：《藏客——茶马古道马帮生涯》，云南大学出版社 2000 年版。

孙明经摄、孙建三著：《中国百年影像档案》系列（6 册），浙江出版联合集团、浙江摄影出版社 2017 年版。

徐冶：《诞生王国的福地》，云南民族出版社 2000 年版。

徐冶、王清华、段鼎周：《南方陆上丝绸路》，云南民族出版社 1987 年版。

张锡禄著：《大理白族佛教密宗》，云南民族出版社 1999 年版。

宗师纪讲述，段有鉴收集：《天摩牙寺》，大理州地名办公室编：《大理地名故事》，云南民族出版社 1991 年版。

周文柏主编：《中国礼仪大辞典》，中国人民大学出版社 1992 年版。

周文中、邓启耀：《民族文化的自我传习和保护》，民族文化田野考察群项目丛书"民族文化文库文化史论丛书"总序，云南大学出版社 1999—2002 年版。

论文和调查资料：

陈树和：《巍山历史文化名城简介》，政协巍山彝族回族自治县学习文史委员会编:《巍山文史资料》(内部资料) 1998 年第 8 辑。

黄德荣执笔,云南省博物馆巍山考古队:《巍山龙于山南诏遗址 91—93 年度发掘综述》,载《云南文物》,1993 年 12 月第 36 期。

吕金华:《七月半逛桥会》,见中共巍山县委宣传部编:《爱我中华,爱我巍山》,人民日报出版社 1999 年版。

林山:《细奴逻耕牧地前新村》,政协巍山彝族回族自治县学习文史委员会编:《巍山文史资料》(内部资料) 1991 年第 5 辑。

刘尧汉:《南诏统治者蒙氏家族属于彝族之新证》,《历史研究》1954 年第 2 期。

美国哥伦比亚大学美中艺术交流中心编辑:《中国云南巍山古建筑群保护项目》,提交世界文化遗产基金会文本,2001 年。

那泽远:《宋嘉晋在蒙化二三事》,政协巍山彝族回族自治县学习文史委员会编:《巍山文史资料》(内部资料) 1988 年第 2 辑。

芮增祥:《蒙化府古城始建时的地理选择》,政协巍山彝族回族自治县学习文史委员会编:《巍山文史资料》(内部资料) 1990 年第 4 辑。

杨权:《巍山古驿道》,政协巍山彝族回族自治县学习文史委员会编:《巍山文史资料》(内部资料) 1991 年第 5 辑。

杨权:《巍山县公路建设概况》,政协巍山彝族回族自治县学习文史委员会编:《巍山文史资料》(内部资料) 1995 年第 7 辑。

张文献:《纸扎工艺及其民风习俗》,政协巍山彝族回族自治县学习文史委员会编:《巍山文史资料》(内部资料) 1995 年第 7 辑。

郑育和:《阴霾尽扫惜彤云——我对宋嘉晋的印象》,政协巍山彝族回族自治县学习文史委员会编:《巍山文史资料》(内部资料) 1993 年第 6 辑。

左桂云:《火烧松明楼与火把节的传说》,中共巍山县委宣传部编:《爱我中华,爱我巍山》,人民日报出版社 1999 年版。

闭星江:《说桥》,中共巍山县委宣传部编:《爱我中华,爱我巍山》,人民日报出版社1999年版。

邓启耀:《走向第三极——滇藏文化带考察散记》,《山茶·人文地理》杂志,1997年第1期。

邓启耀:《大理——亚洲文化十字路口的古都》,《山茶·人文地理》杂志,1999年第1期。

邓启耀:《多民族文化接触中的互动与认同——以〈南诏中兴画卷〉中人物服饰变化为例》,《云南师范大学学报》2021年第4期。

和渊:《横断山脉南部的制革匠人》,《山茶·人文地理》杂志,1999年第1期。

拉木·嘎吐萨:《西行,沿着祖先的赶马道》,《山茶·人文地理》杂志,1997年第2期。

李旭:《苍茫茶马道》,《山茶·人文地理》杂志,1997年第3期。

刊物:

云南省社会科学院民族文学研究所编辑出版《山茶·人文地理》杂志。

巍山彝族回族自治县彝学学会编:《巍山彝学研究》。

政协巍山彝族回族自治县学习文史委员会编:《巍山文史资料》。

网络:

朱忠华、李建新:《云南大理五指山发现南诏官家寺庙》,微信公众号"云南考古",2021年1月12日。

搜狐新闻(sohu.com):《云南大理巍山古城拱辰楼火灾嫌犯被批捕》,来源《云南信息报》2015年2月2日。

新华社消息:《云南大理巍山古城拱辰楼火灾被扑灭 600多年历史的

拱辰楼基本被烧毁》，来源：人民网（people.com.cn）。

新华网记者吉哲鹏：《云南巍山拱辰楼火灾 6 名责任人被处理》，来源：新华网，2015 年 1 月 15 日。

新华网记者吉哲鹏：《云南 600 年古城楼火灾原因查明　主体责任人被控制》，新华网，2015 年 1 月 6 日；《大理古城楼火灾细节：城楼一寸一寸被大火吞噬》，凤凰网，2015 年 1 月 5 日。

图书在版编目（CIP）数据

古道遗城：茶马古道巍山古城考察／邓启耀 著 . —北京：东方出版社，2025.6
（田野考察笔记丛书）
ISBN 978 - 7 - 5207 - 3953 - 5

I. ①古… II. ①邓… III. ①古城 - 科学考察 - 巍山彝族回族自治县 IV. ① K928.5

中国国家版本馆 CIP 数据核字（2024）第 092592 号

古道遗城——茶马古道巍山古城考察

GU DAO YI CHENG: CHA MA GU DAO WEISHAN GUCHENG KAOCHA

作 者：邓启耀
责任编辑：陈寒节
装帧设计：石笑梦
责任校对：孙若溪
出 版：东方出版社
发 行：人民东方出版传媒有限公司
地 址：北京市东城区朝阳门内大街 166 号
邮政编码：100010
印 刷：北京尚唐印刷包装有限公司
版 次：2025 年 6 月第 1 版
印 次：2025 年 6 月北京第 1 次印刷
开 本：710 毫米 ×1000 毫米 1/16
印 张：23
字 数：286 千字
书 号：ISBN 978 - 7 - 5207 - 3953 - 5
定 价：160.00 元
发行电话：（010）85924663 85924644 85924641